rowohlt
POLARIS

Shahak Shapira

DAS WIRD MAN JA WOHL NOCH SCHREIBEN DÜRFEN!

Wie ich der deutscheste Jude der Welt wurde

Rowohlt Polaris

2. Auflage Februar 2017

Originalausgabe
Veröffentlicht im Rowohlt Taschenbuch Verlag,
Reinbek bei Hamburg, Juni 2016

Illustrationen Shahak Shapira (Letteringfont Julian Ortlieb)
Umschlaggestaltung Hauptmann & Kompanie Werbeagentur, Zürich
Umschlagabbildung Sebastian Hänel
Satz Thesis PostScript (InDesign) bei
Pinkuin Satz und Datentechnik, Berlin
Druck und Bindung CPI books GmbH, Leck, Germany
ISBN 978 3 499 63146 7

FSC www.fsc.org
MIX
Papier aus verantwortungsvollen Quellen
FSC® C083411

Das für dieses Buch verwendete Papier ist FSC®-zertifiziert.

SILVESTER

«Mensch, das ist ja fast wie zu Hause hier!», schreie ich, um die Explosionsgeräusche der Silvesterraketen zu übertönen. Alle lachen. Die meisten kennen mich erst seit einigen Stunden, doch sie wissen schon, was ich mit «zu Hause» meine. Obwohl mich der liebe Jehova mit einer überaus arischen Tarnung ausgerüstet hat, ist meine jüdische Herkunft eines der ersten Dinge, die man über mich erfährt.

«Hey, ich bin Shahak.»
«Du bist was?»
«Shahak. Das ist ein Name. So heiße ich.»
«Okay. Und dein Vorname?»
«Das ist mein Vorname.»
«Oh, ach so, sorry! Wo kommt das her?»
«Aus dem Hebräischen.»
«Wo ist das denn?»
«Es ist eine Sprache. Aus Israel. Ich komme aus Israel.»
«Ach Quatsch! Du bist doch ganz blond!»
«Ja, pass auf, die haben uns damals Wasserstoff statt Zyklon B in die Gaskammer geblasen.»

An dieser Stelle findet das Gespräch meist sein Ende.

In besonders lauten Umgebungen wie in Clubs oder auf Konzerten schreie ich auch gern irgendeinen willkürlichen Namen ins Ohr meines Gegenübers, meistens «Gandalf» oder «Adolf». In der Regel können sie mich sowieso nicht hören und nicken mich einfach freundlich an.

Seit zwei Stunden ist es 2015 in Berlin, aber eigentlich sieht es hier gerade mehr nach Damaskus aus. Explosionen an jeder Ecke, keine Taxis, dafür aber umso mehr Krankenwagen und jede Menge bewaffneter Irrer auf den Straßen, die ihren Freischein zum kopflosen Verhalten ausnutzen, um anderen wortwörtlich den Kopf abzuknallen. Gerade erst zwei Stunden zuvor, pünktlich zum Jahreswechsel, stand ich im Badezimmer einer großen Altbauwohnung in Kreuzberg mit einer Flasche Wodka in meiner Hand und desinfizierte die blutende Augenhöhle einer jungen Frau, nachdem von der Straße eine Silvesterrakete in Richtung unseres Balkons abgefeuert worden war und sie mitten ins Gesicht getroffen hatte. Während die anderen Gäste der Hausparty etwas ratlos wirkten, schnappte ich mir die grüne Moskovskaya, die ich selbst mitgebracht hatte, und tränkte ein weißes Verbandstuch mit dem klaren Destillat. Der Wodka ist ein guter Kompromiss: mit sieben Euro die Flasche für eine Hausparty nicht zu schade, mit 40% Alkoholgehalt nicht so ein billiges Gesöff wie Gorbatschow. Kaufen Sie keinen Wodka unter 40%, auch wenn Ihnen die Flasche mit 37,5% ironischerweise «des Wodkas reine Seele» verspricht – Sie sind besser als das.

«Ich sehe nur einen grauen Fleck», schrie das Mädchen in Panik. Ich holte ein iPhone aus meiner Hosentasche und flashte mit dem Kamerablitz in ihr Auge. «Die Pupille reagiert, das ist schon mal gut!» Natürlich hatte ich nicht die geringste Ahnung, was ich da tat, aber irgendjemand musste souverän bleiben, damit das arme Mädchen keine ernsthafte Panikattacke bekam. «Keine Sorge, der Krankenwagen dürfte jeden Moment kommen.» Ich wischte ihr das Blut aus dem Gesicht, verpasste der Schnittwunde über ihrem Auge einen frischen Wodka-Aufguss und bedeckte sie mit einem provisorischen Verband.

Kein vergnügungssteuerpflichtiger Termin so weit, aber immer noch besser, als alleine zu Hause rumzuhocken. Bis zum Anbruch des letzten Abends des Jahres 2014 hatte nämlich alles danach ausgesehen, als würde ich den Jahreswechsel mal wieder alleine von meiner Couch aus betrachten, wie schon in vielen Jahren zuvor. Am letzten Tag des Jahres 2012, meinem ersten Tag in Hamburg, hatte ich es tatsächlich geschafft, Silvester zu verschlafen. Ich hatte mich also schon auf eine weitere Silvesternacht mit Facebook und YouPorn gefasst gemacht, tragischerweise neben Heiligabend die einzige Nacht im Jahr, in der man nicht mal Essen kommen lassen kann, ohne sich dem mitleidigen Gesichtsausdruck des Lieferjungen auszusetzen. Es hat ja schon was, wenn der erste Mensch, der einem im neuen Jahr begegnet, gleich eine große Salami-Pizza mitbringt, doch wie verhält man sich in einer solch misslichen Situation? Schreit man «Gesundes Neues!» und umarmt den Mann? Und was ist trauriger: Silvester eine Pizza zu liefern oder eine zu bestellen? Klare Sache, der Lieferant wäre nur beruflich alleine unterwegs. Ich hingegen wäre aus rein privaten Gründen einsam.

Zum Glück aller potenziellen Beteiligten wurde mein Gedankenstrang von dem Ton unterbrochen, der Tag für Tag Herzen auf der ganzen Welt höher schlagen lässt: dem iPhone-Nachrichtenton. (Sollten außerirdische Wesen aus unerklärlichen Gründen die Machtübernahme über unseren doch schon recht ausgemolkenen Planeten anstreben, müssten sie lediglich den heiteren Tritonus-Klang aus dem Hause Apple einmal durch die Welt schallen lassen – alle Angehörigen der menschlichen Rasse würden sofort kollektiv ihre Smartphones aus der Tasche holen und mit dumpfem Blick auf das Display starren.)

Es war Nick, ein in Berlin lebender Australier, dessen Bekanntschaft ich mit meiner Exfreundin einige Jahre zuvor in der Odessa Bar in Mitte gemacht hatte. Meistens traf ich Nick auf einer der überfüllten WG-Partys in seiner 290 Quadratmeter großen Wohnung am Tempelhofer Ufer, die nur dann zu Ende gingen, wenn die Polizei kam oder alle Gäste mit einem Taxi ins Berghain abzogen. «Hey, any plans for tonight?», schrieb Nick. Menschen mit

Würde hätten an dieser Stelle und zu so später Stunde vielleicht irgendwelche tollen Alibi-Pläne erfunden, um soziale Integrität vorzutäuschen, doch ich antwortete schlicht: «Ah, du bist meine Rettung!», und brach die Bestellung auf *pizza.de* ab.

Nachdem die Rettungskräfte das verletzte Mädchen abgeholt hatten, ging die Party unermüdlich weiter. Gegen halb drei in der Früh machte sich der besonders feierwütige Kern auf den Weg zu einer anderen Party im Prenzlauer Berg, ich als Ehrenmitglied jedes feierwütigen Kerns ganz vorne mit dabei. Laufen also ein Israeli, ein Australier und acht Holländern Richtung U-Bahn ...

Wir weichen den Raketen und Böllern aus, die aus allen möglichen Richtungen in alle möglichen Richtungen fliegen. Die Straßen sind selbst für Berliner Verhältnisse sehr verdreckt, überall liegen die bunten Verpackungen der Pyrotechnik, und das Schießpulver in der Luft riecht wie damals, als ich noch klein war und meine Spielzeugpistole mit roten ringförmigen Zündplättchen auflud. Ich frage mich, warum die Menschen in Deutschland so viel Geld ausgeben, bloß um eine Nacht lang eine vage Vorstellung davon zu bekommen, wie sich das Leben in Syrien tagtäglich anfühlt. Schließlich finden wir einen Unterschlupf in der U-Bahn-Station Hallesches Tor.

Zwei Minuten später hält ein überfüllter Zug. Die Türen öffnen sich, und wir quetschen uns rein. Alle Sitzplätze sind belegt, also stehen wir im Gang. Noch bevor sich die Türen schließen, werden die Geräusche der übrigen Fahrgäste von einem lauten Gesang übertönt:

«Fuck Israel! Fuck Israel! Fuck Israel! Fuck Juden!»

Diese ausgefallenen Lyrics wiederholen sich in Dauerschleife. Sie kommen von einer Gruppe, sieben junge Männer, die ihre musikalische Hetze mit recht asynchronem Klatschen begleiten und mich an eine betrunkene Bande im Bierzelt eines Heimatfestes erinnern würden, wenn sie nicht so orientalisch aussähen. «Fuck Juden! Fuck Israel! Fuck Juden! Fuck Israel!», grölen sie munter weiter. Niemand unter den anderen Passagieren des überfüllten Zuges scheint sich daran zu stören. Manche oxidieren weiter ungestört vor sich hin, andere vertiefen sich, peinlich berührt, in ihre Smartphones, als müssten sie plötzlich die Friedensverhandlungen zum syrischen Bürgerkrieg in einem Gruppenchat mit Assad und ISIS auf WhatsApp führen. Nick schaut mich an besorgt an. Ich wiederum schaue mir diese Männer an und frage mich, ob sie wohl jemals einen leibhaftigen Juden gesehen haben.

«Hey! Wir wollen das nicht hören!», sage ich, doch sie wollen mich auch nicht hören und singen einfach weiter. Ihre Sitznachbarn, ein großer rothaariger Mann mit einem ebenso rothaarigen Bart und ein weniger großer dunkelhaariger Mann mit weniger Bart, beide in ihren Dreißigern, fordern nun ebenfalls ein Ende der Hetze.

«Jetzt hört doch mal auf ...», sagt der große Rothaarige leicht genervt und erlangt damit die uneingeschränkte Aufmerksamkeit der Judenhasser. Prompt werden die beiden Beschwerdeführer von der Gruppe umzingelt und eingeschüchtert. Abwechselnd schreien sie «Yallah!» oder «Khalas!», während der dunkelhaarige Mann mit wenig Bart vergeblich versucht, mit einem unbehaglichen Lächeln eine Eskalation zu verhindern. Ich möchte näher ran, doch einer von ihnen stellt sich mir in den Weg. Er trägt ein kariertes Hemd und einen unglaublich bescheuerten schwarzen Hut, der aus einem Michael-Jackson-Video stammen könnte und da auch wirklich hätte bleiben müssen. Michael Jackson rät, wir sollten uns lieber nicht mit seiner Crew anlegen. Schließlich seien sie betrunken und wüssten auch gar nicht, was sie da täten. Für einen kurzen Moment überlege ich, ob er uns beschwichtigen oder bedrohen will, beschließe aber recht zügig, dass es mir egal ist, und hole mein Handy raus. Nachdem mir das iPhone in dieser Nacht schon treue Dienste als medizinische Lampe geleistet hatte, muss es nun als Videokamera herhalten.

So eine Handy-Kamera, das ist schon eine praktische Sache. Menschen benehmen sich anders, wenn sie wissen, dass sie gefilmt werden. Vor allem benehmen sie sich aber anders, sobald sie merken, dass sie gefilmt werden. «Nimm mal deine Wichse runter!», ruft einer von ihnen. Da ich kein wachsartiges Putzmittel hochhalte, schlussfolgere ich nach nur kurzer Analyse, dass er wohl mein Handy meint. «Nein!» Ich weigere mich, meine Wichse runterzunehmen. Ein richtiger Mann steht zu seiner Wichse! Einen Moment später stecke ich sie aber doch noch ein, damit mir ja keiner meine kostbare Wichse aus der Hand wegschnappt. Der Kerl möchte meine Widerspenstigkeit mit Prügel bestrafen, wird aber von seinem Kumpel zurückgehalten, also spuckt er mich an. Er trifft auch, und zwar genau ins Gesicht.

Ich spüre, wie der fremde Speichel mein Kinn runtertropft. Es ist ekelhaft, aber es ist vor allem erniedrigend. Der Zug hält nun Bahnhof Friedrichstraße, unser Ziel. Ich muss meine gesamte Willenskraft zusammenraffen, um mich nicht von Nicks Griff loszureißen und mit einer geballten Faust dem Spucker entgegenzurennen, doch dann schaue ich mir die Menschen hinter mir an, mit ihren unschuldigen holländischen Augen, die eine authentische Schlägerei in der Berliner U-Bahn sicherlich nicht als eines der Highlights ihrer Reise verbuchen würden, und lasse mich fast widerstandslos aus dem Wagen schleifen.

Nach einigen Schritten auf dem Bahnsteig flüstert mir Nick mit besorgter Stimme zu: «Die steigen jetzt auch aus.»

«Pfff, sollen sie doch! Wo sind sie de...»

Ich drehe mich langsam um: Vor mir haben sich fünf Männer im Halbkreis aufgebaut. Links von uns steht noch die U-Bahn mit offenen Türen, einige Meter hinter mir haben sich meine Freunde auf dem Bahnsteig zerstreut. «Lösch das Video», sagt einer nur. Er sieht kräftig aus, trägt eine schwarze Bomberjacke und einen kurzen Bart. Seine Haare sind an den Seiten fast abrasiert, genau wie die der vier anderen Bomberjackenträger an seiner Seite. Ich schlage einen Kompromiss vor: «Wenn ihr uns jetzt in Ruhe lasst, werde ich das Video löschen.» Werde ich natürlich nicht, aber hey, manchmal muss man auch seine Friedensfühler ausstrecken. Er starrt mich an, und ich halte dem Blick stand. Dann nickt er und dreht sich um.

Das war ja fast zu einfach, denke ich mir. Doch auf halbem Weg ändert der Typ offenbar seine Meinung: Er dreht sich wieder zu mir und spuckt mich ebenfalls an. Diesmal trifft er nur meinen Schal. Jetzt reicht es mir.

Zwölf Jahre lebe ich schon in Deutschland. In diesen zwölf Jahren musste ich einiges hinnehmen: Beleidigungen, Drohungen, Schläge – nur weil ich ein Jude bin. Das hört heute auf. Den Scheiß lass ich mir keine Minute länger gefallen.

Dann stürmen die fünf auf mich los.

DIE ÖDYSSEE

Umleitung.

Das ist mein erstes deutsches Wort. Obwohl Hitler angeblich so klasse Autobahnen damals gebaut hat, ist der Weg vom Leipziger Flughafen voll davon. Eigentlich hat Konrad Adenauer die Autobahn erfunden, schon in den zwanziger Jahren, aber die Jungs, die in ihren tiefergelegten Nissan Micras mit krassen hundertsechzig Stundenkilometern zu schmissigen Böhse-Onkelz-Platten über jene Asphaltwunder germanischer Ingenieurkunst brettern, sind in der Regel keine Geschichtsexperten.

Es ist der 4. Juli, 2002. In unserem Auto, einem hochwertigen Geländewagen von Mitsubishi, läuft nichts von den Böhsen Onkelz. Es läuft «Mensch» von Herbert Grönemeyer – die erste Strafe, die ich als Jude in Deutschland erdulden muss. Es tut gleichmäßig weh. Olaf, der neue Freund meiner Mutter, erzählt uns, wie Grönemeyer sich nach dem Tod seines Bruders und seiner Frau zurückziehen musste und nun mit einem neuen Album in die Musikszene zurückgekehrt ist. Noch ahnen wir nicht, dass dies das meistverkaufte Album der deutschen Musikgeschichte werden wird.

Olaf und meine Mutter haben sich durch ihr gemeinsames Engagement für die Beziehungen zwischen Deutschland und Israel im Sportbereich kennengelernt. Sie sprechen einen exotischen Mix aus Deutsch, Englisch und Hebräisch – er nennt sie Baby, sie nennt ihn *Nudnik*, was auf Jiddisch so viel wie «Nervensäge» bedeutet. Wir fahren von der A9 in eine weitere Umleitung ab, die idyllische Landschaft der sachsen-anhaltinischen Provinz entfaltet sich vor unseren Augen. *Burgenlandkreis*, so nennt sich diese Gegend:

Die von der Saale abfließende Unstrut schlängelt sich zwischen üppigen Weinbergen, mittelalterliche Schlösser flüstern leise alte Geschichten, und majestätische Sonnenblumen bedecken die Felder wie ein frisch bezogenes Bett. Es ist so beschissen.

Hier, in der «Toskana des Nordens», so wird das Unstrut-Tal von skrupellosen Tourismuswerbern tatsächlich genannt, wurde die Himmelsscheibe von Nebra entdeckt, ein 4000 Jahre alter, unglaublich überbewerteter Nudelteller, der im Aussehen an ein Facebook-Emoticon mit Down-Syndrom erinnert. Es versucht zwar zu lächeln, sieht aber trotzdem traurig aus.

Mitten in dieser Mischung aus mittelmäßiger Natur und sparsam gestreuter Kultur befindet sich unser zukünftiger Wohnort: Laucha. Der Name «Laucha» kommt aus dem Slawischen und bedeutet so viel wie sumpfiges Gelände oder morastige Wiese. Ein Kaff mit etwa 3000 Einwohnern, einer Kirche und einer Dönerbude, die der wahrscheinlich einzigen vietnamesischen Familie im Radius von fünfzig Kilometern gehört. Dementsprechend kann man im kleinen Bistro am Marktplatz nicht nur die feinste Selektion von saftigen Scheiben aus dem rotierenden Fleischklumpen bestellen, sondern auch ein authentisches Bami Goreng. Ist zwar ein indonesisches und kein vietnamesisches Gericht, aber Hauptsache, aus Tokio! Oft leiden Restaurants, die gleich mehrere Küchenstile mit Dönerspieß und Wok kulinarisch vergewaltigen, unter einem schlechten Ruf. Zu Recht! Man kann nicht in allen Nationalgerichten dieser Welt brillieren. Für einen Vogel ist das Fliegen Arbeit genug, er muss nicht auch noch schwimmen lernen. Was gibt es allerdings für ein schöneres Zeichen der Integrationsbereitschaft, als wenn der einzige Döner einer Stadt in Sachsen-Anhalt von Vietnamesen betrieben wird?

Doch es gibt noch andere Highlights in Laucha: zum Beispiel den 1930 gegründeten Flugplatz für Segelflieger, den Olaf, der eigentlich aus Hamburg kommt, 1990 wieder auf Vordermann gebracht hat. Den Segelflieger hat er mittlerweile gegen einen

Heißluftballon ausgetauscht, mit dem er Einheimische und Gäste auf eine Spritztour über o.g. beschissene Schlösser und Weinberge nimmt. Gefährte, die leichter als Luft sind, *fliegen* laut deutschem Sprachgebrauch nicht – sie *fahren*, und wie bei unzähligen weiteren Blasphemien dieser Sprache weiß keiner so genau, warum. So ein Heißluftballon, der fährt also, wohin der Wind ihn weht. Ähnlich wie wir, wobei man schon einen richtigen Wirbelsturm braucht, um von Tel Aviv nach Laucha zu kommen.

Ein weiteres Highlight ist das Gymnasium Laucha, das stolz den Titel «Schule gegen Rassismus – Schule mit Courage» trägt. Es ist ein beeindruckendes modernes Gebäude aus Glas und Metall. Als einzige Schule in der gesamten Bundesrepublik bietet das Gymnasium Luft- und Raumfahrt als Unterrichtsfach an, inklusive Erwerb der Segelfluglizenz, und es besitzt einen eigenen Weinberg, der von den Schülern der Weinbau AG bewirtschaftet wird. Es war ja damals nicht alles schlecht. Also, in Laucha. Mein persönliches Nonplusultra am Gymnasium war allerdings die Tatsache, dass das Schulgebäude, anders als meine Schule in Israel, nicht von einem fünf Meter hohen Zaun umgeben war. Keine Security am Eingang, kein Metalldetektor, keine Taschenkontrolle – die Kinder konnten die Schule nach Lust und Laune betreten und verlassen. Donnerwetter! Eine Welt ohne Terrorgefahr lächelte mich fröhlich an, und ich lächelte nicht zurück, weil ich ein pessimistisches Kind war, doch die freundliche Geste wurde dankend zur Kenntnis genommen.

Der Mitsubishi-Jeep rollt durch die Hauptstraße, am Rathaus vorbei, wo sich die Dorfjugend von Welt so trifft. Als der Wagen vor der Bahnschranke stehen bleibt, sehe ich einen glatzköpfigen Mann auf einem kleinen Fahrrad am Straßenrand. Sein Gesicht ist gepierct, die Haut von Tätowierungen bedeckt. Es ist ein sonniger Tag mitten im Juli, und die kurze Hose bedeckt nicht mal ansatzweise das riesige Hakenkreuz auf seinem Bein. Willkommen in Laucha.

Gehen drei Juden nach Sachsen-Anhalt … – klingt wie ein schlechter Witz. Ich werde oft gefragt, wie ein vierzehnjähriger Israeli ausgerechnet in einem Kaff in Sachen-Anhalt landen konnte. Es ist ja auch absurd, aber welcher Israeli weiß schon, wie es in der ostdeutschen Provinz zugeht? Die Defizite in den neuen Bundesländern aufgrund der deutschen Teilung waren uns fremd, unsere Mauer in Israel steht ja noch, und genau wie Tel Aviv von weitem wie das Miami des Nahen Ostens funkelt, sieht Laucha auf den ersten Blick nicht viel anders aus als jedes andere langweilige Drecksloch in der Pampa. Wer hätte gedacht, dass die NPD bei der Kommunalwahl von 2009 mit stolzen 13,5 Prozent in Laucha das höchste Ergebnis in Sachsen-Anhalt einfuhr? Oder dass sich die rechtsextreme Szene hier ungestört austoben darf, angeführt vom örtlichen Bezirksschornsteinfeger, der exakt wie eine Mischung aus Adolf Hitler und Wolfgang Petry aussieht (Lutz Battke heißt der Mann – google it)? Ich nicht. Aber ich kannte damals auch nur Herbert Grönemeyer. Und Hitler.

Ich kann mich nicht mehr erinnern, wann genau meine Mutter mich und meinen jüngeren Bruder fragte, ob wir nach Deutschland ziehen wollten. Ich fand die Idee aufregend, denn Israel zeichnet sich nicht gerade durch hohe Lebensqualität aus. Ein paar Jahre vorher, 2000, nach mehreren gewalttätigen Auseinandersetzungen zwischen Juden und Arabern, hatte die zweite Intifada zum Lynchmord an zwei israelischen Reservisten geführt, die sich nach Ramallah verirrt hatten. Ein Mob von über tausend Palästinensern überfiel sie. Sie schlugen sie zu Tode, stachen ihnen die Augen aus, rissen die Innereien auseinander. Das Video davon, das sich weltweit verbreitete, ist schlimmer als jede Game-of-Thrones-Folge: Die leblosen Körper wurden aus dem Fenster der Polizeistation in die Menge geworfen, ein Mann präsentierte stolz seine blutbefleckten Hände und erntete Jubel, während die Leichen auf der Straße in Stücke gerissen wurden. Militärische

Reaktionen folgten, Selbstmordattentate, Autobomben, Hass erzeugte Hass. Insgesamt verloren über 3000 Palästinenser und mehr als 1000 Israelis ihr Leben während der zweiten Intifada. Mein letztes Jahr in Israel war eines der blutrünstigsten. Allein im März 2002, vier Monate vor unserem Umzug, starben über 130 israelische Zivilisten durch Selbstmordattentate. Einen Monat später kamen etwa 500 Palästinenser in einem Flüchtlingslager in Jenin zu Tode. Es konnte jederzeit und überall passieren. Zwanzig Tage bevor wir Israel verließen, begann der Bau einer 759 Kilometer langen Absperrung, einer Mauer zwischen Israel und Westjordanland, und die Angst, die in Israel damals zur Tagesordnung gehörte, war vorerst in Vergessenheit geraten.

Ich hatte in Israel nicht viel, was mir den Umzug erschwerte. Ich war nicht sehr beliebt in der Schule, hatte keine Freunde, und mein Erzeuger steckte seine Energie in seine neue Geliebte und eine denkbar hässliche Scheidung, die meine Mutter nach und nach geistig in den Ruin trieb. Sie beschrieb uns unsere Auswanderung als eine Art diplomatische Mission, die lediglich ein Jahr dauern sollte. Doch ich wusste schon damals, dass ich nicht zurückkommen würde. Wahrscheinlich war es ihrerseits ein Versuch, die Tatsache zu rechtfertigen, dass ausgerechnet sie, die Tochter eines Holocaust-Überlebenden, in das Land zurückkehrte, in dem man vor nicht allzu langer Zeit Juden in Dünger für Sauerkraut verarbeitet hatte. In nachdenklichen Momenten stelle ich mir vor, was aus mir geworden wäre, wäre ich 50 Jahre früher auf die Welt gekommen. Ein Stück Seife? Eine Lampe? Arische Turnschuhe? Es gab so viele Möglichkeiten! Währenddessen verbrachte ich meine Freizeit bei unterschiedlichen Psychologen und Richtern, da mein Erzeuger unsere Auswanderung mit der Behauptung rechtlich unterbinden wollte, meine Mutter habe mich manipuliert, um mich gegen meinen Willen nach Deutschland zu entführen.

Frisch entführt in Laucha, erreichen wir das Ziel: die Wohnung, die Olaf bisher alleine bewohnt hat, eine Doppelhaushälfte. In der anderen Hälfte wohnt Jürgen, der Hausmeister des Gymnasiums, mit seiner Frau Karin. Unser Haus steht auf dem Gelände des Gymnasiums, und mein täglicher Weg zur Schule beträgt fortan exakt 15 Meter. Ein ganz gewöhnliches, durchschnittliches Haus, doch verglichen mit der Mehrheit der Häuser in Laucha gehört es eindeutig zur Oberklasse. Aus dem Fenster meines Zimmers kann man auf den Lehrerparkplatz blicken, der aufgrund der Sommerferien noch ganz leer ist. Dahinter eine große grüne Wiese und ein paar Hügel am Horizont. Ganz offiziell wohne ich von nun an in der Eckartsbergaer Straße. Eck-arts-*fucking*-bergaer Straße. Stellen Sie sich vor, Sie wandern nach Deutschland ein, als kleiner Junge, lange vor den Zeiten von Smartphone und Google Map, sprechen *kein* Wort Deutsch und landen in einer Straße mit so einem Namen. Zwanzig Buchstaben! Welche Straße in diesem Kuhkaff braucht denn bitte schön zwanzig Buchstaben? Vielleicht haben ja Nazis die Straße kurz vor unserer Ankunft umbenannt («Wenn die grenzdebilen Ausländer es nicht schaffen, sich zu merken, wo sie überhaupt wohnen, werden sie sich auf ihrem fliegenden Teppich zurück ins Judenland verpissen»)? Jede ultraorthodoxe Familie in Jerusalem hat mehr Kinder als Laucha Straßen, und keins von ihnen heißt Eckartsbergaer.

Doch wir ließen uns nicht beirren. Und so haben die drei Israelis von der Eckartsbergaer Straße ihre Koffer ausgepackt, in dieser isolierten Oase mitten im braunsten Ort Sachsen-Anhalts, um sich dem Bofrost-Katalog zu widmen, völlig begeistert von der zivilisatorischen Errungenschaft, dass ein Mann mit einem Lkw auf Bestellung tiefgekühlte Pizzen ins Haus bringt.

50 SHADES OF BRAUN

Wer am 20. April am Haus Nummer 14 der Oberen Hauptstraße in Laucha vorbeiläuft, der erlebt ein interessantes Spektakel. Pünktlich zum Geburtstag von Adolf Hitler hängt eine schwarz-weiß-rote Flagge aus dem Fenster eines zweigeschossigen Hauses. Auf der Fensterkante steht eine kleine Führerstatue, und lauter Neonazi-Rock tönt aus dem Fenster. Lutz Battke[1] wirkt wie eine erfundene Figur, so peinlich genau, wie er dem Klischee eines Neonazis entspricht. Ein Mann in seinen frühen Fünfzigern, die braune Vokuhila-Haarpracht erweckt den Anschein, als hätte ein depressiver Biber ausgerechnet auf Battkes Kopf den Freitod gesucht. Am Hinterkopf geht es dagegen umso kahler zu: *Business in the front, party in the back.* Von Battkes dünner Brille hängt eine schwarze Kordel herab, die in den Falten seines Halses verschwindet. Die absolute Glanznummer dieser äußerst gelungenen Selbstinszenierung als nationaler Aktivist prangt allerdings direkt über den hygienescheuen Zähnen: ein kleines, aber feines Hitlerbärtchen.

Schon der Vater ist Gründungsmitglied des NPD-Landesverbandes Sachsen-Anhalt gewesen. Nun liegt der gute Günter Battke auf dem Saalecker Friedhof begraben, nur einige Meter von den deutschnationalen Mördern von Walther Rathenau, dem jüdischen Außenminister der Weimarer Republik, die gerne mal von Nazi-Abordnungen besucht werden. *Wenn alle untreu werden,*

1 Auch wenn die ideologischen, namentlichen und optischen Parallelen schon fast surreal erscheinen: Bitte nicht mit PEGIDA-Allstar und Hitler-Imitator Lutz Bachmann verwechseln!

ODIN
STATT JESUS

so bleiben wir doch treu steht auf Battkes Grabstein – ein Zitat aus dem seinerzeit so genannten Treuelied der SS. Der gute Lutz selbst hat es ironischerweise nicht in die äußerst selektive Elite der NPD geschafft: Zwar bekommt er stets die unwahrscheinlich wertvolle Unterstützung seiner Kameraden, doch in Lauchas Stadtrat und im Kreistag sitzen er und seine Mantafahrer-Vokuhila parteilos rum. Kann man etwa selbst für die NPD zu braun sein? Unwahrscheinlich. Und trotzdem scheint Lutz eine Art Affäre für die Partei zu sein, mit der man zwar im Bett all seine schmutzigen braunen Phantasien erfüllen kann, die man aber nie nach Hause zu seinen Eltern nehmen würde.

Als wir damals in Laucha ankommen, ist Lutz noch Bezirksschornsteinfegermeister. Diese elegante Wortkreation beschreibt ein öffentliches Amt: Alle Gebäude mit Schornsteinen und Feuerungsanlagen unterliegen nämlich einem Kehrzwang. Kehrarbeiten dürfen nur vom Bezirksschorndingsbums ausgeführt werden. Das heißt also, dass allein der öffentlich bestellte Volksgenosse Fegermeister, Kamerad Battke in unserem Fall, in jedem Haus in Laucha antanzen darf, um nach den Kaminen zu schauen. Sogar in dem Haus, wo die drei Juden sich einquartiert haben, denn auch Juden brauchen Öfen und Kamine. Damit ihnen nicht kalt wird. Natürlich.

Und so kam es, dass meine Mutter, eine Jüdin, die in Israel zu den Holocaust-Geschichten ihres Vaters aufgewachsen ist, einem Mann Zutritt zu ihrem Haus gewähren musste, der die Ermordung ihrer Familie mit voller Überzeugung und unumwunden bewundert. Jahrelang konnte sie nichts dagegen unternehmen, Vorschrift ist Vorschrift. Erst nach einem unendlich mühsamen Kampf mit den Behörden wurde das Kehrmonopol in unserem Fall ausnahmsweise aufgehoben, und ein anderer Schornsteinfeger kam, ohne Hitlerbart. Vor zwei Jahren wurde Battke die Kehrlizenz ganz entzogen. Eigentlich hatte das schon sechs Jahre vorher passieren sollen, doch Battke reichte Klage ein, und das Oberverwaltungsgericht hatte damals kein großes Problem mit dem braunen Feger, der gerne mal dem Busfahrer die Hand zum Hitlergruß ausstreckt oder der «Opfer des alliierten Bombenholocausts» gedenkt. *Da wird man ja wohl noch kehren dürfen!*

Es ist schon etwas absurd, wenn ein Mann, der immer noch an das Dritte Reich glaubt, seinen Lebensunterhalt ausgerechnet durch Arbeit für denjenigen Staat verdient, dessen Verfassung er ablehnt, und die Möglichkeiten der Demokratie, gegen die er hetzt, in Anspruch nimmt, um sich rechtlich zur Wehr zu setzen. Widersprüchlicher wäre nur, wenn der bekennende Reichsbürger Xavier Naidoo die seiner Vorstellung nach noch von den USA besetzte Bundesrepublik Deutschland im Eurovision Song Contest repräsentieren würde! Aber wer käme schon auf so eine aberwitzige Idee? Erst als der mediale Druck zu groß wurde, schaltete sich das Bundesverwaltungsgericht ein und bestätigte Battkes Berufsverbot.

Da ich meine Zeit eher unterhalb der atemberaubenden Skyline Lauchas verbringe, komme ich mit Lutz Battke durch das Fußballspielen in Berührung. Zusammen mit Lauchas amtierenden Bürgermeister, Michael Bilstein (Battke hatte bei der Wahl lediglich 24 Prozent der Stimmen auf sich vereinen können), ist der Schornsteinfeger einer der Gründer von Lauchas Fußballverein, dem BSC 99 Laucha. BSC steht für Ballspielclub, 99 für das Jahr. Vielleicht aber nur, weil 88 schon vergeben war. Das weiß man nicht so genau, aber die Ungewissheit hat einen geheimnisvollen Touch. Der Fußballverein ist in Laucha unvorstellbar wichtig: Jeden Sonntag fiebert der ganze Ort bei den Spielen mit, auf jedem Volksfest ist Fußball das Hauptthema jeder Unterhaltung, die Kneipe im Vereinsheim fungiert als beliebter Treffpunkt feiner Geister, Siege werden am Rathaus gefeiert, und die Feindschaft zum Verein des Nachbarkaffs Freyburg, Heimat von Rotkäppchen-Sekt und allerhand gescheiterten Existenzen, wird fast genauso sorgfältig gepflegt wie von manchen Ureinwohnern der Judenhass.

Wenn ein Derby mal seinen Höhepunkt erreicht und die Zuschauer ihren Tiefpunkt, werden hier die Spieler der Gegnermannschaft gern mal als Juden bezeichnet. Eigentlich ein tolles Kompliment, doch komischerweise hat sich noch nie ein Spieler dafür bedankt. Sie scheinen es sogar für eine Beleidigung zu halten.

Sogar politisch gesehen hat der BSC 99 Relevanz: In Kleinstädten können auch Sportvereine für den Stadtrat kandidieren, und so sitzt Bürgermeister Bilstein auch als Vizepräsident des BSC im Rat. Während Bilstein mit den alten, weisen Denkern des hohen Rates weltverändernde Schicksalsentscheidungen über die Schriftfarbe für das nächste Heimatfest-Plakat oder die Höhe der Verkehrsschilder in einspurigen Seitenstraßen trifft, kümmert sich Battke derweil um den Nachwuchs und trainiert die F-Jugend: Das sind in der Regel Kinder im Alter von sieben bis acht Jahren – die Zukunft unseres Landes, von der Zukunft der Zukunftslosigkeit trainiert. Doch Lutz wollte aufs Ganze gehen, also versuchte er im Jahre 2010, selbst Stadtoberhaupt zu werden. Dabei sicherte er sich nicht zu missachtende 24 Prozent der Stimmen, dennoch blieb die Sensation aus und Bilstein im Amt.

Und wie so oft bei Rechtsextremen spielt auch in Battkes ambitioniertem politischen Programm die Höchststrafe für Kinderschänder eine große Rolle. Die Verfolgung von Sexualstraftätern ist neben «Ein Herz für Tiere» und «Kein Herz für Ausländer» das beliebteste Engagement unter Neonazis: Kaum ist das Kind fertig missbraucht, schon kommt ein Neonazi blitzkriegschnell daher und fordert die Todesstrafe. Für den Rest ihres Lebens beschädigte Kinder sind eine einfache Methode, sich die klare Zustimmung der empörten Mehrheitsgesellschaft zu holen, selbst wenn man mit Sternburg-Flasche und Springerstiefeln um elf morgens vor dem Lidl-Parkplatz schnell ein bisschen unbürgerlich besoffen klingt. Dieses Ziel findet sich daher im Wahlprogramm jeder rechten Partei, es ist ein Teil der «Normalisierungsstrategie». Kinderschänder-Songs von Nazi-Bands sind wie Weihnachtssongs von poppigen Boy-Bands – jede hat mindestens einen davon im Portfolio.

Dabei geht es natürlich nicht um die Opfer selbst oder darum, wie ihnen geholfen werden könnte, sondern um härteste Strafen für aus der Volksgemeinschaft Auszusondernde. Denn natürlich redet man am liebsten von ausländischen Tätern und von deutschen Kindern. Immigrantenkinder kommen bei der NPD höchstens als «Klaukinder» vor, und im Übrigen muss man nur mal «NPD Kindesmissbrauch» googeln, um festzustellen, dass bei dem Thema zwischen Theorie und Praxis eine gewisse Spannung existiert. Es ist jedenfalls etwas ironisch, wenn der leidenschaftliche Einsatz gegen Kinderschänder ausgerechnet von einem Neonazi kommt, der Kinder im zarten Alter unter seinem Einfluss hat; aber vielleicht habe ich eine etwas andere Definition von Kindesmissbrauch.

Im Verein wird Battke für sein Engagement hoch geschätzt, er gilt als einer der besten Trainer. Auf seiner selbstverständlich braun lackierten Schwalbe steht auch ganz groß: «Ein Herz für Kinder». Direkt neben ein paar anderen emotionalen Sticker-Highlights wie «Ein Herz für Deutschland» und «Unsere Soldaten sind keine Verbrecher. Die beste Truppe der Welt». Braunes Moped, braune Ansichten, braune Zähne – Battkes konsistentes Branding durch allen Lebenslagen ist schon fast zu bewundern. Als wäre er eine fiktive Persönlichkeit, die der wilden Phantasie der Kreativ-Abteilung einer Marketingagentur entstammt. Oder ist das in Wirklichkeit Günter Wallraff? Herr Wallraff, sind Sie Lutz Battke? Hören Sie bitte auf damit. Enthüllungsjournalismus ist tot, wir haben jetzt alle Twitter.

Autos darf der Führer der F-Jugend im öffentlichen Straßenverkehr nicht führen, daher bleibt ihm die olle Ostgurke als einziges motorisiertes Fortbewegungsmittel, um seine Truppen zu mobilisieren. Hitler, Stalin, Gaddafi ... was hatte die Demokratie schon für Feinde! Furchterregende Tyrannen, die Menschenmassen in Bewegung setzten, mit eiserner Faust und einem Pkw-Führerschein der Klasse B. Herrscherfiguren, die die ganze Welt terrorisierten, mit einem Tausendjährigen Reich, mit Roten Armeen und schwarzen Uniformen. Jedes Zucken ihres Fingers konnte für Millionen den Tod bedeuten. Und was haben wir nun? Kim Jong-un, der gerne mal mit dem Gangnam-Style-Typen verwechselt wird und den hirnverbrannten Ex-Basketballer und Crossdresser Dennis Rodman als Busenfreund hat, und eine grinsende Klobürste, die auf einem braunen Moped mit Schallmauer durchbrechenden 50 Kubikzentimetern durch Sachsen-Anhalt tuckert. Schon am kunstgerechten Malen eines Hakenkreuzes scheitert der moderne Neonazi kläglich – den Beleg dafür können Sie an vielen Hauswänden in ganz Deutschland bewundern. Der arische Traum ist schneller in den Tod gerast als Jörg Haider.

Die Eltern der Spieler wissen Battkes Einsatz zu schätzen. Auch wenn sie seine Weltanschauung nicht ganz teilen, trägt er, finden sie, sein Herz am (sehr) rechten Fleck. Es sei denn, ihr Kind ist zufällig nicht hellhäutig genug, denn als einmal ein talentierter Junge mit dunkler Haut in seine Mannschaft kommen sollte, erklärte Battke: «Schwarze spielen bei mir nicht.» Eigentlich müsste das Gleiche für Juden gelten. 2002 bin ich allerdings schon in der C-Jugend des BSC 99 Laucha. In unserer Mannschaft spielten auch keine Fußballer afroamerikanischer Herkunft, davon gab es nur einen einzigen im Burgenlandkreis – einen begabten jungen Mann, der für die Mannschaft des Nachbardorfs Nebra antrat (Sie wissen schon, die mit dem antiken Nudelteller) und zwar Manuel hieß, von seinen Mitmenschen allerdings den liebevollen Kosenamen «Der Dreckige» bekommen hatte. Zum Glück war seine Hautfarbe nicht volle Kanne dunkel – wer weiß, wie der arme Junge von den Weltfremden genannt worden wäre,

wäre er all black everything auf die Welt gekommen. Als Lauchas C-Jugend gegen eine Mannschaft mit einem schwarzen Torwart antreten musste (und damit meine ich nicht Obama-schwarz, sondern Eddie-Murphy-schwarz), demonstrierten meine Mitspieler mit allerlei Geräuschen aus dem afrikanischen Busch ihre Weltoffenheit.

SITUATION 21

Ich habe mit zwölf angefangen, Fußball zu spielen. Da wurde gerade ein neuer Fußballplatz in Oranit aufgebaut, der israelischen Gemeinde, in der ich aufgewachsen bin. Oranit ist eine jüdische Siedlung im Westjordanland, die von der Grünen Linie zweigeteilt wird, welche die Grenzen der von Israel im Sechstagekrieg 1967 besetzten Gebiete markiert. «Seam Zone», Nahtzone, so nennt sich die Gegend: Ihre offizielle Funktion ist es, als eine Art «Puffer» das Eindringen von Terroristen nach Israel zu verhindern. Genau 53,87 % der Siedlungsfläche befinden sich in palästinensischem Privatbesitz. Das Land wurde angeblich gekauft, doch man kann sich fragen, ob die palästinensischen Verkäufer überhaupt eine Wahl hatten. Ich wuchs also als Siedler auf – das ist so ziemlich das Peinlichste, was ich von mir sagen kann. Glücklicherweise gehört Oranit nicht zu jener Sorte Siedlung, deren Bewohner alle Araber ins Mittelmeer werfen wollen und sich als wöchentlichen Höhepunkt die Luftangriffe der israelischen Armee auf Gaza von ihrem kleinen Garten aus mit Bier und Popcorn reinziehen. Dennoch kränkt mich der Gedanke, womöglich mit solchen Menschen assoziiert zu werden.

Oranit ist ein schicker kleiner Vorort, zwanzig Fahrminuten von den Sandstränden Tel Avivs entfernt. Mit 5000 Einwohnern stellt er nicht gerade eine Weltmetropole dar, der neue Fußballplatz war da schon eine große Sache. All die coolen Kids meldeten sich beim Fußballverein an, und ich, als sehr uncooles Kid, wollte natürlich auch mitmachen. Da ich vorher nur selten mit einem Fußball in Berührung gekommen war, brachte ich nicht allzu viel Talent mit. Aber ich konnte laufen. Schnell laufen. Laufen ist sowieso eine Kunst, die wir Juden über die Jahrhunderte perfektioniert haben. Wir brauchen nur etwas, wovor wir weglaufen müssen: einen Pharao, der uns zum Bauen von Pyramiden zwingen will, oder ein Tausendjähriges Reich, das uns bis auf den Goldzahn veraschen will. Am schnellsten laufen wir vor unseren jüdischen Frauen weg, wenn wir so richtig Scheiße gebaut haben.

Ich komme aus einer Läufer-Familie: Mein Großvater, Amitzur Shapira, war einer der besten Kurzstreckenläufer Israels. Er kam 1932 in Tel Aviv zur Welt, sechzehn Jahre vor Gründung des Judenstaats. Man könnte also sagen, ich habe palästinensische Wurzeln. Nach vielen blutigen Unruhen zwischen Arabern und Juden erhielt die Stadt durch die Briten 1934 die volle Unabhängigkeit von Jaffa. In den Fünfzigern erreichte mein Großvater seinen athletischen Zenit, er zählte zu den angesehensten Sportlern des Landes. Danach wurde er Leichtathletiktrainer im Wingate Institute, das ist Israels olympische Sportakademie und gleichzeitig ein militärisches Trainingslager. Er widmete all seine Energie der sportlichen Erziehung, schrieb Zeitungsartikel und ein Buch über Sportpädagogik, half seinen Schülern, ihr ganzes Potenzial auszuschöpfen, und nahm an Leichtathletikwettbewerben auf der ganzen Welt teil, sogar an den Olympischen Spielen in Tokio 1964.

Dann entdeckte er Esther Shachamorov, die unter seinen Fittichen zu einer der weltbesten Kurzstreckenläuferinnen wurde und zur einzigen israelischen Athletin, die ein olympisches Finale erreichte. Er forderte das damals vierzehnjährige Mädchen bei ihrem ersten Treffen zu einem 60-Meter-Wettlauf auf. Nachdem sie ihn besiegt hatte, sagte er nur: «Ich werde dich auf die Olympischen Spiele vorbereiten.» Von da an wich er nie von ihrer Seite und wurde zu einer vaterähnlichen Figur für sie. Als er 1972 als Cheftrainer der nationalen Leichtathletikmannschaft zu den Olympischen Spielen in München reiste, blieben seine Ehefrau und vier Kinder in Israel zurück. Zwei von ihnen, mein Erzeuger Oz und sein Bruder Eyal, stammten aus seiner ersten Ehe.

Die Spiele in München waren nicht nur für die israelische Mannschaft von großer Bedeutung. Die Sommerolympiade 72 war die zweite, die in Deutschland stattfand. Die erste war im Jahre 1936 in Berlin gewesen: Damals hatte man die olympische Arena mit hübschen Hakenkreuzen und Reichsflaggen in Schwarz-Weiß-Rot dekoriert, also fast wie auf dem Fußballplatz in Laucha. Juden und Schwarze durften natürlich nur um ihr Leben laufen, aber für Medaillen sollten sie es nicht. Erst nach Boykott-Drohungen anderer Länder zeigte der Führer Milde und erlaubte auch den unterlegenen Rassen mitzumachen. Warum auch nicht? Schließlich würden sie mit ihrem inferioren Körperbau und schwachem Kampfgeist die arischen Athleten niemals übertrumpfen können.

Das verlockende Angebot nahm in Deutschland allerdings nur die Fechterin Helene Mayer wahr, obwohl man ihr das Stipendium für ein College in Los Angeles nach der Machtübernahme der Nationalsozialisten aufgrund ihres «Halbjudentums» entzogen hatte. «Halbjude» ist ein erfundenes Naziwort: Im Judentum ist man entweder von Kippa bis Fuß ein vollständiger Jude oder gar nicht. Um als Jude geboren zu werden, braucht man allerdings eine jüdische Mutter. Da reicht es nicht, wenn man dem beschnittenen, von lockigen schwarzen Haaren bedeckten *Bulbul* eines x-beliebigen Shlomos oder Itziks entspringt. Als *Bulbul* bezeichnen wir Israelis nämlich nicht nur einen mittelgroßen Singvogel aus der Familie der Sperlingsvögel, sondern auch unser bestes Stück. Nehmen Sie das einfach hin. Aus nachvollziehbaren Gründen ist Bulbul also mein absolutes Lieblingswort. Für meine persönliche und berufliche Zukunft wünsche ich mir, es öfter einzusetzen. Bulbul.

Obwohl Helene Mayers Vater also sicherlich über einen koschertechnisch einwandfreien Bulbul verfügte, war seine blonde Tochter keine Jüdin. Die Truppe um Eichmann & Friends hatte allerdings keine Zeit, sich mit solchen korinthenkackerischen Kleinigkeiten zu beschäftigen, sechs Millionen Juden vergasen sich ja nicht von alleine. Bulbul. Und so drangsalierte man den Offenbacher Fechtclub, bis Helene ihn verlassen musste. Trotzdem trat sie in Berlin für Deutschland an, gewann Silber und war groß- oder blauäugig genug, um bei der Siegerehrung im Olympiastadion den Hitlergruß zu zeigen. Beim anschließenden Empfang in der Reichskanzlei wurde sie von Hitler als die «beste und fairste Sportlerin der Welt» bezeichnet. War ich so was wie die Helene Mayer des Dorffußballs? Vom sportlichen Standpunkt sicherlich nicht, meine Fähigkeiten als Spieler hätten mich höchstens zum Parkplatz vor dem Olympiastadion gebracht. Aber ich war so blond und blauäugig wie Helene, und die Flagge des BSC 99 Laucha sieht nicht viel anders aus als die Flaggen im Olympiastadion von 1936. In meinem Fall allerdings haben die Juden letztendlich die Nazis aus dem Club gedrängt, aber dazu später mehr.

36 Jahre nach Berlin sah Deutschland die Spiele in München als Gelegenheit, der Welt ein neues, demokratisches und offenes Land zu präsentieren. «Die heiteren Spiele», das war das offizielle Motto, und das allererste offizielle olympische Maskottchen hieß Waldi, ein siebzigerjahrebunter Dackel, der sämtliche Assoziationen mit den Schäferhunden der dunklen Vergangenheit verschwinden lassen sollte. Und scheiß die Wand an, es war heiter! Sogar Uli Hoeneß zahlte damals noch fleißig seine Steuern und durfte zusammen mit Nachwuchsspieler Ottmar Hitzfeld für die Nationalmannschaft kicken. Diese angedachte Reha für Trauma-Patienten der Weltgeschichte verlief auch für Esther Shachamorov zunächst heiter: Wie mein Großvater es Jahre zuvor prophezeit hatte, qualifizierte sie sich mit einer neuen persönlichen Bestzeit für das Halbfinale des 100-Meter-Hürdenlaufs. Die Freude hielt allerdings nicht lange an: Einen Tag später, am 5. September 1972, wurde Amitzur mit zehn weiteren israelischen Sportlern von palästinensischen Terroristen der Organisation *Schwarzer September* als Geisel genommen.

”

THE FIRST MILLION IS THE HARDEST

“

– A. HITLER

Um das militante Image der Berliner Olympischen Spiele loszuwerden, hatte man die Sicherheitsvorkehrungen im olympischen Dorf recht locker gehalten und auf polizeiliche Anwesenheit weitgehend verzichtet. 2000 Beamte sollten für Ordnung sorgen – ohne Waffen. Die Athleten konnten zu jeder Tages- und Nachtzeit das Areal betreten und verlassen, und um die Räumlichkeiten der anderen Mannschaften zu erreichen, musste man nur über einen Zaun klettern. Das hatte die israelische Regierung schon vor der Ankunft in München mit Sorge erfüllt. Die israelische Mannschaft war zudem im Erdgeschoss eines kleinen Gebäudes einquartiert, das sich auf einem relativ isolierten Teil des Grundstücks in der Nähe eines Eingangs befand. Man versprach der Mannschaft jedoch den Einsatz zusätzlicher Sicherheitskräfte.

Bei der Planung der Spiele hatte man den Kriminalpsychologen Georg Sieber damit beauftragt, im Vorfeld mögliche Szenarien eines terroristischen Angriffs zu entwickeln. Unter den 26 fiktiven Möglichkeiten stand auch «Situation 21» zur Debatte: eine bewaffnete Gruppe palästinensischer Terroristen, die in das olympische Quartier der Israelis eindringt und mittels Geiselnahme und Ermordung die Freilassung von Gefangenen in Israel und ein Flugzeug zur Flucht aus Deutschland durchsetzen will. Eine Vorbereitung auf diese Situation hätte allerdings ganz andere Sicherheitsvorkehrungen erfordert, die auch nicht zur angestrebten Heiterkeit der Spiele gepasst hätten. «Polizeipsychologen sind dazu da, dass man sie erschlägt», soll der Münchner Polizeipräsident trocken kommentiert haben.

Während also im Organisationskomitee über diesen Spitzengag gelacht wurde, erreichte ein Mitglied der PLO namens Abu Daoud sein Reiseziel am Münchner Hauptbahnhof. In einem Schließfach deponierte er sein Gepäck: Sturmgewehre vom Typ AK-47, die er über den Ostblock eingeschmuggelt hatte.

«Die Palästinenser hatten einen Antrag auf Teilnahme an den

Olympischen Spielen gestellt. Wir wollten die Welt durch unsere Teilnahme auf uns aufmerksam machen. Unser Antrag wurde aber abgelehnt, und so haben wir entschieden, auf unsere Weise daran teilzunehmen», erklärte Abu Daoud, Drahtzieher der Geiselnahme, 2006 in einem Interview. Unterstützung für seine «Teilnahme» bekam das Kommando im Vorfeld von Neonazis, die dafür ihrerseits die Erlaubnis erhielten, einen Stützpunkt in Jordanien zu errichten. Und so nahm am 5. September das Grauen seinen Lauf.

In einer Bahnhofskneipe hat Abu Daoud die Reisepässe von acht palästinensischen Männern eingesammelt und ihnen letzte Instruktionen erteilt. An einem anderen Bahnhof, Hunderte Kilometer entfernt, hält derweil der israelische Fechttrainer André Spitzer seine zwei Monate alte Tochter Anouk in den Armen, die in einem Krankenhaus in Holland behandelt wird. Da er sich kaum von ihr trennen kann, verpasst er seinen Zug. Doch seine Frau fährt ihn schnell genug nach Eindhoven, damit er die Bahn noch erwischen und rechtzeitig nach München zurückfahren kann.

Mit Hilfe einer deutschen Palästinenserin verschaffen sich die Terroristen um etwa vier Uhr morgens Zugang zum olympischen Dorf und dringen in das Apartment der israelischen Olympiamannschaft in der Connollystraße 31 ein. Mosche Weinberg, ein Ringertrainer, leistet Widerstand und wird von den schwarz maskierten Terroristen durch die Wange angeschossen. Die Terroristen zwingen ihn, sie zu den anderen Israelis zu führen. Trotz seiner Gesichtsverletzung bewahrt Weinberg einen kühlen Kopf und leitet die Angreifer an den Apartments der jüdischen Fechter und Schützen vorbei, die dank seiner Handlung unentdeckt bleiben. Stattdessen führt er die Terroristen in die Räume der israelischen Ringer, möglicherweise in der Hoffnung, mit Hilfe der starken Männer die Terroristen überwältigen zu können. Doch die sechs Sportler werden im Schlaf überrascht und können sich nicht wehren. Ein wenig später wagt Weinberg erneut einen Aufstand: In einem Akt von beispielloser Heldenhaftigkeit schlägt er einen der Entführer bewusstlos und verletzt einen anderen mit einem Obstmesser, um einem seiner Ringer die Flucht zu ermöglichen. Die Terroristen ermorden Weinberg mit mehreren Schüssen und werfen seine Leiche als blutiges Siegeszeichen vor das Gebäude. Er hinterlässt eine Frau und einen vier Wochen alten Sohn.

In dem Raum, in dem die anderen Geiseln festgehalten werden, unternimmt darauf der Gewichtheber Josef Romano einen weiteren Befreiungsversuch. Er wird mit vier Schüssen schwer verletzt und weiter aufs grausamste misshandelt. Auch über die anderen Sportler geht ein Hagel von Schlägen nieder, Knochen brechen. Der Gipfel viehischer Gewalt ist erreicht, als die Entführer Romano kastrieren. Nach zwei Stunden erliegt er vor den Augen seiner Kameraden seinen Verletzungen, denn natürlich lassen die Terroristen keinen Arzt herein.

Yossef Gutfreund, ein 135 Kilogramm schwerer Ringer-Kampfrichter, der anfangs versucht hat, sich mit seinem ganzen Gewicht gegen die Tür zu stemmen und den Terroristen den Zugang zu versperren, wird wie eine Mumie an einen Stuhl festgebunden. Um 5 Uhr 21 findet die Polizei die blutüberströmte Leiche von Weinberg am Hauseingang. Die Terroristen verlangen Freilassung und freies Geleit für 232 Palästinenser in israelischen Gefängnissen und für die deutschen Terroristen Andreas Baader und Ulrike Meinhof.

Die israelische Regierung lehnt die Erpressung ab. «Wenn wir nachgeben», sagt Golda Meir, «dann ist kein Israeli auf der ganzen Welt jemals seines Lebens sicher.» Die israelische Ministerpräsidentin ist eine kompromisslose, knochenharte Frau, von ihrer Kindheit im antisemitischen Russland geprägt, die Politik als Kampf ums Überleben betrachtet. Es folgen stundenlange Verhandlungen, Ultimaten werden gestellt, verlängert, noch einmal gestellt. Die Polizei spricht mit dem Anführer der Terroristen, einem Mann, der sich *Issa* nennt. Eine bizarre Erscheinung, er trägt einen weißen Tropenhut und Safarianzug, sein Gesicht ist vollständig schwarz bemalt, mit Kohle oder Schuhcreme. Der schwarze Mann mit dem weißen Tropenhut ist stets korrekt und höflich, er verhandelt gelassen und wirkt entspannt. Bis heute weiß niemand, wer Luttif Afif, alias *Issa*, wirklich war oder wo er herkam. Seinen Verhandlungspartnern erzählte er, er sei in Nazareth als Sohn eines reichen christlich-arabischen Geschäftsmannes und einer jüdischen Mutter zur Welt gekommen. Issa ist der arabische Name für Jesus.

Issa verliert langsam die Geduld, und die Terroristen drohen mit Geiselmord und Suizid. Sie sind gerne bereit, für ihre Sache und für ihr Land zu sterben; die Aussicht auf die 72 Jungfrauen im Paradies ist wohl auch recht verlockend. Ich konnte ja nie verstehen, was dieses Versprechen so attraktiv macht. Nehmen wir mal an, der sexuelle Missbrauch von 72 Frauen ist tatsächlich als fester Bestandteil des Begrüßungspakets im Himmelreich etabliert – wer, in Allahs Namen, entscheidet sich ausgerechnet für diejenigen Frauen, die es in ihrer gesamten Zeit auf Erden nicht geschafft haben, einen einzigen Typen abzubekommen? Es wird schon einen Grund geben, warum sie als Jungfrauen gestorben sind. Die richtig heißen Feger sind ganz sicher nicht unberührt im Paradies angekommen. Außerdem, was soll man mit den Jungfrauen anstellen, nachdem man sich samt Geschlechtsorgan in die Luft gejagt hat?

Während das Terrorkommando vom kollektiven Schwarm-Blowjob träumt, plant die in Sachen Terror wenig erfahrene und deutlich überforderte deutsche Polizei einen Befreiungsversuch, vergisst dabei aber, die Stromversorgung der Terroristen abzustellen und die Presse aus dem olympischen Dorf zu entfernen.

So verfolgen die Geiselnehmer den gerade stattfindenden Befreiungsversuch gemütlich mit Radio und Fernsehen in Echtzeit. Sie verlangen, mit den Geiseln nach Kairo ausgeflogen zu werden. Die Ägypter lehnen zwar ab, doch der Flug soll sowieso nur vorgetäuscht werden, um als Kulisse für einen Befreiungsversuch herzuhalten. Die Spiele laufen währenddessen einfach heiter as hell weiter, erst elf Stunden nach dem Überfall werden sie unterbrochen. Um 22 Uhr besteigen die Attentäter zusammen mit ihren neun noch lebenden Geiseln einen Bus, der zu zwei Helikoptern fährt. Der Flug geht nach Fürstenfeldbruck. Die Geiseln werden wie Häftlinge abgeführt, mit roten Seilen zusammengebunden, ihre Köpfe sind gesenkt und ihre Gesichter voller Angst. Das auf Terrorkampf spezialisierte Einsatzkommando hat man zurückgerufen, stattdessen setzt man auf ein Lufthansa-Flugzeug mit fast leeren Tanks und als Stewardessen verkleideten Polizisten, die die Terroristen zur Strecke bringen sollen. Diesen Plan hat man aber kurz vor Ankunft der Geiseln wieder verworfen und setzt alleine auf fünf Schutzpolizisten, die ausgewählt wurden, weil sie in ihrer Freizeit als Sportschützen tätig sind. Keiner der Polizisten ist ausgebildeter Scharfschütze, und sie verfügen lediglich über herkömmliche G3-Gewehre von Heckler & Koch ohne Nachtvision oder optische Hilfsmittel.

Die Situation am Flughafen eskaliert, und während eines Schusswechsels zwischen den Terroristen und den Polizisten werden die Unterstützungskräfte im dichten Verkehr auf dem Weg zum Einsatzort von Schaulustigen behindert. Als sie endlich eintreffen, erkennen die Terroristen ihre aussichtslose Lage. Sie ziehen sich zu einem der Hubschrauber zurück und erschießen vier Geiseln mit einer Kalaschnikow. Danach werfen sie eine Handgranate ins Cockpit, der Hubschrauber explodiert.

Es sind noch fünf Geiseln am Leben: Gutfreund, Shorr, Slavin, Spitzer und mein Großvater. Wie sie genau gestorben sind, ist bis heute ungeklärt, doch die Untersuchung der Polizei will nicht ausschließen, dass sie, zusammen mit einem der Polizisten, von den deutschen Einsatzkräften unbeabsichtigt erschossen wurden.

Insgesamt starben in München und Fürstenfeldbruck siebzehn Menschen. Nicht nur für Israel war das eine kaum erträgliche Tragödie. Wieder wurde jüdisches Blut auf deutschem Boden vergossen, und Europa lernte eine Angst kennen, die bisher nur den Israelis bekannt gewesen war: die Angst vor dem Terror. Eine Angst, der Deutschland noch lange nicht gewachsen war. Es folgte die größte Ausweisungswelle von Arabern in der Geschichte der Bundesrepublik, die Kontrollen an den Grenzen und Flughäfen wurden verschärft, und wenn man im Publikum des Grand Prix d'Eurovision im darauffolgenden Jahr zum Applaudieren aufstehen wollte, bestand durchaus die Gefahr des Erschießens durch die Sicherheitskräfte. Solche Ängste waren lange verblasst, doch seit einiger Zeit schleichen sie sich wieder in die Köpfe der Europäer ein.

«The games must go on», sagte der Präsident des Internationalen Olympischen Komitees bei der Gedenkfeier am darauffolgenden Tag. Für Esther Shachamorov gingen sie aber nicht weiter: Als sie erfuhr, dass ihr Trainer ermordet worden war, reiste sie sofort nach Tel Aviv ab. Und für die Toten gingen sie auch nicht weiter. Vor vielen Jahren habe ich mit meiner Mutter die Connollystraße 31 in München besucht. Die Namen der elf ermordeten Sportler sind in lateinischen und hebräischen Buchstaben in eine große Gedenktafel eingemeißelt. Ich war noch ein kleiner Junge und bekam richtig Angst. Tagelang konnte ich nicht schlafen, weil mich in meinen Albträumen ein schwarzer Mann mit einem weißen Tropenhut und einer Kalaschnikow heimsuchte. Bulbul.

Amitzur ist eine Verbindung zweier hebräischer Wörter: *Ami* bedeutet «Mein Volk», das Wort *Tzur* beschreibt einen Felsen, ein Symbol für Härte und Widerstandsfähigkeit. *Mein hartnäckiges Volk* – ein Name, der gleichzeitig als Hommage gemeint ist an ein Volk, das hartnäckiger nicht sein könnte.

ZONEN-SHAHAK (14) IM GLÜCK: MEINE ERSTE SALAMI

30 Jahre später und 400 Kilometer weiter nördlich, in einem ganz anderen September, läuft ein kleiner Junge über den Rasen des gepflegten Fußballplatzes, mit den gleichen blonden Haaren und dem gleichen Lächeln, das seine Augen zusammenzieht, wie sein Großvater. Die Vereinsfahne in Schwarz-Weiß-Rot flattert im Wind, als ich zum ersten Mal das Vereinsheim des BSC 99 Laucha betrete. Das Wort *ADOREA* steht darauf, lateinisch für Sieg. Meik Schmidt heißt mein Trainer: Er ist Ende dreißig, kurvig gebaut. Na ja, was heißt kurvig – eher so oval, in Laucha trägt er den Spitznamen «Katze», wegen seines runden Gesichts und der großen Nase, die schon durchaus die eine oder andere Assoziation mit der Tierwelt hervorrufen.

Meik Schmidt ist die Nadel im braunen Heuhaufen des Vereins: ein guter Mann, der viel dafür getan hat, einen israelischen Jungen in eine Mannschaft zu integrieren, die so sehr von rechter Ideologie geprägt war. Keine leichte Herausforderung in Anbetracht der Tatsache, dass ich mit Meik anfangs kaum kommunizieren konnte: Er verstand kein Englisch, und ich verstand kein Deutsch, sodass die Mitspieler als Dolmetscher herhalten mussten. Unser Austausch bewegte sich also auf dem Niveau der Englischkenntnisse eines vierzehnjährigen Jungen aus der ostdeutschen Provinz. Dieser Junge war meist Mario, einer der besten Fußballer in der ganzen Gegend und einer meiner wenigen Freunde.

Olaf wusste, dass ich gerne Fußball spiele, und hatte Meik und Mario schon vor unserer Ankunft sorgfältig instruiert. Wenige Wochen nach unserer Ankunft lief ich voller Aufregung in Richtung Fußballplatz: Olaf hatte ein Treffen mit Mario für mich vereinbart, es war ein bisschen wie diese Playdates, bei denen man seine Kinder zum Spielplatz bringt, um sich ein paar Minuten Schlaf in Obdachlosen-Manier auf der Parkbank freizuschlagen. Ähnlich wie ein Kleinkind habe mich entsprechend gefreut, denn die Wochen davor waren eher fad verlaufen: Ich hatte keine Freunde und konnte mir auch keine machen. Abgesehen von den fehlenden sprachlichen Kenntnissen, hatte ich wenig Gelegenheit, auf den Straßen Lauchas in den Sommerferien gleichaltrige Jugendliche zu treffen, die verbrachten ihre bildungsferne Zeit an exotischeren Ecken des Planeten, zum Beispiel am Ballermann oder im Sauerland.

Die kulturellen Hotspots derjenigen Jugendlichen, deren Eltern sich keinen Urlaub leisten konnten, wie der Edeka-Parkplatz oder die alte Schiffsschleuse an der Unstrut, kannte ich noch nicht, und in Zeiten vor Facebook, Twitter, WhatsApp, sogar noch vor Myspace, war Pornographie das spektakulärste soziale Highlight, das das Internet zu bieten hatte. Ist es immer noch. Bulbul.

An einem der ersten Tage beschloss ich, die lokale Fauna und Flora auf einem Spaziergang zu erkunden, und lief kurz darauf hoch konzentriert durch die leeren Straßen, um den Weg zurück nach Hause zu verinnerlichen. Ich wusste ja noch nicht, *wie* klein Laucha ist. Mal raste eine tiefergelegte Schrottkarre in Fifty Shades of Hässlichkeit an mir vorbei, mal starrte mich ein tiefergelegter Rentner aus dem Fenster an. Tote Blätter der deutschen Eiche rollten wie Tumbleweed durch die Straßen. Stille. Es fühlte sich an wie eine High-Noon-Szene aus einem Wildwestfilm.

Plötzlich nahm ich in der Ferne zwei menschenähnliche Gestalten wahr. Die Kreaturen kamen näher. Ich hörte sie hell lachen, sah lange Haare und glatte Gesichtszüge. Endlich konnte ich den Teufel beim Namen nennen: Es waren zwei weibliche Teenager. Ich wollte schnell die Straßenseite wechseln, doch zu spät, die Mädchen hatten mich bemerkt und schlenderten mir neugierig entgegen. Wir kamen uns immer näher. Ich starrte auf den Boden wie ein schüchternes Kind, spürte aber immer noch ihre aufdringlichen Blicke.

Heutzutage hat man für genau solche Situationen ein Smartphone, in dessen Display man jederzeit hineinstarren kann, um damit unzumutbaren Hürden wie etwa technisch nicht unterstützter zwischenmenschlicher Kommunikation auszuweichen (eignet sich, wie schon erwähnt, auch super für antisemitische Hassparolen in der U-Bahn). Doch das Leben ist wie Polen – da müssen wir durch. Ich blieb meiner Asozialität treu und lief schweigend an ihnen vorbei, und gerade als ich dachte, der Spuk sei endlich vorbei, blickte mich eines der beiden Mädchen an und sagte irgendwas komisches Deutsches, das ich natürlich nicht verstand. In der Retrospektive glaube ich, dass es «Guten Tag» war. Wie ich später herausfinden sollte, war es im Ort üblich, jedem Menschen auf der Straße nach alter Väter Sitte einen Gruß zu entbieten. Unsinn ist das. Wer jeden Wildfremden in dieser Form begrüßt, läuft Gefahr, einem schlechten Menschen einen guten Tag zu wünschen. Möchte man wirklich, dass der Axtmörder von nebenan einen guten Tag hat? Eine äußerst schlampige Begrüßung für deutsche Verhältnisse. Wo bleibt die Selektion? Wo bleibt die Recherche?

Ich beschloss, mich von dem unverständlichen Gebrabbel des deutschen Mädchens nicht angesprochen zu fühlen, und lief entschlossen an den beiden vorbei. «Guten Tag!», rief sie noch mal, etwas lauter und selbstbewusster. Ich ignorierte sie weiter gekonnt und erhöhte mein Schritttempo. «GUTEN TAG!!!», schrie sie mir empört ein drittes Mal hinterher, diesmal mit voller Passiv-Aggressivität. Instinktiv drehte ich mich um und starrte sie an wie ein Reh vor den Scheinwerfern eines sich nähernden Autos. In meinem Kopf suchte ich nach einer Geste, die so freundlich wie möglich eine Botschaft wie «Ich spreche kein Wort Deutsch und habe keine Ahnung, was du von mir möchtest» vermitteln könnte. Einige stundenlange Sekunden vergingen, und schließlich reagierte ich so, wie jeder geistig stabile Mensch reagieren würde, um diese missliche Lage zu retten: Ich zuckte mit den Schultern, machte auf dem Absatz kehrt und rannte um mein Leben. Ein weiterer Sieg für die Integration war errungen.

Und so verbrachte ich meine Tage alleine auf dem leeren Fußballplatz. Ich konnte nicht aufhören, über den sorgfältig gepflegten Rasen zu staunen, der den Platz wie eine weiche Plane bedeckte. Anders als die Stadt drum herum war der knallgrüne und dicht gewachsene Rasen von keinem einzigen braunen Flecken befallen. Es war der hochwertigste Fußballplatz, auf dem ich je gespielt habe. Die besten Fußballplätze Israels konnten nicht mit dem dieses kleinen Kaffs im deutschen Niemandsland mithalten. Das liegt nicht nur an Israels tropischem Klima, sondern auch an der fanatischen Besessenheit der Deutschen für Fußball. Wie es sich für einen richtigen Neudeutschen gehört, hatte ich eine ordentliche Aktenmappe mit Fußballübungen vorbereitet: jede Seite eine umfassende Erklärung mit Text und Bild, jedes Blatt in einer Klarsichtfolie, nach Nummer und Schwierigkeitsgrad sortiert – als wäre alles von einem Beamten an der KfZ-Zulassungsstelle angefertigt worden. Ich übte doppelte Übersteiger, jonglierte den Ball auf Kopf und Knie und feilte an meiner Schusstechnik.

An jenem Tag im September kann ich aber endlich meine Aktenmappe zu Hause lassen und zusammen mit anderen spielen. Auf dem Platz finde ich zwei Jungs vor. Ich gehe auf einen von ihnen zu und frage auf Englisch: «Are you Mario?» Er, etwas irritiert, sagt nichts und zeigt auf einen großen Jungen mit drahtigem Körper und kurzen braunen Haaren. Mario schaut mich an, ich reiche ihm meine Hand und stelle mich vor. «Hey, I'm Shahak.» Er ist sichtlich verwirrt von diesem blonden Israeli mit dem komischen Namen, der nur Englisch sprechen kann und bei dem mindestens genauso merkwürdigen Heißluftballonfahrer aus dem Westen in dem Haus hinter der Turnhalle des Gymnasiums wohnt. Er stellt mir den anderen vor, zeigt auf den Fußball in seiner Hand und fragt: «Wanna play?»

BiFi

Eine Stunde später machen wir eine Pause, und ich werde zum ersten Mal in meinem Leben mit *BiFi* konfrontiert. Für diejenigen, die ihre Lebensmittel noch nie vor laufender RTL-II-Kamera gekauft haben und / oder den eigenen Körper nicht aufs äußerste verabscheuen: *BiFi* is eine dünne, lange Salamiwurst, fettig genug, um eine großzügig verteilte Akne ein ganzes Jahr aufrechtzuerhalten. Das Fleisch fasst sich so ölig an, dass die Wurst, zusätzlich zur orange Verpackung aus Plastik, von einer dünnen Frischhaltefolie umhüllt ist, damit man sich die Hände nicht schmutzig macht. Wie bei einem Ossi, der zum ersten Mal eine Banane bewundert, leuchten meine Augen beim Anblick der fettigen Wurst in meinen Händen (that's what she said![2]). Dann beiße ich zu. Und ich find's geil. Hey, ich bin erst vierzehn, und es ist das erste Mal, dass ich eine Salami gesehen habe (that's what she said! High Five? Kommen Sie, High Five aufs Papier, ist ein interaktives Buch). In Israel sind Leckereien wie Salami oder Bacon wegen der Religion verboten. Bei mir ist Religion wegen Bacon verboten. Ich kann doch nicht an einen Gott glauben, der Bacon verbietet!

Und Gott sprach zu seinem Sohn, Abraham ...

Gott: «A-Dog! A-Man! Aaaaaa to da B to da R to da Ahaaaam! Ich bin's, J-Hova. Alles klar, Digga?»

Abraham: «Jo, was los?»

Gott: «Pass auf, wir müssen hier noch ein paar Grundregeln definieren. Nur so paar Kleinigkeiten.»

Abraham: «Hmm, okay. Soll ich was zum Schreiben holen?»

Gott: «Neenee, mach ich später mit Moses, der hat eine schöne Handschrift. Also pass auf: ...»

(10 Minuten später)

2 Ja, was Fußnote? Sie kennen doch wohl «that's what she said»? Sonst gehen Sie noch mal eine Runde googeln, wir sind hier nicht bei der Dieter-Bohlen-Biographie. Ein bisschen Allgemeinwissen brauchen Sie schon.

Gott: «... Du sollst nicht morden. Du sollst nicht stehlen.»

Abraham: «Alles klar. Mach ich nicht.»

Gott: «Ach so, ja, eine Sache noch: Siehst du die Dinger da, die ich auf die Wiese hingestellt habe? Die mit den vier Beinen?»

Abraham: «Die Steaks?»

Gott: «Nein, nicht die Kühe. Die da, die pinken. Ja, genau – die bitte NICHT essen.»

Abraham: «Aber die sehen doch so lecker aus ... :(»

Gott: «Alter, ich hab dir hier so kleine Vögel zum Fressen hingestellt, die haben Flügel, aber können nicht mal wegfliegen. Die legen dir sogar so kleine Eier, die du braten kannst, bevor du sie schlachtest. Lass die Schweine einfach in Ruhe, okay?»

Abraham: «Ja okay, is geil, so Chicken Wings und so, aber was willst du mit den ...»

Gott: «ICH BIN DEIN GOTT UND DU WIRST MIR GEHORCHEN.»

Abraham: «Okay, okay, ist ja gut. Ganz schön empfindlich heute. Mein Gott ... Also niemanden morden, nix stehlen und die fetten Viecher da nicht fressen?»

Gott: «Genau. Und sie sind nicht fett, sie haben nur schwere Knochen. So. Jetzt hol mal deinen Sohn her. Und bring ein scharfes Messer mit ...»

Cheeseburger sind für Juden ebenfalls tabu, Fleisch und Milch dürfen nicht miteinander verzehrt werden. Steht so in der Thora. Obwohl man sich keine Ernährungstipps aus einem steinalten Science-Fiction-Buch holen sollte, liefert die Bibel eine mehr oder weniger plausible Begründung zu diesem Verbot: Die Bibel hält es nämlich für grausam, ein Kalb «in der Milch» seiner Mutter zu essen. Erstgeborene Babys morden, ganze Völker massakrieren, Frauen vergewaltigen – da kann man schon mal ein Auge zudrücken. Aber essen Sie EINMAL einen mickrigen Cheeseburger, und Sie sind bei Jehova so was von unten durch. Gut, damals hatten die nur drei Kühe oder so. Heute schlachten wir so viele Tiere, wie wahrscheinlich ist es da, dass man ausgerechnet das Kalb gebraten bekommt, dessen Mutter die Milch für den Cheddar oben drauf lieferte? Ist doch eh alles Analogkäse.

So wurden BiFi und Haribo zu meinen begehrtesten kulinarischen Erlebnissen jener Zeit. Die bunten Kameraden aus Bonn gab es in Israel nämlich auch nicht, schließlich enthalten Gummibärchen ebenfalls Schwein. Schweinegelatine, Schweinebraten, Schweinfurt ... was haben denn die armen Viecher Deutschland angetan, dass hier alles aus Schwein ist?

Nachdem ich mit den lokalen Spezialitäten vertraut gemacht war, erzählte mir Mario von der Mannschaft. Plötzlich tauschten die Jungs ein paar Sätze auf Deutsch aus, die ich nicht verstehen konnte, bis mich Mario mit einem belustigten Gesicht fragte, ob ich Lutz Battke kenne. Tat ich damals noch nicht. Als frisch immigrierter Israeli konnte ich mir einen Namen wie «Lutz Battke» eh nicht länger als fünf Sekunden merken. Mario klärte mich auf.

«Wie sieht der denn aus?», fragte ich.

«Du wirst ihn schon erkennen, wenn du ihn siehst», antwortete er mit einem Lächeln.

Bis dahin sollte noch eine Weile vergehen. Wen ich allerdings schon viel früher kennenlernen durfte, war Battkes Adoptivsohn Ronny. Ronny, einer meiner neuen Mannschaftskameraden, sah seinem Vater überhaupt nicht ähnlich: groß, hatte kurze blonde Haare und blaue Augen – visuell auf ganzer Linie arisch, genau wie ich. Im Sommer trug er meistens einen verschwitzten *Wife-Beater*, so bezeichnet man in der modernen Jugendkultur ein weißes Trägerunterhemd. Bei der Bezeichnung stellt sich natürlich die Henne-Ei-Frage: Schlägt man zuerst seine Frau und trägt anschließend das Unterhemd, oder trägt man erst das Unterhemd und schlägt aufgrund dessen irgendwann seine Frau? Und wenn Letzteres, tritt die frauenschlagende Wirkung direkt nach dem ersten Tragen ein, oder muss sich die Aggressivität erst einmal wochenlang zusammenbrauen?

Zwischen Ronny und mir herrschte nie große Sympathie, aber in all den Jahren, die wir miteinander spielten, hat er nie etwas von sich gegeben, was mit der Ideologie seines Vaters zu tun hatte. Vielleicht, weil der es ihm untersagte, um Ärger zu vermeiden. Vielleicht aber auch, weil Ronny einfach die Sicht seines Alten nicht teilte. Beim Spielen trug er eine spezielle Brille, die mit einem breiten, elastischen Band die Gläser wackelfest vor seinen Augen hielt. Das erinnerte mich an einen Piloten aus dem Zweiten Weltkrieg. Natürlich nur wegen der Brille.

Da Fußball das Ein und Alles war, wurde am Equipment nie gespart: Die Kinder der Dorfmannschaft trugen die gleichen Schuhe wie die Profis der Bundesliga. Nike, Adidas, Puma – nur einer hatte billige Victory-Schlappen von Deichmann. Dieser Junge hieß Alexander Krolak. Alexander war klein und schmächtig, ab und an konnte man sehen, dass er blond gewesen wäre, wenn er sich nicht immer wieder eine Glatze rasiert hätte. Seine Stirn ragte aus dem etwas affenartigen Gesicht heraus, als würde sie schmelzen und langsam nach unten tropfen und dabei seine Augen verschlucken. Die anderen flüsterten mir in der Umkleidekabine zu, er gehe auf die Baumschule. Ich wusste nicht, was das ist: eine Baumschule. «It's a school for special children», sagten sie und kreisten dabei mit dem Zeigefinger seitlich vor ihrem Kopf. Geistige Tiefflieger sind aber in Fußballvereinen nicht die rarste Spezies, und Alexander schien ein netter Junge zu sein.

Der Krolak-Klan bestand meist aus Uwe Krolak, Alexanders Vater, einem dicken Mann mit blonden Haaren und spitzer Nase, und Alexanders Cousin Sven, der eine optische Glanznummer für sich war: Glatze, kombiniert mit Kinnbart, der das runde Gesicht optisch vom schwabbeligen Hals trennt, der Mann sah aus wie ein gekochtes Ei. Ein silberner Ring an jedem Ohr, dazu in der linken Augenbraue ein glänzendes Piercing in Form eines zweischneidigen Sexspielzeugs für Frauen, dazu noch ein weiteres Piercing an den Lippen – alles sehr geschmackvoll gestaltet. Sven war reichlich tätowiert und präsentierte sich meist im edlen Camouflage-Look: Camouflage-Hose, Camouflage-Jacke, Camouflage-Wife-Beater – der Mann wollte nun mal stets perfekt getarnt sein.

Die Außenspiele der C-Jugend-Kreisliga fanden oft in weit entfernten Dörfern statt, und so kamen wir jeden Sonntagmorgen auf dem Parkplatz des Sportlerheims zusammen, und die pflichtbewussten Eltern transportierten uns zu den Spielen. Die drei Krolaks fuhren oft mit ihrem alten dunkelblauen Ford Escort vor dem Vereinsheim vor, der genug Gas aus dem Auspuff spuckte, um ein kleineres Vernichtungslager für einen ganzen Monat zu betreiben. Der Ford Escort gehörte neben dem VW Polo zu den beliebtesten Automodellen in der Provinz und war in allen Farben und Formen zu bewundern: Die Jugendlichen hatten ihre Autos mit Untergrundbeleuchtung und Rennstreifen getunt und so tief gelegt, dass die Stoßstange schon aufsetzte, wenn eine Kröte über die Straße lief. Mit aller Kraft wurde versucht, diese rollenden Eimer etwas aufzuhübschen, aber aus einem kranken Arsch kommt kein gesunder Furz, und nichts sagt «Ich werde mit Hartz IV eine lebenslange Expertise für Nachmittags-Talkshows aufbauen» deutlicher als eine beklebte Motorhaube in «Carbon-Optik». Obwohl die Krolaks sicherlich zu den kompetentesten Fachexperten im Burgenlandkreis für die gestellten Gerichtsverhandlungen von TV-Richterin Barbara Salesch zählten, war ihr Ford lediglich mit einem Kassettenradio ausgestattet.

So lächerlich es klingt – ich wusste nicht, dass die Krolaks Neonazis sind. Vielleicht wussten sie auch nicht, dass ich Jude bin. Es ist erstaunlich, wie viele Menschen gar nicht begreifen, dass aus Israel meist Juden kommen. Zumindest waren sowohl Alexander als auch sein Vater immer nett und freundlich zu mir: Sie sagten

DIE KROLAKS

SVEN, ALEXANDER, UWE

in meiner Gegenwart nie etwas Antisemitisches oder Ausländerfeindliches, ich durfte in ihrem Auto zu den Spielen mitfahren, und beim Training bot mir Alexander immer einen Schluck von seiner Wasserflasche an. Es ist das gleiche Phänomen, das Lutz Battke Akzeptanz im Ort verschaffte: Er war zwar ein Mann mit absolut menschenfeindlicher Ideologie, aber ansonsten ein dufter Typ. Ich war zwar ein Jude, aber ... ich sah arisch aus? Ich hatte keine Hörner? Sie hatten keine Wahl? Ich weiß es nicht. Vielleicht waren sie so verwirrt von diesem kleinen Israeli, der plötzlich in der tiefsten Provinz von Sachsen-Anhalt gelandet war, dass sie gar nicht wussten, wie sie reagieren sollen. Die meisten Menschen in Laucha hatten wohl noch nie zuvor in ihrem Leben einen Israeli oder Juden gesehen, und ich entspreche den optischen Klischees eben ganz und gar nicht: blonde Haare, grün-blaue Augen, helle Haut. In Israel leicht größer als der Durchschnitt, für einen Juden eine eher kleine Nase. «Hitler würde sich im Grabe umdrehen, wenn er so einen Juden sähe!», sagte meine Mutter immer stolzerfüllt, wenn sie mich Fremden vorstellte.

MEIN KAMPF (MIT DER DEUTSCHEN SPRACHE)

«Es gibt gewiß keine andre Sprache auf der Welt, die so systemlos ist, so schlüpfrig und aalglatt, um sie zu fassen. Man treibt darin umher wie in einem brandenden Meer, bald hierhin, bald dorthin, in der elendsten Hilflosigkeit, und wenn man einmal glaubt, eine Regel gefunden zu haben, welche festen Grund bietet, um einen Augenblick in dem allgemeinen Wirrwarr und Tumult der zehn Redeteile auszuruhen, so vernimmt man in der Grammatik: ‹Der Schüler gebe acht auf folgende Ausnahmen.› Ein Blick auf diese zeigt ihm, daß deren mehr sind, als Beispiele für die Regel selbst. So wird er hoffnungslos wieder über Bord geschleudert, um nach einem neuen Berg Ararat zu jagen und statt dessen eine neue Sandbank zu finden.»

Mark Twain

Im Sommer 2002 hatte ich das heiß begehrte Privileg, die Schulbank noch vor dem Beginn des neuen Unterrichtsjahrs zu drücken: Ich musste ja irgendwie Deutsch lernen. Eine Herausforderung, die nicht leichter wurde dadurch, dass man das, was die Menschen in Sachsen-Anhalt sprechen, nicht wirklich als «Deutsch» bezeichnen kann. Meine Welt wurde von Nominativ, Akkusativ, Dativ, Genitiv, Konjunktiv I, Konjunktiv II, Futur I und Futur II fast vollständig vereinnahmt. «Ich mag *dich*», aber «ich gebe *dir*». Im Internet gibt es ein Videotutorial, das sich 44 Minuten lang ausschließlich mit der Frage befasst, ob die Präposition ‹wegen› den Genitiv oder den Dativ regiert. Am schlimmsten sind die Artikel. Haben Sie sich schon mal Gedanken über das Geschlecht des Stuhles gemacht, auf dem Sie sitzen? Ob der Sandwich, die Sie gerade verdrückt haben, wohl weiblich oder männlich ist? Oder vielleicht doch sächlich?

Stellen Sie sich kurz vor, Sie sprechen kein Deutsch und sind ein halbwegs klar denkender Mensch: Frauen, Katzen und Hühner sind feminin, Männer, Kater und Hähne sind maskulin, alles andere ist Neutrum. Also wie im Englischen. Richtig? Falsch. So was von falsch. Die deutsche Sprache ordnet Objekten ein Geschlecht absolut willkürlich zu. Heißt also für den Neudeutschen: das Geschlecht von *jedem* Ding im ganzen Universum *auswendig lernen.* Warum? Because fuck you. That's why.

Mein Deutschlehrer, Herr Glatzel, hatte die undankbare Aufgabe, mir klarzumachen, dass eine Tür weiblich ist, der Tisch aber männlich. Auch der Ball ist männlich, das Spiel allerdings neutral. *Das* Mädchen!!! Eine Gurke ist weiblich, das Mädchen nicht. Wie könnte man auch auf so eine absurde Idee kommen? Etwa, weil der Junge maskulin ist?

Quatsch! Nur weil etwas absolut sinnvoll und nach allen Regeln des gesunden Menschenverstandes die einzig logische Option wäre, heißt es nicht, dass es so ist! Wie kann eine herkömmliche Spreegurke weiblicher sein als jedes hübsches Mädel? Mein Appell an die Vernunft stieß bei Herrn Glatzel auf taube Ohren. Nicht, weil er schon so alt war, sondern weil er mit der Zeit das Ignorieren meiner wütenden Verzweiflung zur Perfektion gebracht hatte. Herr Glatzel war groß und dürr, hatte allerdings keine Glatze, sondern strahlend weiße Locken. Er brachte uns Deutsch auf Englisch bei, denn es gab natürlich keinen einzigen hebräischsprechenden Deutschlehrer weit und breit. Es gab in Laucha nicht einmal allzu viele Menschen, die Englisch sprachen, was einerseits eine unheimlich kraftvolle Motivation war, die Sprache des Landes so schnell wie möglich zu lernen, andererseits aber oft in kompletter Verzweiflung und Ungeduld mündete.

Wir saßen jeden Tag zwei Stunden lang in einem leeren Klassenraum – er, mein kleiner Bruder und ich – und diskutierten über die Männlichkeit. *Die* Männlichkeit. Merken Sie was? Wenn selbst die Männlichkeit weiblich wird, dann ist nichts mehr heilig. Stunden und Stunden verbrachte Herr Glatzel weiterhin damit, uns von dem Unterschied zwischen «ö» und «ü» zu überzeugen.

«Uuuuuuuu?»

«Nein, üüüüüüüüü!»

«Uuuuuh?»

«Üüüü!»

«Ööööööööö???»

«Fast. Das wäre dann die nächste Übung: Ö!»

«Hä?»

«Na, es gibt Ü *und* Ö.»

«Das klingt doch beides gleich.»

«Ganz und gar nicht. So klingt Üüüüüü, und so klingt Öööööö.»

Ich schaute meinen Bruder fragend an.

«Sie verarschen uns gerade, oder?»

«Sprich mir nach: üben.»

«Uben.»

«Üüüben!»

«Üuuben!»

«Gut! Und jetzt: schön.»

«Schün!»

«Schön!»

«Schööön!»

«Ganz genau! Üben und schön. Also üüüü ...»

«Üüüü ...»

«Und Ööööö ...»

«Üüüüüüüü ...?»

«Hmm ... sprechen wir jetzt erst mal wieder über Artikel.»

Für mich sind und bleiben die Umlaute der deutschen Sprache das Vermächtnis des Bösen. Eine letzte Bastion gegen integrationswillige Fremdvölkische und eine alltägliche Bestrafung aller Zungen unterhalb der arischen Rasse, die es wagen, die edle germanische Sprache mit ihren schiefen Zähnen für die Umsetzung ihrer hinterlistigen Machenschaften zu verunstalten.

Das nächste Mal den Tränen nah war ich, als mir Glatzel die deutsche Deklination vorstellte und ich feststellen musste, dass es Jahre brauchen würde, um alle Genera und Kasus auswendig zu lernen. Es bereitete mir allerdings milde Genugtuung, als ich feststellte, dass nicht mal die Deutschen richtig Deutsch können. Ich habe das Geschlecht von fast jedem Wort der deutschen Sprache gelernt, während eine beachtliche Menge von Muttersprachlern nicht mal «seit» und «seid» auseinanderhalten kann. Spricht natürlich weniger für mich und mehr gegen die. Zum Glück lernte ich recht schnell, meine Defizite mit Füllwörtern zu vertuschen. Praktischerweise bietet ja immerhin die deutsche Sprache bekanntlich wohlgemerkt ungewöhnlich viele von diesen, nun ja, eigentlich allesamt schlussendlich überflüssigen, jedoch seltsamerweise weitgehend auffallend reichlich eingesetzten Wörtern, die einen durchaus in der Tat recht nicht aussagenden Satz mit etwas denkbar allenfalls gefühlter Poesie mästen. Man kann gut dummschwätzen, möchte ich damit sagen.

Eine weitere unvergessliche Niederlage in meinem Kampf gegen die deutsche Sprache musste ich in einem verlorenen thüringischen Nest hinnehmen. Nach drei Wochen in Deutschland konnte sich Olaf unsere gelangweilten Gesichter nicht mehr ansehen und kündigte einen Ausflug an. Zur Modellbahn in Wiehe! Es handelt sich dabei nicht um irgendeine Bahn, sondern um die «weltgrößte Modellbahn-Ganzjahresschau». In Wiehe, da kann man noch was erleben! Donnerwetter! Auf 12 000 Quadratmetern verteilte sich das miniaturhafte Spektakel mit Nachbauten des Orientexpress und anderer legendärer Züge. Zehn Euro kostete der Eintritt für Erwachsene, Hartz-IV-Empfänger und Schwerbehinderte zahlten nur acht. Rollstuhlfahrern standen sogar zwei Rollstühle völlig kostenfrei zur Verfügung! Ohne die edlen Motive des Traditionsunternehmens in Zweifel ziehen zu wollen, fragte ich mich, unter welchen Voraussetzungen das großzügige Angebot in Anspruch genommen werden konnte. Müssen Gehbehinderte den eigenen Rollstuhl zu Hause lassen und den Weg bis zur Anlage kriechend zurücklegen? Oder richtet sich das Angebot an Menschen, die direkt vor Ort, etwa durch einen Verkehrsunfall, eine Gehbehinderung erfahren und unmittelbar danach oder gar währenddessen Lust auf einen spontanen Besuch in der weltgrößten Modellbahn-Ganzjahresschau haben, um sich in der dem Mobilitätsgedanken verpflichteten Miniaturwelt mit ihrer neuen Lebenssituation anzufreunden?

Im sogenannten Gastronomiebereich bot die integrierte Speisegaststätte «Zur Modellbahn» den vom Betrachten der ewig im Kreis fahrenden Modellbahnen hungrig gewordenen Gästen kulinarische Spezialitäten wie Riesen-Currywurst oder Schnitzel «Zigeuner Art» an. Was die armen Zigeuner getan haben, um mit dieser schrecklichen Kreation aus Ketchup und Paprika assoziiert zu werden, soll mir mal einer verraten. Für die kleinen zukünftigen Darmkrebs-Patienten gab es «Chicken-Nuggets» und «Bolognese mit Nudeln». Keine Nudeln mit Bolognese, sondern Bolognese mit Nudeln. Wir entschieden uns also gegen den aus genau diesem einen Restaurant bestehenden Gastronomiebereich und suchten ein fröhlich dekoriertes Lokal gegenüber der riesigen Halle auf. Ungeduldig schnappten wir uns die natürlich nur in Deutsch gehaltene Karte und versuchten, daraus schlau zu werden. Mein Bruder bestellte sich einen Burger, ich entschied mich für die Spaghetti bolognese. Also, die Bolognese mit Spaghetti.

Schon nach wenigen Minuten war alles servierfertig. «Wow, so schnell!», rief ich voller Freude, bis die Kellnerin die Teller brachte und mir mein blödes Lächeln aus dem Gesicht wischte.

«Sö, eeenmol Spageddi und eenmal den Börgor. Jüten Abbedit!» Fassungslos nahm ich den Teller vor mir in Augenschein: ein Haufen Vanilleeiswürmer, mit roter Erdbeersoße übergossen und weißen Schokoladenraspeln garniert. Das war nicht, was ich gewollt hatte. Immerhin sah es ein bisschen aus wie das, was ich gewollt hatte. Der «Burger» meines Bruders dagegen bestand aus einer *blauen* Eiskugel auf einem Sahnebett, getoppt von einer runden Waffel. Olaf gab zwar vor, selbst nicht gemerkt zu haben, dass wir in einem Eiscafé saßen, ich glaube allerdings, dass er sich den Spaß nicht entgehen lassen wollte. Ich hätte es genauso gemacht.

«Zumindest beim Saufen ist es konsistent.»

«Hihi, was meinst du?»

«Na ja, es gibt *das* Bier, aber alles andere ist maskulin. *Der* Gin, *der* Wein, *der* Wodka ...»

«Stimmt! Du hast ja recht! Hihi! Moment ...» Das junge blonde Blind Date kräuselt die an sich faltenfreie Stirn.

«Glaub mir, da gibt's nichts!»

«Halt! Die Weinschorle! Hihi!»

«Unsinn. Wir reden hier von Alkohol und nicht von Kinderbrausen. Eine Weinschorle ist in erster Linie eine Schorle und keine Spirituose. Ein Ameisenbär ist ja auch ein Bär und keine Ameise.»

«Na guuuut. Hihi. Muss schwer gewesen sein, mit der Sprache, hihi.»

«Das war schon nicht ganz einfach.»

«Das kann ich mir vorstellen. Hihi. Aber du klingst wie ein richtiger Deutscher! Hihihi.»

«Danke.»

«Im Ernst! Hihi. Ich hätte gedacht, du wärst aus Hannover! Hihi!»

«Aus Hannover? Warum ausgerechnet aus Hannover?»

«Wieso, was hast du gegen Hannover?»

«Nix habe ich gegen Hannover. Niemand hat was gegen Hannover. Niemand hat aber auch was *für* Hannover. Über New York haben Frank Sinatra, Bob Dylan, die Rolling Stones gesungen! Die Lobeshymne für Hannover kam halt von Barbara Schöneberger ...»

«Also, ich finde Hannover schön.»

«Gewiss befinden sich einige unter uns, die Hannover als schön bezeichnen würden. Schönheit, allerdings, hat auch Stufen. Steht man etwa mitten auf dem Acker und zieht eine Steckrübe aus der Erde, die makellos rund und prächtig lila strahlt, so könnte man diese durchaus als eine *schöne* Steckrübe bezeichnen. Ebenfalls könnte man bei Beethovens Neunter das Bedürfnis verspüren, eines der bedeutendsten Meisterwerke der klassischen Musikgeschichte als *schön* zu bezeichnen ...»

«Okay ...»

«Nun teilt sich zwar Beethovens neunte Sinfonie das gleiche Adjektiv zur Beschreibung ihrer Qualität mit einer besonders wohlgestalteten Steckrübe, jedoch würde man aller Wahrscheinlichkeit nach die kollektive Zustimmung jeder Kontrollgruppe mit Leichtigkeit erringen können, sollte man die These aufstellen, die neunte Sinfonie Beethovens würde mit unerschütterlicher Eindeutigkeit die Schönheit jeder Steckrübe um ein Vielfaches übersteigen. Außer natürlich, man würde sich in der Jahresversammlung der gehörlosen deutschen Rapsbauern befinden, die mit dem Komponisten höchstens aufgrund seines Gehörverlusts sympathisieren könnten.»

«Mh, hihi.»

«Was ich damit sagen möchte: Hannover ist schön. Aber eher wie eine Steckrübe als wie Beethovens neunte Sinfonie. Hannover ist nicht Beethoven.»

«Also ist Hannover eine Steckrübe?»

«Nein! Also, na ja. Ja. Egal! Wo kommst du eigentlich her?»

«Hannover.»
«Oh.»

Nach sechs Monaten täglicher Verzweiflung am Nachmittag entließ man mich zur weiteren Entwicklung meiner Sprachkenntnisse in den regulären Schulunterricht. Zum Abschluss besuchte uns Herr Glatzel zu Hause, um sich zu verabschieden. Meine Mutter bedankte sich für all seine Hilfe und Geduld. «Es war mir wichtig, euch zu helfen, weil ...» Und dann holte Dieter Glatzel mit zitternder Hand den Anhänger seiner silbernen Halskette hervor, der bisher immer unter mehreren Schichten von Klamotten verborgen gewesen war. An seinem Hals hing ein kleiner, glänzender Davidstern.

Die Sprache war aber nur eines der vielen Dinge, die auf dem deutschen Gymnasium für mich neu waren. Der Unterschied zu Israel beginnt schon bei der Schulart an sich: In Israel gehen alle Kinder zur gleichen Schule, bis zum Erwerb der Hochschulreife. Es war und ist mir bis heute unverständlich, warum über die Zukunft der Schüler schon in der fünften Klasse entschieden wird, zum Teil nicht mal aufgrund ihrer Lernleistung, sondern nur nach Lust und Laune ihrer Eltern. Dafür saßen aber durchschnittlich vierzig Schüler in einer israelischen Schulklasse, ungefähr doppelt so viele wie in meiner neuen Klasse in Laucha. In Israel bleibt man auch sitzen, wenn der Lehrer den Klassenraum betritt. Ich schaute ganz schön blöd aus der Wäsche, als unsere Klassenlehrerin, Frau Däumer, an meinem ersten Schultag in Deutschland zur Tür hereinkam und alle Schüler sofort aufstanden. Bis auf mich natürlich. Nachdem ich den kultivierten Europäern meine orientalischen Manieren demonstriert hatte, stellte mich Frau Däumer der Klasse auf Englisch vor. Ihr Ehemann, Dr. Hans-Jörg Däumer, war der Schulleiter des Gymnasiums, den ich schon in den Sommerferien kurz kennengelernt hatte.

Die Beziehung zwischen Schüler und Lehrer ist in Israel ganz anders: Wir standen nicht auf, wenn unsere Lehrer den Klassenraum betraten, und sprachen sie mit Vornamen an. In Deutschland wäre das respektlos, in Israel gehört dieser Umgang zum guten Ton und bringt eine persönliche Ebene mit sich, die ich in Laucha etwas vermisste. Die Däumers gehörten allerdings zu den Menschen, die für die Pädagogik wie geschaffen waren. Ganz anders als bei den meisten Lehrern, die ich am Gymnasium erlebte, war ihre pädagogische Leidenschaft schwer zu übersehen. Sie lehrte Englisch und Biologie, er Mathe und Physik. Ich saß gut platziert neben den zwei Störenfrieden der Klasse, Julian und Norbert. Julian hatte ich schon einmal vorher beim Fußballtraining gesehen, er spielte auch im BSC. Seine Haare waren schwarz und kurz, die Augen braun, er hatte eine spitze Nase und ein charmantes Lächeln, mit dem er nach einer Missetat schnell wieder gut Wetter machen konnte. Er wohnte in einem kleinen Haus im Nachbarort Bad Bibra und war, dank seiner großen Schwester, recht beliebt in der Schule. Norbert hatte braune Haare und hellblaue Augen, trug eine Brille und übte das Amt des Klassenclowns mit großer Gewissenhaftigkeit aus. Er konnte ununterbrochen quatschen und untermalte seine Monologe mit Grimassen und lustigen Stimmen, was ich als Neudeutscher umso lustiger fand. Die anderen Kinder haben sich nicht sonderlich für mich interessiert und wirkten eher abweisend, also klemmte ich mich an Julian und Norbert, während ich mir den Füller in die Hand klemmte.

Ich hatte noch nie zuvor einen Füller benutzt und war sichtlich irritiert, was man nicht nur an meinem angestrengten Gesichtsausdruck beim Schreiben bemerkte, sondern auch an meiner blau bemalten Hand. Schnell war mir klar, dass man als Linkshänder in Deutschland die Arschkarte gezogen hat. Außer im Englischunterricht schrieben wir in Israel immer Hebräisch, also von rechts nach links oder «umgekehrt», wie das die Deutschen nennen, doch jetzt verschmierte meine Hand die Tinte der soeben geschriebenen Buchstaben, was mir nach einem langen Diktat das

Aussehen eines Parkinson-Kranken im Endstadium verlieh. Viele fragen mich beim Anblick meiner hebräischen Bücher, ob wir in Israel von unten nach oben lesen. Es ist eine gute Frage, die sich allerdings nicht so einfach beantworten lässt – es kommt nämlich immer drauf an, wie der Sarg hängt, in dem wir schlafen.

Ich habe schon immer zu diesen Menschen gehört, die gegen Ordnung regelrecht allergisch sind. Das passte natürlich nicht so recht in die deutsche Schulmentalität. Am Anfang jedes Schuljahrs war ich voll am Start: Meine Mappe war mit geradezu lächerlichen Mengen an unnötigem Schreibzubehör vollgestopft, das Ganze erinnerte an Griechenlands Rüstungspolitik: eine komplette *Stabilo Point 88*-Kollektion, genug Neonmarker, um eine ganze Love-Parade zu dekorieren, eine Dose mit Tintenpatronen für den verdammten Füller (die Hälfte der Tinte landete ja immer auf meiner Hand, also brauchte ich besonders viel) und natürlich ein schwarzer Tacker, die Fender-Gitarre der Bürofachangestellten. Wenn man richtig die Sau rauslassen wollte, holte man sich einen elektrischen Bleistiftspitzer, aber mit einem solchen Statussymbol hätte man sich vor den Massen an spitzwilligen Vierzehnjährigen gar nicht mehr retten können.

Dann gab es noch die Hefte: für jedes Fach eins, farblich sortiert und mit der richtigen Papiersorte; kariert für Mathe und Physik, liniert für Deutsch und Geschichte und ganz blank für Kunst – genau wie meine Ambitionen. Alles top organisiert in dem Rucksack, mit dem ich voller Optimismus an jedem ersten Schultag antanzte. Vier Wochen später war mir gerade noch ein drei Zentimeter langer Bleistift übrig geblieben, den ich in den Tiefen meines Rucksacks zwischen alten Brötchen und aufgeplatzten Tintenpatronen suchen musste. Die Hefter hatte ich mittlerweile zu Hause liegen gelassen, ich wich auf einen Schreibblock aus, in dem willkürlich Notizen zu unterschiedlichen Stunden festgehalten wurden. Ich würde das ja sowieso nie wieder anschauen, wofür gibt's Wikipedia?

Brotbüchsen, wie sie die Kinder in Laucha in den Ranzen gesteckt bekamen, hatte ich in Israel auch nicht gekannt. Da legten sich manche Eltern so richtig ins Zeug: das Vollkornbrot exakt in einem 45-Grad-Winkel mit dem täglich geschliffenen Präzisionsbrotmesser geschnitten, belegt mit einem Leberwurst-Hack-Aufstrich mit Sauerkrautaroma, die Clementine sorgfältig gepellt, die Radieschen mit eiskaltem Urgesteinswasser gewaschen und in hauchdünne Scheiben geschnitten, dazu frisch gepresster Saft vom deutschen Apfel.

Während die anderen Kinder ihre kulinarischen Reisen durch die deutsche Brotbackkunst genossen, packte ich meine in Alufolie gewickelten Brötchen aus, die von außen eher an Ofenkartoffeln erinnerten. Zwischen den zwei riesigen Brötchenhälften klemmte meistens eine dünne Käsescheibe oder, wenn ich Glück hatte, Thunfischsalat. Wenn ich Pech hatte, Schinken – der Jar Jar Binks unter den Bacons. Gegessen wurde draußen auf dem Schulhof, im Gebäude durfte man während der zwanzigminütigen «großen» Pause nur bleiben, wenn es draußen aber so richtig kalt war.

Wer die Bänke des Auditoriums dennoch trotzig okkupierte, wurde von den Lehrern schnell wieder rausgejagt. Die wenigen Sitzmöglichkeiten auf dem Schulhof waren dichter besiedelt als der Gazastreifen und härter umkämpft als Jerusalem. Gut, in Gaza kommen noch Hoffnungslosigkeit und unendliches Elend dazu, aber hängen wir uns nicht an Kleinigkeiten auf. Eigentlich hätte es für mich ein Leichtes sein müssen, eine der heiß begehrten Bänke zu besetzen. Schließlich kam ich direkt aus der Westbank, was ist da schon eine gewöhnliche Bank einer unumzäunten Schule? Doch trotz meiner unumstrittenen Qualifikation hatten die älteren Schüler Vorrang, und wir mussten immer warten, bis wir einen Platz «geerbt» hatten. Vor allem im Winter, wenn sich der Schulhof in ein Schneeballschlachtfeld verwandelte, bewährte sich die Bank als strategische Festung. Die Schulleitung hatte das Werfen von Schneebällen natürlich strengstens untersagt, doch davon ließen wir uns nicht beirren – living on the edge. Wer sich beim Werfen von einem Lehrer erwischen ließ, wurde wenig später über die schulweite Lautsprecheranlage ins Büro von Dr. Däumer bestellt und bekam dessen Zorn zu spüren. Das Zornigsein beherrschte Dr. Däumer sehr gut. Nachdem man minutenlang angeschrien und beschimpft worden war, verließ man sein Büro nie wütend, sondern mit dem mulmigen Gefühl, jemanden enttäuscht zu haben.

Natürlich wurde ich mehr als einmal beim Schneebällewerfen erwischt – für israelische Kinder ist Schnee eine Sensation. Ein einziges Mal hatte es in Oranit geschneit in den vierzehn Jahren, die ich dort verbrachte. Ich war damals in der fünften Klasse, und einer der Schüler, der im Nachbardorf wohnte, wo es schon in der Nacht geschneit hatte, stürmte mit einem Schneeball in der Hand in den Klassenraum: Die Kinder rasteten aus, alle wollten den Schnee anfassen. Eine Stunde später fielen auch über Oranit große Flocken vom Himmel. Die Palmbäume und Trinkwasserspender der kleinen Stadt mit weißen Hauben zu sehen war merkwürdig. Der Schulunterricht wurde unterbrochen, und alle rannten sofort raus, manche sahen Schnee zum ersten Mal in ihrem Leben. Der einzige Ort in Israel, in dem es jedes Jahr schneit, ist der Hermon, ein 2814 Meter hohes Bergmassiv zwischen dem Libanon, Israel und Syrien. Die südwestlichen Hänge des Berges wurden, zusammen mit dem Golan, im Sechstagekrieg 1967 von Israel eingenommen. «Ich sehe den Hermon. Doch er ist nicht weiß. Er ist rot», sagte damals ein Kommandant der israelischen Streitkräfte. Seit seiner blutigen Eroberung leistet der Gipfel nicht nur als Beobachtungsposten und militärischer Stützpunkt treue Dienste, sondern auch als touristische Attraktion und einziges Wintersportgebiet Israels.

Jedes Jahr sind wir mit dem Auto durch die atemberaubende Landschaft der Golanhöhen gefahren, zwischen blauen Flüssen und braunem Vulkangestein stehen noch alte Panzer und abgebrannte Militärfahrzeuge, Erinnerungen an die jungen Soldaten, die ihr Leben in einem von vielen Kriegen eines endlosen Konflikts ließen. Ganz oben, in den Bergen, liegen drusische Dörfer, wo wir nach einem langen Ski-Tag für eine Pita mit Labane anhielten. Drusen sind eine kleine arabische Religionsgemeinschaft, die vor allem in Syrien, dem Libanon und Israel ein bescheidenes, friedliches Leben führt. Pita ist ein weiches Fladenbrot aus Hefeteig, Labane ein saurer, frischkäseähnlicher Rahmjoghurt und einer meiner Spitznamen im Kindergarten wegen meiner hellen Hautfarbe. Pita mit Labane ist ein Geschenk Gottes, mit Olivenöl und Zatar gewürzt.

Es gab also schon Schnee, aber der war so knapp wie Israels Trinkwasserreserven. Wer kann mir da noch meine Begeisterung für Schneeballschlachten vorwerfen? Doch nach und nach verschwand mein Ausländer-Mutterschutz: In meinem ersten Halbjahreszeugnis standen noch keine Noten, doch je besser mein Deutsch wurde, desto weniger konnte ich das Chaos in meinem Rucksack rechtfertigen. Die Sprache war bis zum Abitur eine Barriere, vor allem in Biologie und Deutsch (ächz), aber sie war nicht das einzige Problem: Ich hatte zum ersten Mal im Leben Musikunterricht und verstand weder Dur noch Moll. Mein einziger Vorteil war die Fähigkeit, «Hava Nagila» und «Shalom Chaverim» sprachgetreu wiedergeben zu können, was in Anbetracht der Lyrics allerdings wirklich keine Glanzleistung ist. Das Lied «Shalom Chaverim» besteht aus ganz genau drei Worten, da hat jeder Beyoncé-Songtext mehr Tiefe:

«Shalom Chaverim, Shalom Chaverim, Sha-lom, Shaaa-lom,
Le hit-ra-ot, le hit-ra-ot, Sha-lom, Shaaa-lom.»

Übersetzt heißt das Ganze:

«Hallo, Freunde, Hallo, Freunde, Hall-o, Hall-ooo,
Auf Wiedersehen, Auf Wiedersehen, Hall-o, Hall-ooo.»

Klingt wie ein NPD-Wahl-Jingle, war aber die leichteste Eins, die ich in dieser Schule verdient habe.

Einfacher hatte ich es im Französischunterricht, an dem musste ich nämlich gar nicht teilnehmen. Nach den ersten Stunden sahen wir alle ein, dass das Erlernen der französischen Sprache in einer deutschen Schule wohl keine Früchte tragen würde, wenn der Schüler noch nicht einmal die deutsche Sprache beherrscht. Stattdessen saß ich so lange unter der Treppe im Auditorium und nutzte die Zeit, um meine Hausaufgaben für die kommende Unterrichtsstunde in letzter Minute zusammenzukleistern. Leider stellte sich später heraus, dass ich, um das Abitur zu bestehen, mindestens zwei Fremdsprachen belegen musste. Russisch und Französisch, die Sprachen, die all meine Mitschüler Jahre zuvor zu lernen angefangen hatten, kamen nicht in Frage, also musste ich Latein nehmen. Als wären die vier Fälle der deutschen Sprache nicht genug, hat Latein noch zwei mehr, und jeder von ihnen hat mich auf seiner eigene Art und Weise gequält. Unser Lehrbuch für den Unterricht trug den Titel «Interesse – Lehrwerk für Latein / Ausgabe A» und wurde vom J. Lindauer Verlag in München herausgegeben. Es gab nämlich auch eine «Ausgabe B», dabei stand «B» für Bayern. Bei «Ausgabe A» stand das «A» für Ausland – ein interessanter Hinweis auf die Sicht der Bayern auf Restdeutschland. Die meisten Geschichten in unserem Lehrbuch handelten von einem kleinen Jungen namens Gaius im alten Rom. Da der kleine Gaius ein egozentrisches, selbstverliebtes Arschloch war, drehte sich jede Geschichte im Buch um sein insignifikantes, belangloses Leben. Kein Schwein interessiert's, dass du nicht in die Schule willst, Gaius! Im alten Rom kämpfen Sklaven in der Arena um ihr Leben, und Millionen werden massakriert, während du verwöhnte Kackbratze im Stall rumheulst, anstatt die rare

Chance auf Bildung wahrzunehmen. Du kannst mich mal, Gaius! Nach vier Jahren, in denen ich mich wöchentlich mit Gaius und seinem Bullshit auseinandergesetzt habe, bekam ich das große Latinum. «Latinum» ist höchstwahrscheinlich das einzige lateinische Wort, das bei mir hängen geblieben ist.

Fast so unterirdisch wie mein Latein waren die Versuche der Lehrer, meinen Namen halbwegs korrekt auszusprechen. Am Anfang jeden Unterrichts, wenn sie die Anwesenheitsliste laut vorlasen, widmeten sie mir eine Schweigeminute, in der sie diese fremde Kombination aus Vokalen und Konsonanten, die ihnen die Liste als Vornamen präsentieren wollte, erst einmal vollständig zu begreifen suchten. «Sh...Sha...Shaharak Shapira?», riefen die Damen und Herren fragend in den Raum. Anfangs versuchte ich sie zu korrigieren:

«Shahak.»

«Shalaak?»

«Nein, Shahak. Mit einem ‹Cha›, wie beim Spucken.»

«Shachat?»

«S-h-a-h-a-k. Wie ‹Schach› und ‹Hack›.»

«Sharak??»

«Ja, komm, gut genug.»

Nach einer Weile habe ich die Tatsache akzeptiert, dass keiner meiner neuen Mitmenschen wohl jemals meinen Namen richtig aussprechen können wird. In Deutschland kann man seinen Namen ja angeblich tanzen. Ich weiß darüber nichts Genaues, außer dass man so was wohl in besonderen Schulen lernt. Im Hebräischen wird mein Name mit nur drei Buchstaben geschrieben: שחק. «Himmel» – das ist die Bedeutung des Worts, doch benannt haben mich meine Eltern nach Ajin Shahak, einem Brunnen mitten in der Wüstenlandschaft der Senke rund um das Tote Meer. Mittlerweile spreche ich meinen Namen manchmal selber falsch aus, aber es ist immer ein guter Conversation-Starter. Außer, man befindet sich gerade in einem lauten Club und will sich der gut aussehenden Blondine vorstellen, die man schon den ganzen Abend antanzt. In solchen Situationen habe ich über die Jahre begonnen, mir einfach einen anderen Namen auszudenken: Daniel, Stefan oder Hans-Uwe, wenn es richtig hart kam. Zu Schulzeiten wäre meine urdeutsche Tarnung durch fehlende Sprachkenntnisse recht schnell aufgeflogen. Mittlerweile glaubt mir aber niemand mehr, dass ich Israeli bin. «Aber warum bist du so blond?», ist die häufigste Reaktion. Bei guter Laune gestehe ich, dass meine blonde Haarpracht und meine helle Haut für einen Israeli tatsächlich recht ungewöhnlich sind. Bei schlechter Laune bringe ich den dummen Spruch, mit dem dieses Buch anfängt. Eine, wie ich finde, charmante Methode, jeder lästigen Unterhaltung effizient aus dem Weg zu gehen.

Nicht mal meine eigenen Landsleute in Israel nehmen mir den Juden ab. Die Tatsache, dass ich ihre auf Englisch gestellten Fragen auf Hebräisch beantworte, spielt da keine große Rolle. «Wow, your Hebrew is very impressive!» Ja, danke, du mich auch. Vielleicht geschieht es mir recht. Da ich meine Muttersprache seit meinem Umzug nach Deutschland fast nur mit meiner Mutter und meinem Bruder spreche, wird sie mittlerweile von einem hörbaren deutschen Akzent geziert, den ich nur nach einigen Wochen in der Heimat temporär wieder loswerde.

Nach etlichen Schweigeminuten zum Unterrichtsbeginn war die Aufregung um den komischen Israeli auch bei den Schülern verblasst: Meine ständigen Bitten um Aufklärung und Wiederholung der Unterrichtsinhalte fingen an, die anderen zu nerven, Julian und Norbert verbargen ihre Notizen vor mir, als ich nicht schnell genug mitschreiben konnte, und die restlichen Schüler hatten von Anfang an diffuse Berührungsängste. Und so erreichte ich gegen Ende meines ersten Schuljahres in Deutschland die notorische Außenseiter-Position, die ich schon von der israelischen Schule her gewohnt war. Bulbul.

DAS VORHAUT-BÄLLEBAD

«Neonröhre». Das war mein erster Spitzname, eine bewundernswerte kreative Leistung der anderen Kindergartenkinder. Weitere beliebte Namen dieser Ära, die mein ungewöhnliches Äußeres verspotten sollten, waren zum Beispiel «Opa», «Quark» oder schlicht und einfach «Weiß». Es hat mich nie gestört, nicht mit einem Araber verwechselt werden zu können. Wer zuletzt lacht, lacht in der Flughafenkontrolle, dachte ich mir und fand es eher vorteilhaft, für den Rest meines Lebens von optischen Klischees verschont zu bleiben, während meine dunkelhäutigeren Landesleute bei jeder Polizeikontrolle zusehen müssen, wie ihr Auto auseinandergenommen wird, weil sie zu sehr nach Terrorist aussehen.

Natürlich bot ich den anderen zahlreiche weitere Angriffsflächen. Unter den üblichen Verdächtigen war eine starke Akne, die mich bis zum Abitur begleitete. Schon in Israel brachte mich meine Mutter oft zu einer Kosmetikerin, die in stundenlangen Sitzungen jeden Pickel einzeln ausdrückte. Explosionsartig spritzte der Eiter aus den roten Vulkanen in die Papiertücher, die beeindruckendsten Abszess-Ergüsse zeigte die Kosmetikerin voller Stolz meiner Mutter, wie ein Arzt, der einer Frau ihr Neugeborenes präsentiert. Die hartnäckigsten Unreinheiten mussten mit einer Nadel herausgezogen werden, während ich auf der Liege vor Schmerz mit den Beinen zuckte. Zum Schluss bekamen die blutenden Wunden noch einen feinen Aufguss Desinfektionsmittel, das meine Haut höllisch zum Brennen brachte. Am Ende der Behandlung sah mein Gesicht aus wie ein Pavian. Von hinten. Am Arsch. Mit Hämorrhoiden.

Natürlich half die Behandlung nicht im Geringsten, so wenig wie die von Britney Spears empfohlene Gesichtscreme. Trotzdem setzte ich meine Besuche bei der Kosmetikerin auch in Deutschland fort und ließ mir für gutes Geld weiterhin den Eiter kräftig aus der Fresse drücken. Olaf wollte ein wenig Trost spenden und versprach mir, die Hautunreinheiten würden sich in Luft auflösen, sobald ich endlich mit einem Mädchen Sex gehabt hätte. Die Schwierigkeit war nun aber, dass meine Akne wie ein leuchtendes Warnschild auf meinem Gesicht die Mädchen wirkungsvoll von jeder Art Körperkontakt abhielt. Es war also etwa, wie einem Huhn zu sagen, es könne fliegen, wenn es lange genug die Schwerkraft ignorierte. Doch auch dafür hatte Olaf eine Lösung parat: Er schlug vor, eine Papiertüte über den Kopf meiner Auserwählten zu stülpen. Viel sinnvoller wäre es gewesen, eine Papiertüte über meinen eigenen Kopf zu stülpen, doch den Fokus des Betrachters auf den Rest meines Körpers zu lenken hätte auch keine signifikante Aufwertung bewirkt.

Ich konnte die Schwerkraft erst mit sechzehn und einer gefährlichen Menge Alkohol überwinden und ein Mädchen küssen. Den Alkohol brauchte selbstverständlich nicht ich selbst, sondern sie, doch zum Glück fand dieser romantischste Höhepunkt meines bisherigen Lebens an dem romantischsten Ort statt, den man sich für den ersten Kuss wünschen kann: auf dem Freyburger Winzerfest.

Das größte regionale Weinfest Mitteldeutschlands ist das absolute Partyhighlight der Region: Die Straßen Freyburgs sind voll mit den kleinen Ständen der Winzer, die ihre Erzeugnisse großzügig unter die Leute bringen. An einem Freitag in September geht es los: Drei Tage lang wird alles geboten, was Ekstase zu wecken vermag, inklusive Lasershows und Streetfood in großer kulinarischer Bandbreite: vom Mettbrötchen über Pizza Hawaii bis zur räudigen Pilzpfanne ist alles ist erlaubt und nichts heilig. Dazu einen Riesling oder einen Müller-Thurgau oder einen Weißburgunder. Oder einen Dornfelder, einen Portugieser, einen Merlot oder einen Blauen Spätburgunder. Oder alle hintereinander – so wird man ganz schnell genauso blau wie der Spätburgunder, und das gar nicht mal so spät.

Auf dem Marktplatz gab es eine große Bühne, im Park eine Kirmes. Es gab auch eine Schlägerei, die traditionell vor dem Autoscooter stattfand – da traf die sogenannte «Eastside Crew» auf irgendeine andere Horde von Vollidioten, die immerhin bescheiden genug waren, um sich in einem 1000-Einwohner-Kaff nicht als «Crew» zu bezeichnen. Neben den irrsinnig harten Gangs der sächsischen Provinz besuchte aber auch eine zarte junge Dame namens Melanie das Winzerfest.

Als Melanie und ich aufeinandertreffen, hat sie schon genug intus, um das komplette Weinsortiment des Gebiets zu kennen, und ist bestens vorbereitet, die allerschlechtesten Lebensentscheidungen zu treffen. Mitternacht naht, die meisten Stände sind schon zu, und nur noch wenige Menschen wandern in Schlangenlinien durch die Stadt. Wir laufen durch die leeren Straßen und halten Händchen. Meine Haare trotzen dank einer halben Dose Haargel der Erdanziehungskraft und erheben sich von den Seiten zu einem modischen Iro. Sie – dunkelrote Haare, blaue Augen, helle Haut – versucht einen Satz zu Ende zu bringen, der schon auf der Hälfte keinen Sinn mehr ergibt. Dann wirft sie plötzlich ihre Konversationsversuche über den Haufen, und wir küssen uns.

Damals gibt es keine Video-Tutorials auf YouTube oder «12 Tipps zum Rumbeißen von Micaela Schäfer», ich bin komplett auf meine Intuition angewiesen und gehe völlig unvorbereitet an die Sache heran: Wie ein aufgeregter Welpe an der Rosette eines anderen Hundes schlängelt sich meine Zunge enthusiastisch durch den fremden Mundraum und erkundet das Terrain. Das Aroma des Weins ist noch präsent – es schmeckt süß-sauer, aber mehr süß-sauer wie eine chinesische Reispfanne von der Döner-

Bude in Laucha als wie ein edler Tropfen. Ich gestehe ihr, dass es mein erstes Mal ist. «Wie alt bist du denn?», fragt sie verwundert. «Sechzehn», antworte ich mit unsicherer Stimme. Es klingt eher wie eine Frage, als würde ich absichern wollen, dass das okay sei, denn Melanie ist schon neunzehn, und der Unterschied zwischen sechzehn und neunzehn erscheint viel größer als beispielsweise zwischen 27 und 30 oder 40 und 43. Für einen Kuss auf dem tabulosen Winzerfest geht das noch klar. What happens in Freyburg, stays in Freyburg. «Dafür kannst du aber ziemlich gut küssen», sagt sie mit einem überraschten Blick, und ich platze vor Stolz, ihr die richtige Portion an Zungenoffensive zugemutet zu haben.

Während der zwei darauffolgenden Tage schickte ich Melanie um die 20 SMS-Nachrichten und rief sie mindestens fünfzigmal an. Das ist keine metaphorische Zahl – ihr Handy muss 50 unbeantwortete Anrufe angezeigt haben. Damals kostete eine SMS gute 50 Cent, es gab keine Lesebestätigungen oder «zuletzt online»-Informationen. Es konnte also gut sein, dass man einfach mal ein paar Tage nicht auf sein Handy guckte. So habe ich mir zumindest Melanies ausbleibende Reaktion erklärt. Natürlich hatte ich auch schnell ihre Adresse herausgefunden und stattete ihr einen Besuch ab, doch leider (oder zum Glück) war sie nicht zu Hause. Ich hinterließ meine Telefonnummer bei ihrer Mutter. Einige Tage später teilte Melanie mir per SMS überraschend mit, dass es mit uns beiden irgendwie nichts wird.

Mein Herz war gebrochen. Und die Pickel ließen sich vom Zungenkuss überhaupt nicht beeindrucken und feierten weiterhin eine eitrige Orgie auf meiner Haut. Einmal hatte sich ein Abszess unter meinem linken Auge gebildet, der so groß war, dass mich meine Mutter zum Arzt brachte. Die Peinlichkeit in der Schule blieb mir nur deswegen erspart, weil das Ganze eher nach einem Veilchen aussah. Mein Gesicht war so angeschwollen, dass das eine Auge zur Hälfte zugedrückt war. Ich sah aus wie Sylvester Stallone als Rocky nach seinem Titelkampf gegen Mister T, als ich auf dem sterilen Patientenbett in der Praxis von Frau Neid saß. Wie es sich in so einem Nest gehört, war ihre Tochter Franziska in meiner Klasse – ein Hoch auf die ärztliche Schweigepflicht! Franziska war die beste und fleißigste Schülerin der Klasse, und ihre Haut war so bleich, neben ihr sah ich aus wie Roberto Blanco. Wenn das die Kinder in Israel gesehen hätten! Sobald Frau Neid allerdings anfing, von der Operation zu sprechen, die sie für nötig hielt, um den Abszess zu beseitigen, ließ sich meine Kellerbräune zu Höchstleistungen provozieren.

Ich betrachtete mein Rocky-Gesicht im Spiegel. «Eye of the Tiger» spielte in meinem Kopf, und ich stellte mir vor, wie ich aus der Praxis fliehe, während meine Mutter mir, genau wie Rockys Trainer bei seinem Trainingslauf, mit dem Auto nachjagt. Zu meiner Erleichterung probierten wir es aber zunächst mit einem Antibiotikum. Der Abszess schrumpfte wenige Tage später, und ich drückte voller Freude einen Eitergeysir aus meiner Wange an den Spiegel des Gästeklos. Diesmal fühlte *ich* mich wie die frisch gebackene Mutter, die gerade ein eiteriges kleines Baby voller Stolz zur Welt gebracht hat. Das Ausdrücken von Pickeln ist eine unheimlich befriedigende Beschäftigung. Ein pickeliges Gesicht ist wie eine frische Noppenfolie, es gibt nichts Schöneres, als einen geschwollenen Pickel mit aller Kraft endlich zu entleeren. Wer nicht zugeben kann, dass er bei dem Anblick eines hormonell benachteiligten Teenagers nicht am liebsten gleich selbst Hand anlegen und die Eitermassen zum Spritzen bringen würde, der lügt!

Ich drückte die Burschen kiloweise aus, doch sie kamen immer zurück. Für jeden getöteten Pickel brachte die Eiter-Hydra zwei weitere hervor. Nicht mal die Chemiekeule «Clearasil» half gegen meine Akne, obwohl mir die deutschen Teenies im Fernsehen eine reine, arische Haut versprachen, und das für nur 7,99 €! Am Ende gab ich die Hoffnung auf eine vorzeitige Lösung der Aknefrage auf, aß wieder unbekümmert BiFi und versuchte meine Pickel mit deckenden Cremes zu kaschieren, die jede Spur von menschlichen Gesichtszügen verwischten und mich wieder wie Sylvester Stallone aussehen ließen, nur 35 Jahre und circa 100 Botoxspritzen nach Rocky.

Nach meiner ersten SMS an Melanie, direkt am Tag danach, war ich noch optimistisch und ließ mich dazu hinreißen, mit dem restbetrunkenen Publikum mehr oder weniger ausbalanciert am Sonntagmorgen auf den Straßen herumzustehen, um den Höhepunkt des Winzerfests zu erleben: den historischen Festumzug und die Proklamation der neuen Weinkönigin – einer großbusigen Sexgranate im Dirndl und mit einem stets vollen Glas Wein, gekrönt mit dem goldenen Diadem des Rebensafts. Die Traumfrau eines jeden Landburschen mit potenziellem Alkoholproblem und die eleganteste Verkörperung des Dionysos unterhalb des Olymps.

Wie werde ich Weinkönigin? Eine Frage, die ich mir schon viele Male gestellt habe und die sicherlich auch Sie in diesem Moment beschäftigt. Gutes Aussehen reicht da nicht! Ausstrahlung kann man sich schön trinken, doch ohne Fachwissen geht nichts, denn die Kandidatinnen müssen vor einer Kommission aus Weinkennern mit Begeisterungsfähigkeit und Sachverstand glänzen. Und hey, es gibt Schlimmeres: Unter dem Motto «Wurst – ganz majestätisch» krönt der Fleischerverband Thüringen jährlich eine Glückliche zur Wurstkönigin. Ich möchte viele Dinge sein. Wurstkönigin gehört nicht dazu.

Die meisten Weinköniginnen stammen aus Winzerfamilien mit langer Tradition, waren die Musterschülerinnen der Weinbau-AG am Gymnasium und wurden wahrscheinlich auch auf dem Weinberg gezeugt. Da konnte ich nicht mithalten, obwohl ich mit einiger Wahrscheinlichkeit der erfahrenste Weintrinker meiner Jahrgangsstufe war: Meinen ersten Wein hatte ich nämlich schon mit acht getrunken. Mit acht Tagen, versteht sich. Es war nur ein kleiner Schluck, doch ich musste einen hohen Preis dafür zahlen. Präsentiert wurde mir der feine Tropfen von einem bärtigen Mann mit einem glatten schwarzen Hut, doch damals

SPONSORED BY
YOUPORN
WURSTKÖNIGIN 2016

wusste ich nicht, dass Juden selten etwas aus reiner Selbstlosigkeit schenken.

«Her damit!», murmelte ich in Babysprache und streckte meine winzigen Hände in Zielrichtung, bereit für den allerersten Suff meines jungen Lebens, doch bevor ich meinen köstlichen Wein genießen konnte, zog der hinterlistige Schmock ein scharfes Messer hervor, nuschelte ein unverständliches Gebet und schnitt mit seinen langen, jüdischen Fingern ein Stück von meinem Schwanz ab! Dann tropfte er lieblos eine lächerlich kleine Menge Wein in meinen Mund. Nicht mal drei Tropfen waren es. Skandal! Baby-Ich fing sofort an zu schreien, verlangte einen der auf jeder jüdischen Beschneidung durchschnittlich fünfzig anwesenden Anwälte und viel mehr Wein. Unter uns Juden ist es nämlich üblich, unsere eigene Misshandlung zu feiern. Mit all unseren Feiertagen zelebrieren wir, dass irgendjemand mal wieder alle Juden vernichten oder versklaven wollte. Darüber singen wir einmal im Jahr ein paar Lieder und knallen uns mit Wein zu. Oder wir schreiben ein Buch drüber.

Mein Erzeuger, nutzlos wie er war, ignorierte meine Notlage und grinste mich nur blöd an. Dann flüsterte er dem Beschneider des Todes leise etwas ins Ohr. «Shahak, Ben[3] Oz!», schrie der in die kleine Synagoge und hielt mich hoch wie der exzentrische Mandrill aus «König der Löwen», der den neugeborenen Simba dem gesamten afrikanischen Tierreich präsentiert. Statt Elton John spielte eine energetische Klezmerkapelle «Hava Nagila». Wenigstens einen Namen hatte mein beschnittener Restkörper nun, nachdem mir meine Erzeuger ganze acht Tage wie einer namenlosen Ziege die Windeln gewechselt hatten. Meine Eichel war frei wie der Wind und mein Kopf von Fragen geplagt: Gibt es eigentlich pro Schwanz eine Pauschale, oder wird am laufenden

3 Hebräisch für «Sohn von …»

Millimeter abgerechnet? Bekommt man einen Mengenrabatt bei Zwillingen? Leider sind die jüdischen Informations-Webseiten meines Vertrauens gerade im Sabbatmodus und von Freitagabend bis Samstagabend offline. Kein Scheiß! Laut Tradition ist die Verwendung von elektrischen Geräten im heiligen Ruhetag strikt verboten, doch ob wohl auch der liebe Gott es aushält, seine virtuellen Farmville-Ziegen ganze 24 Stunden lang nicht zu füttern?

Und Gott sprach zu seinem Diener Moses: «So, das wären die Zehn Gebote. Tut mir leid, ich dachte, ich kriege das alles auf einer Steintafel hin. Siehste, ick kann ooch nich allet machen, watt ick hier will!»

Moses: «Passt schon.»

Gott: «Ach so, eine Sache noch, Michael ...»

Moses: «Moses. Ich heiße Moses.»

Gott: «Stimmt! Sorry! Es gibt schon so viele von euch. Also pass auf, Mosby ...»

Moses: «Soll ich noch eine Tafel holen?»

Gott: «Neenee, passt. Es geht hier nur um Nr. 4, wie ging die noch mal?»

Moses: «Gedenke des Sabbats, halte ihn heilig, keine Arbeit, dies und das ...»

Gott: «Ja genau! Da wollte ich noch sagen: An dem Tag bitte auch keinen Strom.»

Moses: «Wie, keinen Strom?»

Gott: «Na, keinen Strom halt. Nix Strom. Non Stromos. Oxi Stromovski. Nada Stromada. Net ...»

Moses: «Also gar keinen Strom? Wie soll ich denn mein iPhone aufladen?»

Gott: «Was weiß ich. Baut doch welche, die länger als 6 Stunden halten.»

Moses: «Du bist doch der Gott hier, nicht ich.»

Gott: «Moritz – kein Strom. Punkt.»

MEINE BESCHNEIDUNG
(ALLE PROPORTIONEN DER
REALITÄT ENTSPRECHEND)

Moses: «Moses.»

Gott: «Jaja, whatever. Ich will samstags meine Ruhe haben, und das geht nicht, wenn ihr da unten mit voller Lautstärke *Call of Duty* zockt.»

Moses: «Verstehe. Was ist mit Solarenergie?»

Gott: «Sag mal, spreche ich Spanisch?»

Moses: «Nein, Herr. Also ja, Herr. Du beherrscht alle ...»

Gott: «KEIN STROM, MORITZ.»

Moses: «Okay.»

Gott: «Und jetzt quatsch dir keinen Zahn locker und kümmer dich lieber um deinen eigenen Scheiß, deine Leute bauen irgend so ein Viech aus Gold da unten.»

Es gibt sogar Kühlschränke mit Sabbat-Modus-Knopf, denn Gott gestattet kein Licht am Ruhetag. Doch keine Sorge – für jedes jüdische Problem gibt es auch eine Endlösung. Passen Sie gut auf! Natürlich zeichnen wir Hebräer uns laut den üblichen Klischees besonders im Bankwesen oder in der Medizin aus, doch unsere wahre Gabe ist das unglaubliche Talent, Regeln zu biegen. Nicht brechen – das machen nur Kriminelle. Biegen! Ein Freund von mir, der eine Weile in Miami gelebt hat, berichtete von einem interessanten Phänomen, das sich jeden Samstag am Fahrstuhl seines Apartment-Gebäudes abspielte: Oft warteten seine chassidischen Nachbarn mit ihren großen schwarzen Hüten vor dem Aufzug auf die nichtjüdischen Bewohner des Hauses und baten diese dann, für sie auf den Knopf ihrer Etage zu drücken. Eines Tages fragte mein Freund einen der Fahrstuhljuden, was das eigentlich solle:

«HaSchem[4] verbietet uns die Verwendung von elektrischen Geräten am heiligen siebten Tag!»

4 Genau wie den von Lord Voldemort darf man den Namen Gottes nicht aussprechen, daher gilt HaSchem (Hebräisch für «der Name») als gängige Bezeichnung für den Allmächtigen.

«Sie stehen also hier und warten, bis jemand kommt, der mit dem Fahrstuhl fährt?»

«Richtig.»

«Und dass Sie trotzdem mit dem Fahrstuhl fahren, auch wenn Sie die Knöpfe nicht drücken, das stört Ihren Gott nicht?»

«Tja, wenn ich zufällig in einem Fahrstuhl stehe und dieser plötzlich nach oben fährt, dafür kann ich ja wohl nichts, Jehova sei gnädig! Können Sie bitte auf die 12 drücken?»

«Verzeihen Sie, das kann ich nicht.»

«Was? Warum nicht?»

«Werter Herr, ich möchte beim besten Willen Ihre Beziehung zum Allmächtigen nicht aufs Spiel setzen. Seien Sie ein guter Jude und nehmen Sie die Treppe! Ich bestehe darauf!»

Ich frage mich, was wohl mit meinem abgeschnittenen Stück Vorhaut passiert ist. Wurde es aufgeblasen und zusammen mit allen anderen Vorhäuten zur einer bällebadähnlichen Attraktion eines ultraorthodoxen Vergnügungsparks zusammengeworfen? Oder werden die Stücke in die Ritzen der Klagemauer gesteckt? In der Regel sind es eigentlich Papierzettel, mit denen die große Mauerwand in Jerusalem gefüttert wird. Darauf schreiben die Menschen ihre Herzenswünsche: Weltfrieden. Ein tolles Haus. Ein schickes Auto. Eine Vorhaut. Über eine Million Zettelchen werden der Mauer jährlich anvertraut, mittlerweile kann man das sogar via E-Mail erledigen. Genau: E-Mail geht in Ordnung, aber ein mickriges Stück Frühstücksspeck, und schon ist man raus. Gott soll die Zettel lesen und die Wünsche erfüllen, heißt es dann, und so habe ich, als Workaround für das Problem, mir von Gott einfach die Erlaubnis zum Baconessen gewünscht. Sie wissen ja – nicht brechen. Biegen! Den Zettel habe ich schon vor siebzehn Jahren reingesteckt und bisher kein Veto zu spüren bekommen, daher nehme ich mal an, dass das für Jehova in Ordnung geht. Der feine Herr ist allerdings dafür bekannt, sich Zeit zu lassen. Schließlich reden wir von einem Gott, der seine Leute ganze vierzig Jahre durch die Wüste gammeln ließ, um sie anschließend an den einzigen Fleck im Nahen Osten zu schicken, an dem es nicht massig Erdöl gibt. Sie sollten Ihren Wunsch also eher langfristig planen. Stellen Sie sich das Ganze am besten wie einen Besuch im Kfz-Zulassungsamt um acht Uhr morgens vor. Zweimal im Jahr werden die Hunderttausende von Zetteln aus den Ritzen entfernt, in Säcken gesammelt und auf dem Ölberg begraben. Ob der Allmächtige sich dann noch für sie interessiert, ist unbekannt.

Nach dem Attentat auf mein bestes Stück hagelte es lauter «Masel tovs» von dem apathischen Idiotenhaufen in der Synagoge, während der orthodoxe Kleinkriminelle mit meiner Vorhaut und einer prall gefüllten Geldbörse verschwand. Ich habe ihm mit der Zeit verziehen. Vielleicht fiel es mir leicht, weil ich mich gar nicht mehr an die Beschneidung erinnern kann, vielleicht auch, weil ich ganz objektive Freude an den ästhetischen und leistungstechnischen Vorzügen eines beschnittenen Geschlechtsapparats verspüre, während meine wenige Begegnungen mit den naturbelassenen Penissen dieser Welt bei mir Assoziationen mit einem Ameisenbären hervorgerufen haben.

«Wie machst du das dann, wenn du beschnitten bist?», haben mich schon mehrere Frauen im Bett gefragt.

«Wie mache ich was?» Ich stellte mich dumm in der Hoffnung auf einen spontanen Handjob.

«Na, das mit dem Anfassen! So ohne Vorhaut ...»

«Ach so! Hast du schon mal eine BiFi gegessen?»

ERST WIR. DANN DU

Das im Jahr 1938 erstmals aufgeführte Theaterstück «Gas Lights» handelt von einem Mann, der seine Ehefrau davon überzeugt, sie sei geisteskrank, indem er die Gaslichter im Haus abdunkelt, ihr aber einredet, die Verdunkelung sei nur eine Illusion, bedingt durch ihren geistigen Zustand.

Seitdem wird der Begriff «Gaslighting» als Ausdruck benutzt, um einen psychischen Missbrauch mittels Verdrehens oder Verfälschens von Informationen zu beschreiben, bei dem das Opfer irgendwann die eigene Erinnerung oder seinen Verstand anzuzweifeln beginnt. Heutzutage ist Gaslighting ein weit verbreitetes Phänomen, es findet in vielen unterschiedlichen Formen statt. Oft wird Menschen, die sich ungerecht behandelt fühlen, eingeredet, sie würden überreagieren, keinen Sinn für Humor zeigen oder hätten keinen Grund, beleidigt zu sein. «Hab dich nicht so!», heißt es dann oder: «Sei doch mal ein bisschen locker!»

Eines meiner größten Probleme als Neuling in der deutschen Pampa war die Unsicherheit darüber, was mich beleidigen sollte und was nicht. Ab welchem Punkt aus einem Witz eine Beleidigung wird, ist eine äußerst subjektive und komplizierte Angelegenheit. Für Millionen von Menschen ist eine Karikatur ihres Propheten eine Beleidigung, groß genug, um einen Heiligen Krieg vom Zaun zu brechen. Dabei sind Propheten eigentlich zum Brüllen. Moses zum Beispiel! Ich meine, haben Sie schon mal so viel Rauch von einem «brennenden Busch» mitten in der Wüste inhaliert, dass Sie geglaubt haben, Gott würde mit Ihnen sprechen? Beim Burning-Man-Festival gehört so was zur Tagesordnung. Dann noch ein langhaariger Hippie, der übers Wasser laufen kann, und ein

Mann Anfang fünfzig, der eine Neunjährige heiratet? Das könnte doch der nächste «Hangover»-Film sein. Einzig und allein die Kreuzigung Jesu erfüllt einen mit Trauer. Den einzigen Menschen, der aus Wasser Wein machen konnte, aus der Welt zu schaffen war nicht nur grausam und ungerecht – es war auch taktisch unklug.

Wer bestimmt also, was beleidigend ist? Die Gesellschaft? Vielleicht. Allerdings hielt die Gesellschaft vor 300 Jahren auch die Sklaverei für eine gute Idee, und heute guckt sie Frauentausch auf RTL II. Manchmal spielt die Beleidigung selbst kaum eine Rolle, sondern vielmehr, wer sie ausspricht. Der Unterschied zwischen einem Judenwitz, der von einem Juden erzählt wird, und von einem Judenwitz, der von einem Nichtjuden erzählt wird, ist gigantisch. Dürfen also nur Juden Judenwitze machen? Auch unlustige? Sind die Deutschen Antisemiten, wenn sie lachen? Sind sie Antisemiten, wenn sie eben nicht lachen, damit der Jude ja nicht denkt, er sei witzig? Ich schätze mal, eine Religion ist wie Mutti. Es ist okay, wenn man selber ab und zu ein bisschen frech zu ihr ist, doch wenn ein anderer es wagt, Mama schief anzuschauen, dann kracht's aber gewaltig!

Diese innere Debatte führte ich in Laucha immer wieder aufs Neue. Beispielsweise als einer meiner Freunde beim Auswechseln auf dem Fußballplatz «Ausländer raus!» rief und mich grinsend anschaute. Alle lachten, es war ja auch ganz witzig. Ich habe mitgelacht, denn er hieß Kevin, der Witz ging also eher auf seine Kosten. Manchmal entwickelte es sich allerdings zu einem ernsthaften Dilemma. Etwa, als meine Klassenkameraden einen neuen Lieblingsspruch für sich entdeckt haben, um mir ihre arische Überlegenheit stets vor Augen zu halten. «Erst wir, dann du», riefen sie bei jeder Gelegenheit: Wenn nur noch ein Sitzplatz auf der Bank übrig war, wenn sich eine Schlange vor dem kleinen Schulimbiss bildete oder beim Einsteigen in den Bus für einen Klassenausflug, es galt die goldene Regel aus der Dreißigern nach wie vor – zuerst die Deutschen, dann der Jude. Manchmal fanden «Freunde» es aber auch witzig, mir mit dem Transport nach Auschwitz zu drohen, wenn ich mich nicht anständig benehmen würde. «Jetzt sei nicht so empfindlich! Alles nur Spaß!», hieß es immer. Den Lehrern schienen die Sprüche nicht sauer aufzustoßen, bis die Geschichtslehrerin, Frau Stiegel, einen dieser schönen Erst-wir-dann-du-Momente auf dem Pausenhof mitbekam und eine Diskussion zu Beginn der Stunde anregte. Frau Stiegel warf meinen Klassenkameraden vor, ihren ausländischen Mitschüler auszuschließen. Die Klasse warf dem ausländischen Mitschüler vor, sich nicht anpassen zu wollen. Die Diskussion artete aus in Dimensionen weit über den ausländischen Mitschüler und seine inländischen Klassenkameraden hinaus. «Ich habe Angst, dass Ausländer mir den Job wegnehmen», sagte eine Schülerin der zehnten Klasse des Gymnasiums, die zwar noch einige Jahre des privilegierten Dorflebens bei Mami und Papi vor sich hatte, aber die Saat für ein erfülltes Leben mit Ausländerhass keinesfalls zu spät in ihren Weltansichten deponieren wollte. Der ausländische Schüler versuchte sich ebenfalls zu Wort zu melden, wurde allerdings recht schnell von seinen Klassenkameraden dazu aufgefordert, «es einfach hinzunehmen». Hinnehmen war eine große Tugend am Gymnasium Laucha; und dass der ausländische Mitschüler auch immer und ständig diskutieren musste, das ging so gar nicht! Die Kunst des Hinnehmens, die hatte der ausländische Mitschüler noch nie beherrscht. Er kam aus einem Land voller Nichts-Hinnehmer. «Wer zu viel hinnimmt, lässt sich früher oder später auch in die Gaskammer abführen, wie ein Schaf zu seinem Schlachter», so sagte man es ihm in der Schule, jedes Jahr bevor die Sirene durch das Land tönte, in dem Milch und Honig fließen, und alles und alle für 60 Sekunden plötzlich stillstanden. Doch letztendlich musste der ausländische Mitschüler es hinnehmen, denn sie waren viele, und er war ganz alleine. Also nahm der ausländische Mitschüler es hin. Vorerst.

Sogar die Freundschaft zwischen mir und Julian kühlte mit der Zeit ab. Er wurde populär, hing mit den älteren Freunden seiner Schwester ab und hatte sich das schönste Mädchen der neunten Klasse geschnappt. Anna Petersen. Anna hatte blonde Haare mit dunklem Ansatz, große blaue Augen, ein perfektes, rundes Gesicht und die erstaunliche Fähigkeit, meine Existenz durch Raum und Zeit schlichtweg zu ignorieren. Anfangs wurde ich in der Clique als Anhängsel von Julian noch gerade so toleriert, immerhin hatte ich ein Motorrad, mit dem ich uns beide zwischen den Dörfern befördern konnte.

Ich hatte gar nicht gewusst, dass man in Deutschland schon mit sechzehn Motorrad fahren kann. In Israel geht das nicht. Zumindest nicht auf der Straße. In Israel fährt man mit seiner Offroadmaschine eher durch die Wüste oder die Dünen am Strand entlang. Wer lebensmüde genug ist, wagt sich mit einem kleinen Mofa auf die Straßen Tel Avivs. Mofa-Fahrer sind in Israel über die Gesetze erhaben und flitzen überall und auch gerne durch Fußgängerzonen ans Ziel. Keine jüdische Mutter würde ihr Kind dem israelischen Straßenverkehr im zarten Alter von sechzehn anvertrauen. Doch im Land der unbegrenzten zulässigen Höchstgeschwindigkeit war alles möglich! Olaf bestand darauf, dass ich endlich mobil werde, und schickte mich zur Fahrschule Pieschel im zehn Kilometer entfernten Wetzendorf.

Wetzendorf gehört zu dieser Sorte Dörfer, bei der man sich die Frage stellt, ab wie vielen Straßen eigentlich die Rede von einem «Dorf» und keiner willkürlichen Ansammlung von Häusern sein kann. Natürlich gab es im vergleichsweise kosmopolitischen Laucha ebenfalls eine Fahrschule, exakt 60 Meter von unserem Haus entfernt, doch Herr Pieschel aus Wetzendorf war einer von Olafs Gästen im Heißluftballon, und somit fiel ihm die heiß begehrte Aufgabe zu, dem Juden beizubringen, wie man Gas gibt (diesen Spitzengag habe ich von einem NPD-Wahlplakat geklaut). Zweimal in der Woche ließ ich den zweistündigen Theorieunterricht über mich ergehen: In einem kleinen Klassenraum mit harten Holzstühlen starrte ich die Tafel an und versuchte, Pieschels einschläfernden Monologen über Vorfahrt und Viertaktmotoren mit den Deutschkenntnissen eines Sechsjährigen zu folgen. Obwohl das kalte Licht der Neonröhren von der Decke in mein Gesicht knallte, musste ich all meinen Kampfgeist aufbringen, um die Augen offen zu halten. Den angehenden Lkw-Fahrern und Soccer Moms neben mir ging es ähnlich, nicht ein hübsches Mädchen war da, um mich mit einem sehenswerten Ausschnitt von Pieschels Erklärungen zur Fahrstreifenbenutzung abzulenken. Nach einem ersten Fehlversuch bestand ich meine Theorieprüfung aber doch und musste tatsächlich auf die blaue Yamaha-Maschine steigen. Hinter mir fuhr Pieschel und gab Anweisungen

Es ist gut möglich, dass ich der schlechteste Fahrschüler der Welt war. Es ist über jeden Zweifel erhaben, dass Horst Pieschel der schlechteste Fahrlehrer der Welt war. Seine Unzufriedenheit mit meinen Fahrkünsten teilte er mir durch die Funkanlage mit. Leider hatte nur er ein Mikrophon, und so war ich gar nicht in der Lage, die saftigen Beleidigungen zu erwidern, die er mir sanft ins Ohr flüsterte («Du bist dumm! Du bist richtig dumm! Weißt du das eigentlich? Dass du dumm bist?»). Irgendwie bekamen wir es aber trotzdem hin, und ich bestand die praktische Prüfung direkt beim ersten Mal. Darüber schien Pieschel fast unglücklich zu sein – er war immer noch der Meinung, ich wäre zu dumm, um auf öffentliche Straßen losgelassen zu werden.

Nun hatte ich den Lappen, aber kein Motorrad. Also besorgte ich mir für die Sommerferien einen Job in einer Fabrik für Umwelttechnik. Es war der schlimmste Job, den ich einem Deutschen bisher wegnehmen konnte. Jeden Morgen um halb fünf klingelte mein Wecker, damit ich pünktlich zum Arbeitsbeginn um halb sechs meinen Stundenzettel abstempeln konnte. Zehn wundervolle Stunden brachte ich jeden Tag im Herzen von Lauchas quirligem Industriegebiet mit dem Schleifen von Aluminium zu. Der

Gestank des Metalls klebte hartnäckig an meiner Haut und war auch nach dem Duschen nicht verschwunden, doch da ich mich nach der Arbeit fast sofort wieder ins Bett legte, machte mir das nicht viel aus. Ferienjobs waren heiß begehrt bei uns, und ich konnte froh sein, überhaupt einen zu haben. Die Kinder, die etwas mehr Glück hatten, durften Zeitungen austragen oder im Eiscafé arbeiten, und das für fette fünf Euro die Stunde! Ich war so froh, einen Job bekommen zu haben, dass ich erst in der zweiten Woche nach dem Lohn fragte. Ich erwartete mir ebenfalls fünf Euro, für so eine Sisyphusarbeit war das ja wohl das Mindeste! Dachte ich. Ich hatte falsch gedacht. «Die Ferienarbeiter bekommen drei fünfzig», sagte meine Vorgesetzte. Ich versuchte, meine Enttäuschung nicht zu deutlich zu zeigen, während mein Traum von einem anständigen Motorrad ein Stück in die Ferne rückte.

Drei Wochen später war der zulässige Arbeitszeitraum für Ferienarbeiter ausgeschöpft, und ich verließ die Fabrik mit ganzen 525 Euro in der Hand. Vor der Fabrik wartete Olaf auf mich, obwohl er gar nicht angekündigt hatte, mich abzuholen. Eigentlich war ich sauer auf ihn, weil ich in den letzten Wochen immer wieder um seine Hilfe bei der Auswahl eines Motorrads gebeten und er mich jedes Mal abgewimmelt hatte.

«Weißt du schon, was für eine Maschine du möchtest?», fragte er mich nun auf dem Weg nach Hause. Ich hatte tatsächlich einige Modelle im Auge, aber noch keine Entscheidung getroffen. «Was hältst du von der Honda NSR?» Die Honda NSR war ein putziges kleines Kraftrad mit 125 ccm Hubraum und 34 PS. Das Biest brachte es auf fast 170 Sachen, bis zum achtzehnten Lebensjahr war aber eine Auspuffdrossel auf 125 Stundenkilometer vorgeschrieben.

«Die war zuerst mein Favorit, aber ich kann sie mir nicht leisten. Ich hab's mittlerweile eher auf einen Tourer mit Viertakter abgesehen», sagte ich. Olaf ignorierte meine Antwort und kündigte begeistert an: «Ich habe für dich eine NSR gekauft! Gestern, auf eBay. Kostet zwar 2500 Euro, aber wir nehmen einfach das Geld von deinem Ferienjob, und deine Mutter und ich geben den Rest dazu.» Eine Honda NSR it is, dachte ich mir, hin- und hergerissen zwischen Vorfreude auf das Motorrad und Frust darüber, dass mir nach wochenlangem Aluminiumschleifen die Wahl so einfach abgenommen worden war. Aber hey, einem geschenkten Kraftrad schaut man nicht in den Auspuff! Die meisten Leichtkrafträder sahen aus wie Spielzeugmaschinen, doch die NSR ging locker als großer Supersportler durch und erinnerte an ihre großen Schwestern aus Hondas «Fireblade»-Reihe.

Meine beeindruckende Maschine diente nun der anspruchsvollen Aufgabe, Julian und mich zwischen den Dörfern des Burgenlandkreises rumzukutschieren. Meistens zu einer seiner Freundinnen, mit der er seinen Unfug trieb, während ich als fünftes Rad danebensaß und auf meinem Handy Snake spielte. Eines Abends ging es nach Karsdorf, dem Nachbardorf von Wetzendorf, zu meiner allerersten Party. Alle anderen waren schon längst jeden Freitag und Samstag unterwegs, doch ich hatte dem freiwilligen Sozialisieren in meiner Freizeit bis dahin die kalte Schulter gezeigt. Das lag vor allem an meiner Abneigung Alkohol gegenüber. Ich habe nie dieses Heckmeck um Bier verstanden. Es schmeckt widerlich, genau wie Wein oder Sekt, und die Bars der Dorfdiskotheken waren nicht unbedingt für ihre eleganten Cocktail-Kreationen bekannt. «Du wirst dich an den Geschmack gewöhnen», sagte man mir. Was für ein Unsinn! Wozu die Mühe? Ich spritze mir ja auch kein Heroin, nur um Junkie zu werden. Also blieb ich bis zu meinem 24. Lebensjahr fast durchgehend nüchtern. Meinen ersten Rausch erlebte ich auf der Klassenfahrt nach Prag mit billigem Absinth. 70 Prozent Alkohol! Das grüne Zeug brannte sich durch meinen Rachen in meine jungfräuliche Leber, die ganze Arbeit leistete, denn ich konnte auch nach einer halben Flasche in einem noch vertretbaren Winkel laufen. Davon musste sich van Gogh das Ohr abschneiden? Was für eine Lusche, dachte ich mir am Morgen danach, als ich meinen Kater mit einer Wasserflasche ausgerechnet bei einem Besuch in einer tschechischen Brauerei loszuwerden versuchte.

Bier in Brauereiquantitäten floss auch in der Karsdorfer Mühle in die Kehlen der Dorfjugend. Ich hatte mein Motorrad auf dem Schotterparkplatz abgestellt und betrat das Gebäude. Der Saal hatte zwei Etagen und erinnerte an ein altes Theater. Vor einer Reihe von Biertischen befand sich die Tanzfläche, wo das DJ-Team Ronny & Lutz den Bass droppten, während die Raver aus dem Umland zu ihren fetten Beats das Tanzbein schwangen. Die meisten Jungs trugen bunte Caps mit dem Logo der New York Yankees, obwohl wahrscheinlich die wenigsten in ihrem bisherigen Leben ein Baseballspiel erlebt hatten. Darunter einen kurzen Haarschnitt, die Seiten besonders kurz. Dazu ein Holzfäller-Hemd und Jeans von Jack & Jones im *Used Look*. Die Mädels trugen zwar keine Caps, dafür waren erstaunlich viele von ihnen auf die absurde Idee gekommen, sich eine Seite ihres Kopfes ebenfalls zu rasieren und dann mit einem Sternen- oder Leopardenmuster zu dekorieren. Julian begrüßte mich mit belustigtem Blick und starker Fahne, und ich stellte mich zum ersten Mal der Herausforderung, die ich bis heute bei jedem Partybesuch zu bewältigen habe: nicht alleine in der Ecke rumzustehen.

Eine unwahrscheinlich schwierige Angelegenheit! Mittlerweile betrinke ich mich, bis mir egal ist, was alle denken, oder ich es schaffe, eine halbwegs flüssige Unterhaltung zu führen. Doch damals kam Alkohol nicht in Frage und eine Unterhaltung sowieso nicht. Es ist absurd, dass sich die Orte, wo man sich zum Unterhalten trifft, etwa Bars, Clubs oder Restaurants, dazu in der Regel am wenigsten eignen. Ich wartete ab, bis genug Zeit verstrichen war, damit ich nach Hause gehen konnte, ohne mich dafür rechtfertigen zu müssen.

Ich war schon auf dem Weg zu meinem Motorrad, als Julian meinen Namen rief. Ich drehte mich um und sah, wie er seinen ganzen Körper steif in meine Richtung gedreht hatte und den rechten Arm zum Hitlergruß ausstreckte. «Sieg Heil!», rief er mit breitem Grinsen. Die Gruppe um ihn herum, zum großen Teil meine Klassenkameraden aus dem Gymnasium, gaben sich nicht sonderlich viel Mühe, ihre Belustigung zu verbergen. Ich stieg kommentarlos auf mein Motorrad und fuhr nach Hause. Auf dem Weg nach Laucha grinste mich Lutz Battke von einem Plakat am Straßenrand mit seinem Klobürstengesicht an: «Taten statt Worte», so lautete sein Slogan. Was mache ich hier eigentlich? Ich schämte mich.

FROM SADDAM WITH LOVE

Es gab auch gerne witzige Sprüche, wenn ich erzählte, wo ich herkomme. «Israel? Hab gehört, da ist Bombenstimmung gerade.» Kracher! Hätte ich für jedes «Bombenwetter» oder «Bombenstimmung», das ich mir in Deutschland anhören durfte, einen Euro bekommen, ich hätte genug Geld für einen persönlichen Iron Dome. Damals, ohne das teure Raketenabwehrsystem dieses Namens und die acht Meter hohen Betonmauer, waren in Israel Bombenexplosionen tatsächlich noch an der Tagesordnung. Genau wie die Erinnerung an den ersten Kuss haben viele Israelis die Erinnerung an die erste Bombe, in der sie in nostalgischen Stunden schwelgen. Manche stehen mehr auf Sprengladungen, ich bin eher der Raketen-Typ. Meine erste war eine heiße Kurzstreckenrakete aus dem Irak. «Scud», das war ihr Name. Hochballistisch, aber down to earth – genau, wie ich sie mag. In der Sowjetunion entwickelt und schon damals nicht mehr auf dem neusten technischen Stand, aber auf alten Raketen lernt man ballern! Ich habe dieses scharfe Geschoss in einer warmen Sommernacht kennengelernt, während des Zweiten Golfkriegs: In Israel machte sich Angst vor Angriffen mit chemischen und biologischen Waffen breit, vor allem vor Senfgas, das der Irak einige Jahre zuvor schon gegen den Iran eingesetzt hatte. Ein farb- und geruchloses Gift, das leicht über die Haut aufgenommen wird, aber nicht sofort Wirkung zeigt. Nach und nach entstehen Hautrötungen, danach bilden sich Blasen, und die Haut löst sich ab. Die Augen brennen, ihre Hornhaut wird beschädigt, die Lungen füllen sich mit Schleim, die Bronchien werden zerstört. Der Gedanke, mit Gas angegriffen zu werden, löste insbesondere bei den Holocaust-Überlebenden große Panik aus.

Trotz seiner Drohungen mit chemischen Waffen war Saddam Hussein das gute Senfgas für uns aber doch zu schade, und er entschied sich für die billigen Scud-Raketen, die jeder Möchtegern-Terrorist im Nahen Osten ohne größere Probleme auftreiben kann. Das konnte man in Israel allerdings nicht wissen, und so wurden an alle Bürger Gasmasken und Spritzen mit dem Gegengift Atropin ausgehändigt. Die Gasmaske nahm man überallhin mit, es gab sogar Designertaschen, um sie elegant und stilsicher auf den Catwalks zum Bombenkeller zu tragen. Die Familien wurden angewiesen, sich bei einem Angriff nicht in den Bunker zu begeben (fast jedes Haus in Israel hat einen Bunker), sondern stattdessen den am höchsten gelegenen Raum im Haus zu verbarrikadieren, da Senfgas aufgrund der hohen Dichte nah am Erdboden bleibt. Mein Zimmer wurde also abgedichtet, meine Mutter hatte sogar ein Zelt mitten im Raum aufgestellt. Ein Zelt. Als Schutz vor Raketen. Aber hey, sicher ist sicher! Das mit dem hoch gelegenen Zimmer ist in der Theorie eine gute Idee, allerdings bringt die frische Luft auch nichts, wenn eine Rakete das ganze Haus in seine Einzelteile zerlegt. Hat sich meine Mutter auch gedacht, als die erste Rakete 1991 in der Nähe von Oranit einschlug und das ganze Haus zum Beben brachte.

«Giftschlange! Giftschlange!», tönte es einige Minuten später aus dem Radio – das Codewort für einen Raketenangriff. Es war zwei Uhr morgens, meine Mutter war alleine mit mir zu Hause, keine Ahnung, wo mein Erzeuger zu jenem Zeitpunkt steckte. Sie weckte mich und sagte mit etwas zittriger Stimme: «Shahakuli, wir spielen jetzt ein Spiel!»

«Was für ein Spiel denn?» Ich kletterte mit leuchtenden Augen aus dem Bett.

«Wir spielen Astronaut und Elefant!», sagte meine Mutter, packte mich und trug mich hinunter in den Bombenkeller.

«Das Spiel kenn ich aber nicht. Lass uns lieber Verstecken spielen!»

«Das Spiel hier ist tausendmal lustiger als Verstecken», antwortete sie und verriegelte die massive Metalltür. Der kleine Raum mit Wänden aus Beton war vollgerümpelt mit Turnmatten und anderem Kram, den meine Mutter für die Choreographien ihrer Tanzgruppe benutzte. «Wir ziehen dir jetzt deinen Astronautenanzug an!»

Für Kinder von drei bis acht gab es eine spezielle Gasmaske. Es war nicht wirklich eine Maske, sondern tatsächlich fast ein kompletter Anzug. Sie bestand aus einer knallgelben Abzugshaube mit transparenter Kapuze, die den kompletten Kopf und die Schultern umhüllte, wie eine Art Tüte, die man sich über den Kopf zieht. Das Ganze erinnerte ein bisschen an die Schwimmwesten, die man vom Flugzeug kennt. Aus einem blauen Filter, den man mit einem Gürtel an der Hüfte trug, führte ein Schlauch saubere Luft in die Haube. Eine weitere kleine Öffnung fasste eine Art Strohhalm, aus dem ich Orangensaft getrunken habe. Denn Astronauten trinken immer Orangensaft!

«Jetzt bin ich dran!», sagte meine Mutter und zog sich ihre eigene schwarze Gummimaske an, die sie mit vier Bändern um ihren Kopf befestigte. Zwei große Löcher für die Augen, drunter ein runder grauer Filter. Ich hatte in dem kleinen, dunklen Raum etwas Angst vor der schwarzen Maske, aber ich war nun ein Astronaut und konnte mir solche kindischen Empfindsamkeiten nicht leisten.

«Guck! Ich bin ein Elefant!», sagte der Elefant mit dumpfer Stimme und atmete dazu in Darth-Vader-Manier hörbar ein und aus. Das Spiel vom Astronauten und Elefanten ging noch einige Minuten, dann bin ich in meinem Anzug eingeschlafen.

Meine Mutter hatte schon viele Kriege erlebt. Als sie in die erste Klasse kam, brach der Sechstagekrieg aus. Keine Sorge, das ist nicht so ein dehnbarer Spaß-Begriff wie etwa «Hundertjähriger» oder «Dreißigjähriger Krieg», da haben sich Menschen schon sechs Tage lang konsequent niedergemetzelt. Vielleicht fassen wir mal alle israelisch-arabischen Kriege zusammen, wenn wir fertig

DER BUNKERASTRONAUT
SELBSTPORTRÄT, 1991

sind. Wenn wir die dann noch ein paar Jahre durchziehen, dann toppen wir bestimmt die hundert! Der Sechstagekrieg jedenfalls begann mit einem ägyptischen Aufmarsch von 1000 Panzern und fast 100 000 Soldaten an den Grenzen Israels. Israelische Flugzeuge vernichteten beinah die gesamte ägyptische Luftwaffe in einem Überraschungsangriff auf die Basen, und ein Krieg mit Ägypten, Jordanien und Syrien brach aus. In der Schule heulten Alarmsirenen, und meine Mutter, genauso blauäugig wie ich auf dem Weg in den Bombenkeller, konnte nicht verstehen, warum die größeren Kinder zu weinen anfingen.

In meiner Grundschule in Oranit diente die Bibliothek gleichzeitig als Bombenkeller, was ich persönlich für eine geniale Idee hielt. So konnte man es sich bei den halbjährlichen Räumungsübungen gleich mit einem Buch gemütlich machen, während die fiktiven Bomben die verhassten Klassenzimmer in Schutt und Asche legten. Es war ein richtiges Event, das sich zu unserer Freude über einen ganzen Schultag verteilte: Es gab kurze Vorträge über Sicherheitsmaßnahmen und verschiedene Trockenübungen, jeder musste genau wissen, wo er hinzurennen hatte. Am Gymnasium in Laucha gab es höchstens eine Feuerübung alle paar Jahre, aber da wurden wir nur kurz zum Pausenhof geschickt und gleich wieder zurückgeholt.

Vor jedem Krieg wurde mein Großvater zu einem fanatischen Horter von Lebensmitteln. «Ich habe den Holocaust nur überlebt, weil ich immer etwas zu essen hatte», deklamierte er sein heiliges Mantra immer wieder und riss jede Konservendose in Greifweite an sich. Manchmal klaute er sogar die Lebensmittel, obwohl er genug Geld hatte. Es schien, als würde ihn jeder Krieg zurück in die Straßen des Warschauer Ghettos versetzen, wo sein Talent im Klauen und Schmuggeln von Essen über das Leben seiner Familie entschieden hatte.

STRAIGHT OUTTA POLEN

Mein Großvater mütterlicherseits, Josef Lev, ist im Jahre 1932 in Warschau zur Welt gekommen. Sein Vater, ein Elektriker und Besitzer eines Geschäfts für Radioempfänger, kam aus einer liberalen Familie und legte wenig Wert auf Religion, bis auf die Besuche in der Synagoge jeden Samstag, um seinen Schwiegervater zu ehren, denn die Familie meiner Großmutter war sehr religiös. An Geld mangelte es ihnen nicht – sie lebten im Stadtbezirk Praga und hatten eine zweite Wohnung im Arbeiterbezirk Wola. Josef besuchte morgens eine gewöhnliche polnische Schule und studierte danach Religion bei den Gerer Chassidim, einer Rabbiner-Dynastie, die bis zum Holocaust in Warschau angesiedelt war. Als Josef sechs war, starb sein Vater bei einem Arbeitsunfall: Er erlitt einen tödlichen Stromschlag, während er auf einem Dach eine Radioantenne installierte. Trotz der Tragödie war er ein glückliches Kind in einer glücklichen Familie; nichts fehlte ihm.

Doch der einzelne Mensch ist wehrlos vor der großen Geschichte. Am 1. September 1939 beginnt der Zweite Weltkrieg: Die Wehrmacht marschiert in Polen ein und alles ändert sich. Bomben fallen auf Warschau, vier Wochen nach Beginn des deutschen Überfalls ist die Stadt eingenommen. Josef darf die polnische Schule nicht mehr besuchen und wird mit seiner Mutter, der kleinen Schwester und den Großeltern zum Umzug ins Ghetto gezwungen, das die Deutschen im Herbst 1940 in der polnischen Hauptstadt eingerichtet haben. Sie hausen von da an, wie Zigtausende andere jüdische Bürger der Stadt, in elendsten Verhältnissen, in einer winzig kleinen Wohnung, inmitten von Armut, Kriminalität und Prostitution. Ein hoher Zaun mit Stacheldraht trennt das Ghetto von den übrigen Stadtbezirken.

Der Alltag gerät zu einem erbarmungslosen Überlebenskampf. Josef, damals acht Jahre alt und für sein Alter sehr klein, gelingt es, unter diesem Zaun hindurchzukriechen und die übrig gebliebenen Elektrogeräte seines Vaters bei einer ehemaligen Nachbarin, der Besitzerin eines kleinen Lebensmittelgeschäfts, gegen Kartoffeln, Brot und Fleisch zu tauschen, die er zurück ins Ghetto zu seiner Familie schmuggelt. Irgendwann werden aber der Ehemann und der Sohn der Ladenbesitzerin bei einer Schmuggelaktion erwischt und getötet. Die Frau verweigert sich fortan allen gefährlichen Tauschgeschäften. Josef wird mit den letzten Geldreserven der Familie losgeschickt, um auf dem schwarzen Markt Essbares zu besorgen. Er schließt sich Kinderbanden an, die Geld und Lebensmittel klauen und schmuggeln. Josef lernt schnell und wird zu einem raffinierten Bettler: Er nutzt sein akzentfreies Polnisch und gibt sich als gläubiger Christ aus, trägt ein Kreuz, sagt fromme Sprüche und Gebete und präsentiert sich als Waisenkind mit einer greisen Großmutter und einer kleinen Schwester, um das Mitleid der Menschen zu wecken.

Das Warschauer Ghetto erstreckt sich über etwa drei Quadratkilometer. Fast eine halbe Million Juden aus Polen, Deutschland und anderen besetzten Gebieten des Reichs wartet 1941 in diesen drei Quadratkilometern, dem größten Sammellager seiner Art, auf ein namenloses Schicksal. Im Ghetto hat man keine Freunde, jeder ist auf sich gestellt. Dass Josef problemlos unter dem Zaun hindurchkriechen kann und weiß, welche Polizisten man bestechen kann, damit sie ein Auge zudrücken, ist ein unschätzbarer Vorteil. Mit einem geschmuggelten Stück Brot durch die Straßen des Warschauer Ghettos zu laufen, geht ungefähr so komplikationsfrei von der Hand wie der Ritt auf einem Zebra durch den Löwenkäfig. Am Rande des Hungertodes beißen die Straßenkinder große Stücke aus dem geklauten Brot, um so viel wie möglich

herunterzuschlucken, bevor ihnen jemand den Rest wegnimmt. Ihre Gesichter sind voller Kratzer. Die Straßen sind mit Menschen so überfüllt, man kann kaum laufen. Die Bürgersteige sind voller Fäkalien, dazwischen liegen Tote: Kinder, die vom Typhus dahingerafft oder von dem Brot vergiftet wurden, das mit Gips, Sägemehl und Schlimmerem gestreckt ist. Niemand hat Geld für eine Bestattung, also legen die Angehörigen ihre Leichen auf die Straße und bedecken sie mit Zeitungspapier. Doch mit Zeitungen und mit Lumpen kann man heizen, und so liegen die nackten Leichen bald ungeschützt auf der Straße, bis sie mit einer Kutsche abgeholt werden, um in einem Massengrab zu verschwinden.

Josefs Großvater ist bald an einem Herzinfarkt gestorben, übrig bleiben seine Großmutter, die Mutter und die kleine Schwester. Zu essen gibt es da nur noch verfaulte Rote Bete, als Tee trinken alle Wasser mit gebranntem Zucker. Durch den Hunger schwellen ihre Bäuche an. Und sosehr sich der achtjährige Josef bemüht, seine Familie zu retten, eines Tages ist seine Mutter verhungert. Die Familie hat kein Geld für die Bestattung, also muss er sie eigenhändig begraben. Er schmuggelt weiterhin Lebensmittel ins Ghetto, um seine kleine Schwester und die Großmutter am Leben zu erhalten. Doch als er eines Tages nach Hause kommt, ist die Wohnung leer. Alle Bewohner der Straße sind nach Treblinka deportiert worden, wo sich das größte Vernichtungslager auf polnischem Boden befindet.

Diese Geschichte meines Großvaters war uns völlig unbekannt, bis meine Mutter im Jahre 2014 in Yad Vashem sein Video-Testament entdeckte. Yad Vashem, zu Deutsch «Hand und Name», ist die bedeutendste Gedenkstätte für die Opfer des Holocausts. Über 50 000 Testamente von Überlebenden hat das Archiv am Rande des Herzlbergs in Jerusalem über die Jahre gesammelt, alle mit dem einen Ziel: Was geschehen ist, soll nicht vergessen werden.

Wie viele Menschen die Nazis allein in Treblinka ermordet

haben, weiß niemand. Die Zahl wird auf über eine Million geschätzt. Das Lager war mit mehreren Gaskammern ausgestattet, sodass die Menschenmassen aus zwanzig Eisenbahnwaggons gleichzeitig getötet werden konnten. Es gab riesige Verbrennungsroste aus Eisenbahnschienen, da die gewaltigen Mengen an Leichen nicht mehr in Massengräbern zu verscharren waren. Die Menschen brannten. Aus ihrer Asche machte man die Straßen, auf denen ihre Verwandten in den Tod transportiert wurden. Man düngte die Felder damit.

Josef ist nun alleine. Ohne jede Hilfe irrt der Neunjährige durch das überfüllte Ghetto. Einen Onkel immerhin macht er ausfindig, der ihm warme Kleider schenkt und fünf Złoty – seine gesamten Ersparnisse. Der Onkel drängt ihn, sich wieder als christliches Kind auszugeben und – wenn er das Inferno überleben will – niemals und niemandem sein Judentum preiszugeben. Er erinnert ihn daran, dass die Familie Verwandte in Frankreich hat, bei der der Junge Zuflucht finden könnte. Doch wie soll Josef nach Frankreich kommen?

Für fünf Złoty bekäme man heute einen Euro und zwanzig Cent. Die Trauer und Sehnsucht nach seiner Familie plagen den kleinen Josef so sehr, dass er sich, als er wieder unter dem Zaun hindurchgekrochen ist, von dem geschenkten Geld ein ganzes Kilo Kirschen kauft und Eis, er isst, bis ihm übel wird. Er möchte zurück ins Ghetto, doch die mahnenden Worte seines Onkels hallen ihm noch im Kopf. Also nimmt er den Zug nach Praga und übernachtet dort im Bahnhof. Am darauffolgenden Morgen läuft er einer Bande von Jugendlichen über den Weg. Sie sitzen im Kreis, im Zentrum liegen Brot, Wurst und eine Flasche Wodka. Sein leerer Magen nimmt Josef jegliche Hemmungen. «Wo kommst du her?», fragen die anderen ihn. «Aus Posen», antwortet Josef. «Erzähl uns keine Märchen! Bist du von zu Hause abgehauen? Bist du ein Dieb? Hast du etwa Geld gestohlen?», bedrängen ihn die Jugendlichen, und plötzlich sagt einer: «Das hier ist unser Revier.»

Die anderen verstummen, denn das ist ihr Anführer, ein Junge, der nur ein Bein hat. «Du bist neu. Und du bist der Kleinste. Also wirst du immer am Rand stehen und mit dem Sack all die Sachen eintüten, die wir klauen» – unterrichtet der einbeinige Olek meinen Großvater. Die Bande klaut Lebensmittel von dem Landvolk, das seine Produkte zum Schwarzmarkt in Warschau transportiert. Josef bekommt den Spitznamen «Kajtek», was auf Polnisch so viel wie «Zwerg» bedeutet. Doch wie es ihm noch oft passieren wird, fliegt er schon nach kurzer Zeit auf: Eines Tages «organisieren» die Kinder einen großen Schweinebraten, den sie auf dem Schwarzmarkt für einen guten Preis verticken. Nach diesem Erfolg beschließt Olek, mit der Bande den Straßenstrich am Ufer der Weichsel zu besuchen. Mein immer noch neun Jahre alter Großvater weiß überhaupt nicht, was Prostituierte sind. Das wusste ich in dem Alter auch nicht, bis mich ein Junge auf dem Weg nach Hause von der Schule verprügelte und mir sagte, ich solle meiner Mutter ausrichten, sie sei eine Nutte. Die Aufklärung über das Wesen der Prostitution ist für meinen Großvater nicht angenehmer: Bevor es zu den Huren geht, müssen alle ihre Hosen runterziehen, um festzustellen, wer den größten hat.

Ohne zu wissen, wie groß die anderen sind, ahnt Josef, dass er bei diesem Vergleich mit seiner fehlenden Vorhaut nur verlieren kann. Er tut also, als wäre er sehr schüchtern, und weigert sich, seine Hose auszuziehen. Völlig unerwartet haben die polnischen Straßenjungen im Warschau der vierziger Jahre aber kein Verständnis für Fragen der Intimsphäre und ziehen Josef mit Gewalt die Hose aus. Der Schwindel fliegt auf.

«Ein Jude?», ruft Olek entsetzt und fängt an, den Jüngeren mit Wörtern zu beschimpfen, die der teilweise noch gar nicht kannte. Die Bande berät sich und kommt zu dem Schluss: Wenn sie den Judenjungen bei der Gestapo ausliefern, winkt ihnen eine dicke Belohnung. Josef bettelt um sein Leben und verspricht, zum besten Dieb im ganzen Land zu werden, aber die Jugendlichen zeigen keine Gnade und schleppen ihn zum Bahnhof. Doch als ein Zug besonders langsam vorbeifährt, schafft mein Großvater es, sich dem Griff der anderen zu entwinden und auf den fahrenden Zug zu springen.

«Er ist ein Jude! Er ist ein Jude!», schreien sie ihm laut hinterher, um die Passagiere zu warnen. «Er ist ein Jude! Er ist ein Jude!», schreit Josef geistesgegenwärtig zurück, damit die Menschen im Zug nicht verstehen, dass er gemeint ist. Er wechselt den Zug und macht sich auf den Weg in Richtung Treblinka, angetrieben von der Hoffnung, dort seine Familie zu finden.

Mit Sicherheit war Treblinka 1941 eines der schlechtesten Reiseziele für einen Juden, aber die Menschen wussten gar nicht, was genau sie dort erwartete. Es kehrte ja keiner zurück, der es hätte erzählen können. Die überfüllten Züge kamen im Bahnhof Obermajdan an. Einen Ort dieses Namens gab es allerdings gar nicht, es war ein von der SS erfundener Tarnname für das Vernichtungslager. An dem fiktiven Bahnhof öffneten sich die Türen des Waggons, das Tageslicht blendete die Passagiere, die sich an die Dunkelheit des fensterlosen Waggons schon gewöhnt hatten. Mit Peitschen wurden die Neuankömmlinge vom sogenannten Bahnhofskommando aus den Zügen getrieben: Männer in dunkelblauen Kitteln und Mützen mit dem aufgestickten Buchstaben «B» in einem gelben Dreieck. Oft hielten die Neuankömmlinge sie für deutsche Soldaten, doch die Angehörigen des Kommandos sprachen Jiddisch und wurden von einem Mann mit einer Peitsche und einer gelben Armbinde befehligt, auf der in Großbuchstaben das Wort «KAPO» stand. Die Kapos waren selbst jüdische Häftlinge, Menschen mit der Bereitschaft, sich durch besonders brutales Verhalten kleine Privilegien zu verdienen: Nahrung, Alkohol, körperliche Schonung oder die Gelegenheit, junge Mädchen mit dem Versprechen auf Rettung zu sexuellen Handlungen zu drängen, um sie danach wieder in die Schlange zur Gaskammer zu zwingen.

Das jüdische Bahnhofskommando schleppte die Leichen derer, die die Reise nicht überstanden hatten, aus den Zügen. Die, die zu alt oder zu schwach waren, um den Weg bis in die Gaskammer aus eigener Kraft zu gehen, wurden aussortiert und zum Lazarett gebracht, wo sie sich ausziehen mussten, angeblich für eine ärztliche Untersuchung. Aber obwohl am Eingang des Lazaretts eine Flagge des Roten Kreuzes wehte, war die ärztliche Untersuchung so wenig real wie der Bahnhof. Die Opfer knieten nackt am Rande einer großen Grube nieder, ihr Blick auf den Abgrund gerichtet. In der Tiefe brannte ein ständiges Feuer. Sie sahen, wie die Flammen die Leiber der zuvor Erschossenen auffraßen, und atmeten mit ihrem letzten Atemzug den Geruch von verbranntem Fleisch ein, bevor sie selbst mit einem Genickschuss getötet wurden und in die Flammen stürzten.

Die restlichen Gefangenen wurden vom jüdischen Sonderkommando auf dem großen Platz aufgefordert, sich nackt auszuziehen. Die Gefangenen, die für das Sammeln von Gold und Juwelen zuständig waren, nannte man «Goldjuden». Sie trugen bessere Kleidung und transportierten ihre Beute in Aktentaschen, was sie fast wie Bankangestellte aussehen ließ. Die nackten Frauen mussten sich auf einem Tisch hinlegen, während ihre Körperöffnungen von den Goldjuden untersucht wurden. Dann ging es zum «Friseursalon», wo das Friseurkommando die Haare der Gefangenen schnitt und in großen Säcken in den Lagerraum transportierte. Nackt und geschoren wurden die Opfer in Viererreihen durch die von der SS liebevoll so genannte «Himmelfahrtstraße» in die Gaskammern getrieben. Die Kammern waren weiß gekachelt und mit Duschköpfen ausgestattet – alles, um die Illusion bis zur letzten Minute aufrechtzuerhalten. Dann strömten Abgase von Verbrennungsmotoren in die Kammern, und kurze Zeit später holten die Arbeitshäftlinge die Leichen heraus. Da die Menschen in den Gaskammern sich beim Sterben oft gegenseitig in die Arme nahmen, waren die Leichen zu einem Fleischblock zusammengepresst, der nur mit Gewalt herausgelöst werden konnte.

Auf welche Weise genau Josefs Großmutter und seine achtjährige Schwester in Treblinka ihr Leben verloren haben, ist ungewiss. Als er im polnischen Dorf Małkinia ankommt, sind sie wahrscheinlich schon tot. Es liegen nur vier Kilometer zwischen dem inzwischen zehnjährigen jüdischen Jungen und den Verbrennungsrosten Treblinkas, auf denen Tag und Nacht Leichen in Rauch und Asche verwandelt werden, bis die Luft so dreckig ist, dass man die Sonne nicht mehr sehen kann. Er weiß nicht, was er tun soll, schließt sich erneut einer Kinderbande an und schmuggelt Zeitungen von Małkinia nach Warschau. Nach Widerstandsaktionen der Partisanen gegen die polnische Militärpolizei werden jedoch die Sicherheitsmaßnahmen an den Bahnhöfen verstärkt, und mein Großvater wird mit vier weiteren Kindern verhaftet. Auf dem Weg zur Polizeistation befällt ihn panische Angst – die Entdeckung seiner Identität würde den sicheren Tod bedeuten. Der polnische Gendarm lässt die verhafteten Kinder in einer Reihe Aufstellung nehmen; er will aus ihnen herausprügeln, wo sie das gestohlene Geld gelassen haben. Als das nichts nützt, befiehlt er ihnen, sich auszuziehen. Die vier Jungen haben schon nichts mehr als ihre Unterhose an, die sie nun der Reihe nach ausziehen. Gleich ist Josef dran, gleich wird sein Geheimnis wieder entdeckt. Da betritt ein SS-Offizier den Vernehmungsraum. «Was ist hier los?», fragt er den Gendarmen. «Diese Bande schmuggelt Waffen für die Widerstandskämpfer!», antwortet der wütende Mann wie ein Junge, der seinen kleinen Bruder an die Mutter verpetzt. «Das sind doch nur Kinder. Der Kleine ist bestimmt nicht mal zehn», sagt der SS-Mann und zeigt auf meinen Großvater. Er richtet seinen Blick auf die Kinder: «Wenn ich euch hier noch einmal erwische, erschieße ich euch.» Dann wendet er sich wieder dem Gendarmen zu: «Zehn Peitschenhiebe für die Großen und fünf für den Kleinen.»

Fünf Peitschenhiebe später sitzt Josef wieder im Zug in Richtung Warschau. Während der Fahrt lernt er einen gleichaltrigen Jungen aus Małkinia namens Janek kennen und fängt eine Unterhaltung mit ihm an. Janek erzählt ihm von seinen Eltern, seiner Heimat, von Freunden, wo er wohnte und wo er getauft wurde. Josef merkt sich jedes kleine Detail.

Zurück in Warschau, hält er sich erneut mit Stehlen über Wasser. Er wird aber nach einiger Zeit wieder erwischt und verhaftet. In der Zelle wird er von den älteren Jungen dazu gedrängt, durch Weinen und Schreien ihre Freilassung zu beschleunigen. Der genervte Polizist vernimmt Josef, der ihm erzählt, er sei nur ein zehnjähriger Junge aus Małkinia, der seit dem Tod seiner Eltern durch einen Bombeneinschlag auf der Straße lebe. «Ich heiße Janek», sagt er unter Tränen. Der Polizist lässt sich überzeugen und schickt «Janek» nach einer warmen Mahlzeit mit einem Zugticket zurück nach Małkinia.

Ein zweites Mal ist Treblinka für Josef zum Greifen nah, und die Hoffnung, seine Familie wiederzusehen, wächst. Zu Fuß macht er sich auf den Weg und begegnet auf einem Feld einem alten Bauern.

«Ist das der Weg nach Treblinka?», fragt er auf Polnisch.

«Was will ein kleiner Junge wie du in Treblinka?»

«Ich suche meine Oma und meine kleine Schwester.»

Der Alte versteht sofort, was für einen Jungen er vor sich hat. «In Treblinka werden Menschen verbrannt», sagt er. «Es gibt dort nichts für dich. Du siehst aus wie einer von uns. Wenn du überleben willst, such dir Arbeit auf einem der Bauernhöfe hier.»

Er gibt dem Jungen Schuhe, eine Jacke und Brot und schickt ihn zum nächstgelegenen Bauernhof. Ein weiteres Mal schärft er ihm ein, dass das der einzige Weg sei, am Leben zu bleiben. Josef wandert von Hof zu Hof auf der Suche nach Arbeit, doch es ist immer noch Winter, und die Arbeit ist knapp. Schließlich findet er Obdach in der Hofstelle eines Bauernpaars, das seinen Sohn verloren hat.

Der Bauer entpuppt sich als Trinker; er bringt Josef bei, wie man bedenkliche Mengen an Wodka zu sich nimmt. Noch als alter Mann konnte mein Großvater nicht viel mit eleganteren Spirituosen wie Gin oder Cognac anfangen, auch nicht mit dem libanesischen Anisschnaps Arak, der durch jüdische Einwanderer aus Nordafrika in Israel eingeführt wurde. Großvater blieb seinen slawischen Wurzeln treu und entschied sich immer für bodenständigen Kartoffelwodka – die Billigspirituose der Herzen!

Allen zusammenschweißenden Trinkabenden zum Trotz wächst nach und nach ein Verdacht beim Bauern, und schon wieder wird Josef aufgefordert, seine Hose auszuziehen. Das Leben eines Juden im von den Deutschen besetzten Polen scheint dem eines heutigen Supermodels geglichen zu haben: Nichts zu essen, keine vernünftige Schuhe, und ständig muss man sich ausziehen. Josef flieht und kehrt zurück nach Warschau. Er findet nur Chaos und Zerstörung in den Straßen der Stadt, doch ein bunter Aushang zwischen all den Trümmern fesselt seine Aufmerksamkeit: Ein Zirkus ist in der Stadt! Beim Anblick von bunten Clowns und exotischen Tieren vergisst Josef alle seine Vorsicht, und er versucht, sich in eine der Vorstellungen reinzuschmuggeln. Er ist ja immer noch ein kleiner Junge! Aber er wird erwischt und soll als Strafe die Pferde füttern. Josef bettelt den Direktor an, als Gegenleistung für die Pflege der Tiere im Stall schlafen zu dürfen. Nach wenigen Tagen ist er Teil der Zirkustruppe.

Vier lange Monate vergehen, und Josef wandert mit dem Zirkus von Stadt zu Stadt. Doch eines Nachts stattet die Gestapo dem Zirkus einen Besuch ab, Verdacht auf Waffenschieberei. Wieder muss Josef fliehen, er findet erneut Obdach auf einem Bauernhof in der Nähe von Treblinka. Er arbeitet als Schäfer für Essen und einen Schlafplatz im Stall. Es ist ein reicher Hof, und im Bauernhaus ist ein deutscher Offizier einquartiert. Kurz vor Weihnachten empfängt die Familie den Dorfpfarrer auf dem Bauernhof. Josef wird ihm als christliches Waisenkind vorgestellt. Der skeptische Pfarrer stellt einige Fragen zum Christentum und hat schnell begriffen, dass das Kind jüdisch ist. Er behält sein Wissen für sich und bittet den Bauern, Josef jeden Sonntag in die Kirche zu schicken, damit der Junge im christlichen Glauben unterrichtet werden kann.

So geschieht es, und im Laufe der Zeit verwandelt sich mein Großvater in einen gläubigen Katholiken. Er trägt ein großes Kreuz um den Hals, besucht regelmäßig die Messe, und anstelle des Glaubens, den er in den brennenden Straßen des Warschauer Ghettos vor Jahren aufgegeben hat, tritt ein neuer. Mit aller Kraft verleugnet Josef seine Wurzeln, so sehr, dass er anfängt, den Geschichten vom schmutzigen Juden zu glauben, der mit langen Fingern stiehlt und mit seiner giftigen Zunge nur Lügen erzählt. Die Juden sind böse. Sie müssen vernichtet werden. Und die Russen, die sind viel schlimmer als die Nazis, sagen viele im Dorf. «Juda den Tod! Juda den Tod!», singen sie, während die leblosen Körper seiner kleinen Schwester und seiner Großmutter wenige Kilometer weiter in einem Berg von Leichen versinken. Und Josef singt mit.

Auch in Laucha wurde gerne gesungen. Zahlreiche Feierlichkeiten wie etwa das Lauchaer Glockenfest boten mit ihrer familiären Atmosphäre die ideale Bühne für Balladen zu Ehren des Abendlands. Da wurden keine Kosten und Mühen gescheut, um die zweihundertjährige Tradition der historischen Glockengießerei zu würdigen. Ein Bierwagen wurde mitten auf dem Marktplatz abgestellt, der von mehreren Biertischen umgeben war wie ein Orchester, das sich diszipliniert um den majestätischen Zapfhahn-Dirigenten versammelt. Richtig so! Schließlich gibt das Bier ja den Ton an. Mit jedem Schluck wurde bei manchen Feiernden die Zunge lockerer und der rechte Arm höher. Das Fest fand in meinem ersten Jahr in Laucha im Anschluss an ein Fußballspiel statt, und so saß ich, peinlich berührt, mit den üblichen Verdächtigen am Biertisch und versuchte ein Mindestmaß an Begeisterung zu simulieren, während zunächst die schönsten Trinklieder von den Ärzten und den Toten Hosen zum Besten gegeben wurden. «Eisgekühlter Bommerlunder», brüllten alle um mich herum, und ich schloss mich so unauffällig wie möglich dem Rhythmusklatschen an, ohne auch nur die geringste Ahnung zu haben, wer oder was ein Bommerlunder ist. Im weiteren war noch von individuell belegten Broten die Rede. Eins mit Schinken, ein weiteres mit Ei. Ein Fall für Galileo Mystery.

Weitere Trinkhymnen folgten und warfen neue Fragen auf: Wo ist Westerland? Sind Viva Colonia eine Art deutsche Nudelspezialität? Und warum Tulpen extra aus Amsterdam importieren? Reichen nicht welche vom Niederrhein? Mein Hirn schaltete ab, um sich dem allgemeinen Niveau anzupassen, doch plötzlich wurde ich schlagartig aus dem Halbschlaf gerissen:

«Wir haben ein bess're Leben verdient,
doch bis jetzt haben immer die Kanaken gesiegt!»

Kanaken – das Wort hatte ich schon mal gehört, ich wusste aber nicht, was es genau bedeutet. Kein eiskaltes Erfrischungsgetränk, so viel konnte ich mir schon denken.

«Deutschland den Deutschen!
Deutschland den Deutschen!
Deutschland den Deutschen!
Deutschland den Deutschen!»

Von rechts und links warfen mir Sitznachbarn amüsierte Blicke zu. Als hätte jemand gerade einen lustigen Witz erzählt, den ich als Einziger nicht verstand. Der Song entstammt der Feder der mir damals noch unbekannten Rockband Böhse Onkelz. In Laucha gehörten die Onkelz zum guten Ton, Aufkleber mit dem Logo der Band zierten die tiefergelegte Stoßstange jedes zweiten Opels Corsa mit Erstzulassung vor 1995, und regelmäßig spielten Tribute-Bands Konzerte in Lauchas Festsaal, der O_2-Arena der Herzschrittmacher. Besonders die braunen Fans der Band besuchten diese Konzerte zahlreich, Jahre, nachdem die Onkelz selbst sich von ihrer rechten Vergangenheit zu distanzieren begonnen hatten: Zu Hits wie «Deutschland den Deutschen» und «Türken raus» stampfte das Publikum begeistert mit den Springerstiefeln und schmiss die Arme in die Luft. Also, zumindest *einen* Arm. Und ich klatschte unwissend weiter zu den Zeilen von «Deutschland den Deutschen» und hielt es für ein harmloses deutsches Trinklied.

800 Kilometer weiter östlich und 60 Jahre früher singt mein Großvater Josef ebenfalls fleißig mit dem polnischen Dorfvolk, auch wenn ihm selten nach Singen zumute ist. Immer wieder wird er Zeuge von unmenschlichen Schandtaten: Er sieht, wie jüdische Frauen und Kinder vor fahrende Züge geworfen werden, er hört, wie Häftlinge um Wasser betteln, nur um zuzusehen, wie es vor ihren Augen auf den Boden gekippt wird. Jeden Tag sieht er, wie die Sonne den steigenden Rauch aus dem nahen Treblinka rot färbt, und sein Hass auf die Juden wächst und wächst.

Drei Jahre verbringt er in dem kleinen Dorf. Mehrmals gerät er in den Verdacht, ein Jude zu sein, und wird jedes Mal aufgefordert, seine Rassenüberlegenheit mit seinem intakten Geschlechtsteil zu beweisen, denn das einfältige Dorfvolk glaubt, dass der Jude sage und schreibe eine Hälfte seines besten Stücks bei der Beschneidung verliert, und so bleibt seine wahre Existenz unentdeckt.

DER JÜDISCHE ANTISEMIT

Als 1945 der Krieg endlich vorbei ist, macht sich Josef sofort auf nach Warschau, um zu sehen, wer aus seiner Familie überlebt hat, ob überhaupt jemand überlebt hat. Eigentlich ist er überzeugt, der einzige Jude zu sein, der mit dem Leben davongekommen ist. Doch da entdeckt er vor einem Gebäude der «Arbeiter Zions» eine Anzeige auf Jiddisch. Die Arbeiter Zions sind eine marxistisch-zionistische Organisation jüdischer Arbeiter, der auch David Ben-Gurion angehört, der in wenigen Jahren Ministerpräsident eines Staates sein wird, den es noch nicht gibt: Israel. Die Organisation sieht es als ihre Aufgabe an, Überlebende der Schoah ausfindig zu machen und ihnen zu helfen, nach Palästina auszuwandern. Josef betrachtet den Eingang des Gebäudes und staunt: Menschen, die offenbar Juden sind, betreten und verlassen das Haus nach Lust und Laune, niemand schreit sie an oder beschimpft sie. Er betritt selbst das Gebäude und wird von einem Mann und einer Frau empfangen. Beide sind gut angezogen und sauber, wo Juden eigentlich doch immer so schmutzig sind! Sie sprechen ihn auf Jiddisch an, er antwortet auf Polnisch. Der Mann bemerkt den Kreuz-Anhänger meines Großvaters und hält ihn für einen polnischen Straßenjungen auf der Suche nach Essen. Er bittet ihn, das Gebäude zu verlassen.

«Aber ich bin doch Jude!», sagt Josef wütend.

«Warum sprichst du dann kein Jiddisch?»

«Ich will kein Jiddisch sprechen.»

Die Frau flüstert dem Mann etwas ins Ohr, und schon wieder wird Josef aufgefordert, seine Hose runterzuziehen. Diesmal aber, um sein Judentum zu beweisen, anstatt es zu verleugnen. Der

Augenschein überzeugt, und die beiden bringen ihn zur Anmeldung. Dort tut sich die nächste Hürde auf: Es gibt keinerlei Dokumente, keinen Personalausweis, keine Geburtsurkunde, nichts, was die Identität von Josef Lev bestätigen könnte. Josef stürmt voller Wut aus dem Gebäude. Wenn nicht mal die Juden ihn wollen, geht er lieber zurück ins Dorf.

«Jos'le! Jos'le! «, hört er da. «Warte!» Die Frau vom Empfang ist ihm hinterhergelaufen. «Jos'le, mach dir keine Sorgen. Wir kriegen das alles hin», sagt sie und streichelt seinen Kopf.

Jos'le. So haben ihn seine Eltern genannt. Erinnerungen steigen auf, an seine Familie, sein Zuhause und das Leben vor dem Krieg. Der sanfte Appell der Dame dringt zu ihm durch, er nimmt ihre Hand und kehrt zurück ins Büro.

Josef wird mit anderen jüdischen Jugendlichen in einem Heim untergebracht. Die Kinder sollten zu ihren Wurzeln zurückfinden und die lange vergessenen Bräuche des Judentums wiedererlernen. Doch die meisten halten zäh an dem fremden Glauben fest, den sie zum Überleben annehmen mussten. Es kommt zu Konflikten mit dem Heimleiter, in den Köpfen der Jugendlichen staut sich Hass gegen ihn und seine Frau. Und dann, nach drei Wochen, flieht Josef aus dem Heim und kehrt zurück ins Dorf, wo er auch Aufnahme findet. Er führt sein Leben als der christliche Janek aus Małkinia weiter, bis er kurze Zeit später von drei Mitarbeitern der Organisation besucht wird. Einer von ihnen, ein großer Mann mit Tabakspfeife und freundlichem Gesicht, überreicht dem Jungen eine Tafel Schokolade.

«Warum bist du eigentlich abgehauen?», fragt er Josef auf Polnisch. Josef will nicht zurück zu den schmutzigen Juden, doch der Mann ist so freundlich zu ihm und die Hoffnung auf eine Wiedervereinigung mit möglichen Überlebenden seiner Familie ist zu groß, und er lässt sich überreden, nach Palästina auszuwandern.

Bald geht die Reise los, von Warschau nach Deutschland, von Deutschland nach Italien, von Italien auf einem Schiff nach Israel. Ein Jahr später kann Josef die Küste seiner neuen Heimat schon sehen, da wird das Schiff von den Briten abgewiesen. Es weicht nach Zypern aus, wo Josef ein weiteres Jahr in einem Internierungslager verbringt, das von der britischen Mandatsverwaltung errichtet wurde, um die jüdische Immigration nach Palästina zu verhindern. Erst 1947 schafft es mein Großvater nach Israel.

In einem Kibbuz nördlich von Tel Aviv findet er endlich zum Judentum zurück: Die Abende am Lagerfeuer, die Wüstenlandschaft, die Männer, die mit vollgepackten Eseln durch die Gegend ziehen, und Frauen, die Wasserkannen auf ihrem Kopf balancieren, gewinnen Josef zurück und lassen den polnischen Janek, der ein großes Kreuz trug und die Juden verachtete, zu einer verschwommenen Erinnerung aus einem anderen Leben werden.

Josef kämpft im israelischen Unabhängigkeitskrieg mit. Er findet seinen Onkel wieder, der ihn adoptiert, und hat wieder ein Zuhause und eine Familie. Er lernt meine Großmutter Eva kennen, die als Teil einer Untergrundbewegung die Emigration orientalischer Juden nach Israel organisierte. Das hat ihr im Irak mehrere Jahre Gefängnis und Folter eingebracht. 1954 heiraten sie und bekommen drei Kinder. Die Familie ist alles andere als wohlhabend, doch die Erinnerungen an Hunger und Krieg verblassen.

Bis im Jahre 1967 der Sechstagekrieg ausbricht.

DER EUROPÄER UND DIE KAMELREITERIN

Bevor mein Großvater nach Gaza in den Krieg ziehen musste, stockte er in panischer Hast den Speicher mit Konservendosen auf, bis dieser zu platzen drohte, und befahl meiner Mutter, alle Mülltonnen mit Wasser aufzufüllen. Er hob einen Graben im Garten aus und schärfte seinen Kindern ein, sich sofort darin zu verstecken, sobald Sirenen erklangen. Israel war von der Truppenstärke her deutlich unterlegen: 264 000 israelische Soldaten gegen 477 000 der arabischen Staaten.

Sechs Tage später hatte Israel den Gazastreifen, die Sinai-Halbinsel, die Golanhöhen, das Westjordanland und Ostjerusalem erobert, und mein Großvater kam nach Hause, drei Flaschen 7 Up in den Händen. Die Kinder flippten beim Anblick der amerikanischen Limonade in der grünen Glasflasche völlig aus. Die Grube wurde mit dem Wasser aus den Mülltonnen gefüllt und gleich schwammen Enten in dem kleinen Kanal vor dem kleinen Haus, um den Sieg des jungen Staates im Kampf um sein Überleben zu zelebrieren.

Sechs Jahre später folgte der nächste Krieg. Am 6. Oktober 1973 stand das Leben in Israel still. Keine Autos fuhren durch die Straßen, das Fernsehprogramm wurde unterbrochen, und auch das Radio blieb leise. Jom Kippur, der Versöhnungstag, ist der höchste jüdische Feiertag. Es ist ein Tag der Entsühnung: Man bittet um Vergebung für seine Sünden und wird vor dem Herrn gereinigt. Zusätzlich fasten Frauen und Männer von einem Sonnenuntergang zum nächsten. Ob gläubig oder nicht – fast alle halten sich an die Regeln von Jom Kippur. Nur einer machte den ganzen

Quatsch nicht mit: mein Großvater, der für den Gott, der seine kleine Schwester in einer Gaskammer verrecken ließ, nur Spott und Verachtung übrig hatte. Er verwöhnte sich stattdessen reichlich mit Leckereien, die er vor den Augen meiner fastenden Großmutter genüsslich in sich reinschob.

Während das ganze Land, von meinem Großvater abgesehen, für einen Tag alles stehen ließ, überquerten die Streitkräfte der ägyptischen Armee in einem perfekt orchestrierten Überraschungsangriff den Sueskanal. Gleichzeitig griff die syrische Luftwaffe den Berg Hermon im Norden an und konnte die Kontrolle über den Berg übernehmen. Die Überraschung zum Feiertag war gelungen. «Fleischtopf! Fleischtopf!», tönte es aus dem Radio – das Kennwort für die Mobilisierung der Reservisten. Doch für viele kam jede Hilfe zu spät. «Sie töten uns! Sie töten uns, einen nach dem anderen!», schreit einer der Soldaten in einem Bunker vor dem Kanal in die Funkanlage. Die Israelis kapitulieren, doch die Ägypter drängen in den Bunker und verbrennen sie mit Flammenwerfern bei lebendigem Leibe.

«Siehst du, das hast du davon!», schrie meine Großmutter meinen Großvater an, während der meine Mutter losschickte, um die kompletten Mehlbestände des Supermarkts aufzukaufen. Die beiden hatten eine seltsame Dynamik. Mein Großvater brüstete sich vor meiner Großmutter immer mit seiner europäischen Herkunft. «Ich? Ich bin ein Europäer! Ich entstamme einer edlen Hochkultur und nicht einem Beduinenzelt in der irakischen Wüste, du Kamelreiterin!», prahlte er ständig mit der herrlichen Zivilisation, die seine Familie zu Seifenblöcken verarbeitet hatte. Dabei war meine Großmutter um Welten gebildeter als er: Sie sprach fünf Sprachen und hatte im Bagdad der vierziger Jahre das Abitur erworben – äußerst ungewöhnlich für eine Frau in jener Zeit. Trotzdem wurde ihre Ausbildung in Israel nicht anerkannt, und sie musste sich verabschieden von ihrem Traum, Lehrerin zu werden, und stattdessen mit Gelegenheitsjobs für die Familie sorgen.

Es war der härteste Krieg in der Geschichte des Landes: Die Blase um die scheinbar unbesiegbare israelische Armee platzte, und obwohl am Ende die Angreifer doch den Kürzeren zogen, erklärte der ägyptische Staatspräsident Sadat den Krieg zu einem politischen Triumph der arabischen Welt. Meinem Großvater konnte er nichts vormachen: «Das soll ein Krieg gewesen sein? Ein Witz ist das!», tönte er immer wieder, nachdem er nur Tage zuvor in Panik genug Nahrung für drei Tsunamis und einem Meteoriteneinschlag zusammengesammelt hatte.

Aber er bekam auch sonst wenig mit von der Welt. Er war selten dazu zu bewegen, das Haus zu verlassen, und verwuchs förmlich mit seinem gepolsterten Sessel, von dem aus er auf den Fernseher schaute – der erste in der ganzen Nachbarschaft –, der ihm Sender aus der Türkei und Zypern zeigte. Über den Holocaust sprach er mit uns nie. Stattdessen erzählte er von einer erfundenen Welt, in der er jeden Samstag in den reputierlichsten Straßen Warschaus sein edles Gewand anlegte und Kaffee und Kuchen mit Silberbesteck auf Porzellan genoss statt verfaulte Steckrüben und Zuckerwasser in den Gossen des Ghettos. Das Leben in Polen war schön, die Familie war reich und in ganz Warschau angesehen, seine Mutter war nicht verhungert, und er hatte sie nicht mit seinen eigenen Händen begraben müssen. Er klemmte sich hartnäckig an seine Phantasiewelt, als würde sein Leben davon abhängen. Vielleicht tat es das auch.

1978 gab Josef zum ersten Mal seine wahren Kindheitserinnerungen preis. Ein amerikanisches Filmteam des Jewish Film Archive drehte mit ihm über mehrere Wochen Material für einen Dokumentarfilm. Wenige Tage nach den Dreharbeiten kam meine Mutter, die damals bei der Armee war, für ein Wochenende nach Hause, und fand ihren 46-jährigen Vater kreidebleich und in Atemnot auf seinem Sessel vor. In der Notaufnahme stellten die Ärzte fest: Herzinfarkt. Josef wurde auf Dauer arbeitsunfähig geschrieben und musste seinen geliebten Sessel nun noch seltener verlassen als zuvor, den Sessel, in dem er auch saß, als sein Herz mit 67 Jahren zu schlagen aufhörte.

Nur als die Raketen des Zweiten Golfkriegs in der Nachbarschaft fielen und der Boden unter seinen Füßen bebte, wurde er für einen kurzen Moment aus seinen Träumen wachgerüttelt. Wie bei jedem Angriff rief meine Mutter bei ihren Eltern an, um sicherzustellen, dass die beiden mit aufgesetzten Gasmasken brav im Bunker sitzen. Doch diesmal war es anders.

«Hallo?»

«Mutter, sitzt ihr schon im Bunker?»

«Nein.» Meine Großmutter weinte. Das tat sie aber immer, sobald die Sirene tönte. Josef blieb immer gelassen.

«Okay, gib mir mal Papi bitte.»

«Josef? Tsipi ist am Telefon ...»

Meine Mutter wartete auf die Übergabe, aber mein Großvater meldete sich nicht.

«Papi?»

«Ja, Tsipi ...», antwortete eine zittrige Stimme. Zum ersten Mal, stellte sie fest, war auch ihr Vater den Tränen nah.

«Papi, was ist los? Habt ihr schon eure Gasmasken aufgesetzt?»

«Nein.»

«Setzt eure Gasmasken auf und geht in den Bunker!»

«Wir können nicht mehr. Wir bleiben jetzt hier sitzen. Wir sind zu alt für den Krieg.»

Nach so vielen Kriegen, nach Holocaust, Gefängnis und Folter in ihren sechzig Lebensjahren waren diese zwei Menschen einfach müde. Müde von der Angst, dem Verstecken und Fliehen. Wer mag das nicht verstehen? Wenn wir heute müde sind, kriegen wir höchstens ein Burnout-Syndrom. Zu ihrer Zeit war das brennende Feuer keine Metapher. Sie saßen unter Tränen im Wohnzimmer und weigerten sich, ihre Gasmasken aufzusetzen. «Es kommt, wie es kommen muss», hauchte mein Großvater mit brüchiger Stimme in den Telefonhörer, es war kaum zu hören wegen der lauten Sirenen.

DIREKT VOM ERZEUGER

Die einschneidendste und komplizierteste Umstellung meines neuen Lebens in den neuen Bundesländern hatte weder mit der deutschen Grammatik zu tun noch mit den braunen Resten des Dritten Reichs: Ich befand mich plötzlich dauerhaft mit einem fremden Mann unter einem Dach, einem Deutschen noch dazu!

Für Olaf, den Freund meiner Mutter, kam es noch viel schlimmer. Er musste sein gemütliches Heim ab jetzt mit drei Juden teilen! Trotz meiner angeborenen Expertise in der Siedlungspolitik war ich von der neuen Lebenssituation völlig überfordert. Ich kannte so etwas gar nicht: dass ein erwachsener Mann sich überhaupt so oft im Haus befand. Mein biologischer Erzeuger war ein Rabenvater erster Güte gewesen, der seine Zeit lieber auf den Pferden in seinem Reiterhof verbrachte. Oder auf seinem wasserstoffblonden Seitensprung.

Nachdem er seinen Wehrdienst in der Sajeret Matkal geleistet hatte, der renommiertesten Spezialeinheit der israelischen Streitkräfte, hatte er zusammen mit meiner Mutter, seiner Jugendliebe, die Sportorganisation «Amitzur» gegründet und in Erinnerung an seinen Vater benannt. Die Organisation bereitete Jugendliche auf die körperlichen Herausforderungen des Wehrdiensts vor und trainierte sie für die Musterung in den hochbegehrten Eliteeinheiten der israelischen Armee.

Die drei Jahre für Männer oder 21 Monate für Frauen in den khakifarbenen Uniformen der Streitkräfte spielen eine unwahrscheinlich große Rolle im Leben eines jungen Israelis. Während ihre Altersgenossen in anderen Ländern noch nicht mal alt genug für ein Bier sind, ziehen sie mit achtzehn in den Krieg und entscheiden mit einem Sturmgewehr über Leben und Tod. In Deutschland versucht man nach der Schule möglichst weit weg von zu Hause zu kommen, man mietet die erste eigene Wohnung, lernt, wie das ufo-artige Ding namens Waschmaschine funktioniert, und stellt sich kulinarischen Herausforderungen wie Nudeln mit Tomatensoße (also Ketchup). In Israel schläft man auf dem harten Feldbett einer Kaserne und bringt alle paar Wochen seine Wäsche mit nach Hause, damit Mutti sie in die weiße Flugscheibe einwerfen kann. In Deutschland schreibt man sich an der Uni einer Großstadt ein und hat eigentlich noch gar keine Ahnung, was man anstellen will mit seinem Leben. In Israel wird man ins Heer, in die Luftstreitkräfte oder in die Marine einsortiert und ist dann erst mal damit beschäftigt, überhaupt am Leben zu *bleiben.* Manche werden Pilot, manche werden Arzt. Manche werden Helden, manche Bösewichte. Manche sterben, manche töten. Jede neue Bekanntschaft beginnt mit der Frage: «Und was hast du in der Armee gemacht?», und jede alte Freundschaft begann in der gemeinsamen Einheit. Ein hoher Dienstgrad ist Eintrittskarte für eine erfolgreiche Karriere in der Politik: Ariel Sharon, Ehud Barak, Benjamin Netanjahu – alles hochrangige Soldaten, bekannt für ihre bravourösen militärischen Einsätze. Wie absurd, dass wir unsere Karten auf dem Weg zum Frieden gerade auf die setzen, die im Krieg die Besten waren. Bulbul.

Nach geleistetem Dienst suchen sich die meisten Israelis einen Job als Kellner oder Sicherheitsmann, bis sie genug Geld für eine Reise zusammengespart haben: Meistens geht es nach Thailand oder Südamerika, wo mit allen verfügbaren Mai Tais und Magic Mushrooms versucht wird, das Knallen der Gewehre zu vergessen. Mein Erzeuger verzichtete auf derartige Mätzchen und begann stattdessen gleich nach der Armee, zusammen mit meiner Mutter sein kleines Imperium aufzubauen. Sie bauten ein Haus in Oranit und brachten meine Wenigkeit und später meinen Bruder zur Welt. Das Haus war riesig: Auf 800 Quadratmetern erhoben sich vier Stockwerke, es gab ein Fitnessstudio, im Untergeschoss natürlich den Bombenkeller, aber auch ein Tanzstudio, wo meine Mutter Akrobatik und Choreographien aus Modern Dance, Jazz- und Stepptanz unterrichtete. Ihre Tanzgruppe genoss große Beliebtheit in der kleinen Gemeinde: Fast alle Mädchen aus der Nachbarschaft, vom Kindergartenalter bis zum Gymnasium, lernten zwei Etagen unter meinem Zimmer Saltos und Flickflacks. Mein Erzeuger baute derweil den großen Reiterhof im nächstgelegen Wald, umgeben von hohen Kiefern und Eukalyptusbäumen. Dreißig Pferde, ein Haus, zwei Jobs, zwei Autos, zwei Kinder und Reisen nach Europa – meine Eltern lebten den modernen jüdischen Traum. Doch um es in den trockenen Worten von Hildegard Knef auszudrücken: «Von nun an ging's bergab.»

An einem sonnigen Samstag spannt mein Erzeuger im Wald einen jungen schwarzen Araber vor die Kutsche. Also, ein arabisches Pferd natürlich. Was dachten Sie denn? Etwa ein halbes Dutzend Kinder wartet ungeduldig vor dem majestätischen Gefährt, während das Tier aufgezäumt wird. Der offene Pferdewagen hat neun Sitzplätze in drei Reihen, darüber eine weiße Plane als Verdeck, die Seiten sind offen. «Alles einsteigen!», dröhnt der Kutscher, einer der Angestellten meines Erzeugers. Die Kinder zögern nicht lange: Sie sind zwischen vier und zehn Jahre alt, auch ein Elternpaar möchte mitfahren, in den Armen der Frau ruht ein Baby, nicht älter als ein paar Monate. Ich setze mich in die erste Reihe und mache ein bisschen Smalltalk mit dem Mädchen neben mir: Wassereis, Pikachu, Armbanduhren mit Taschenrechnern, die ganzen brandheißen Themen im Kopf eines Zehnjährigen. Unter den Kindern in der Nachbarschaft macht in jenem Jahr das Gerücht von einer raren Armbanduhr die Runde, auf der man sogar Tetris spielen kann.

Dann geht es los, die Kutsche rollt fröhlich durch den Wald. Wir fahren vorbei an immergrünen Zypressen, die wie gefaltete

Regenschirme auf die strahlende Sonne zeigen. Überreste aus der Eisen- und Bronzezeit erinnern an die Geschichte des Landes, hölzerne Picknicktische erinnern meinen Magen an das anstehende Mittagessen. Während wir fahrend die Aussicht genießen, kriecht eine nichts ahnende Schlange auf den schmalen Schotterweg. Das Pferd tut das, was jedes Tier beim Anblick eines ungefähr 1200-fach kleineren Wesens tut: in Panik geraten. Es scheut und geht durch, unkontrolliert schlingert die Kutsche durch die Gegend. Auch der Kutscher wird von Panik ergriffen und tut das, was jeder verantwortungsbewusste Kutscher mit mehreren Kindern an Bord in dieser Situation tun würde: Er springt in voller Fahrt ab und überlässt seine Passagiere ihrem Schicksal. Wer braucht schon einen Kutscher? Für uns geht der wilde Spaß noch eine Zeitlang ohne ihn weiter, bis das Pferd scharf nach rechts ausbricht. Die Kutsche neigt sich, die Passagiere werden herausgeschleudert und dürfen den umstürzenden Wagen abfedern. Ein fünfjähriges Mädchen wird unter der Kutsche eingeklemmt, sein gleichaltriger Cousin verliert das Bewusstsein. Ich komme mit Sand in den Augen und einer blutigen Lippe davon, das Geschäft meines Erzeugers mit einem schlechten Ruf, dabei hatte er seine Unfähigkeit als Aufpasser bei meiner Mutter doch schon längst ausreichend unter Beweis gestellt.

Er hatte ein unglaubliches Talent dafür, seine zwei Söhne in alle möglichen Lebensgefahren zu bringen. Gerne ließ er seinen fünfjährigen Ältesten mitten in den französischen Alpen auf einer Bergspitze stehen, damit er beim Skifahren mal ein bisschen Gas geben konnte. Als er zum vereinbarten Treffpunkt nicht erschien, fuhr ich ratlos die immer leerer werdenden Pisten entlang, mein Erzeuger wartete da schon längst unten im Tal mit meiner besorgten Mutter auf mich. Bei dem Versuch, dem Betreiber der Seilbahn meine Situation zu schildern, erreichte mein französisches Vokabular schnell seine Grenzen, und so blieb mir nur ein einziges Kommunikationsmittel: heulen. Ich war nicht so das Heulkind, also musste ich mich zum Weinen zwingen, was viel schwieriger war, als es klingt. Doch als ich mich erst mal eingeheult hatte, flennte ich mich wie ein Weltmeister von 2300 Metern über dem Meeresspiegel herunter in die Arme meiner Mutter.

Sechs Jahre später ließ mich mein Erzeuger in ähnlicher Höhe erneut im Stich, diesmal im Kampf um die Balance auf meinem Snowboard. Das Erwerben der Fahrtüchtigkeit auf dem gewachsten Brett war mit wirklich vielen blauen Flecken verbunden, ich fiel ständig hin. Mein Erzeuger hatte schon Jahre zuvor die Skier an den Nagel gehängt, um zum auf den Pisten damals noch als exotisch geltenden Snowboard zu wechseln, und war mit seinem Brett längst davongezogen. In dem verzweifelten Versuch mitzuhalten nahm ich all meinen falschen Ehrgeiz zusammen und schoss mit Affenzahn den Berg hinunter. Lief ja wie am Schnürchen! Nur das Abbremsen stellte noch ein Problem dar, doch nach einem flinken Brainstorming kam mir die Lösung: Ich orientierte mich mit meinem Oberkörper in Richtung Erdkern und ging nahtlos zu einer dreifachen Vorwärtsrolle über. Begeisterte Zuschauer sammelten sich um mich und gratulierten mir auf Französisch. Eines meiner neuen Groupies kam sogar im heißen Krankenschwester-Kostüm angelaufen und begann, mir die Klamotten vom Leib zu reißen und mich sinnlich zu streicheln. Sie flüsterte mir französischen Dirty Talk ins Ohr, bis endlich ein Hubschrauber kam, um mich abzuholen. Das passende Transportmittel für einen Mann meiner Klasse! Wie feines Porzellan trugen mich meine neuen Anhänger auf einer majestätischen Tragbahre in den roten Helikopter, ich fühlte mich wie eine wiederauferstandene Kleopatra. Wir hoben ab und schwebten durch die atemberaubende Berglandschaft der französischen Alpen. Ich hatte das Rennen gewonnen! Mein Erzeuger schob sich nichts ahnend im Schneckentempo den Berg hinunter, während ich meinen Vorsprung ausbaute – da war der Schlüsselbeinbruch ein geringer Preis für meinen unumstrittenen Sieg.

Mit Stunden Verspätung kam die Trantüte im Krankenhaus an, um mich abzuholen. Wir fuhren zurück zu unserer Hütte – ich in einem unangenehm engen Oberkörperverband –, doch schon nach einigen Minuten haute er zurück in Richtung Piste ab, und ich blieb für die nächsten zwei Tage mit meiner Zwangsjacke in der Hütte allein.

Mein jüngerer Bruder kam nicht ganz so ungeschoren davon: Nach einem langen Tag auf dem Pferdehof sattelte mein Versagervater einmal im Stall einige Tiere ab, obwohl sein dreijähriger Jüngster unbewacht mit den restlichen Pferden im Hof spielte. Als ich aus der Scheune kam, um mal nach Bruderherz zu gucken, spielte der Kleine mit einer Plastikschaufel und einem knallroten Eimer direkt vor den Hinterbeinen eines Pferdes. Noch bevor ich ihn warnen konnte, scheute das Tier. Ein Huf knallte meinem Bruder an den Schädel und schleuderte den kleinen Körper mehrere Meter in die Luft.

Stille.

Mein Bruder lag auf dem Boden und wimmerte leise. Die Tränen liefen ihm über das Gesicht und vermischten sich mit dem Blut, das ihm von der Stirn herablief. Nun kam auch mein Erzeuger angelaufen, hob wortlos das Kind auf und trug es zum Auto. Wir stiegen ein und fuhren durch den Wald zurück nach Hause. Ich fragte meinen Erzeuger, warum wir nicht ins Krankenhaus führen. Er ignorierte mich. Zu Hause angekommen, trug er meinen Bruder in die Dusche und spülte ihm das Blut aus dem Gesicht, während er meiner völlig aufgelösten Mutter erzählte, der Junge sei *hingefallen*.

«Oz, wir müssen ihn zum Arzt bringen!», rief meine Mutter völlig außer sich.

«Unsinn, das ist nur ein kleiner Kratzer», murmelte er tonlos, ohne sich zu ihr umzudrehen.

«Er lügt!», flüsterte ich meiner Mutter zu und erzählte ihr, was wirklich geschehen war. Aber mein Erzeuger erklärte eine Fahrt ins Krankenhaus weiter für überflüssig. Da riss meine Mutter ihren kleinen Sohn aus der Dusche, und wir rasten auf schnellstem Weg in die Notaufnahme, während mein Erzeuger seelenruhig zu Hause blieb. Wären wir später losgefahren, hätte mein Bruder die Nacht wahrscheinlich nicht überlebt. Nach einigen Tagen im Krankenhaus durfte er zwar wieder nach Hause, doch der wuchtige Schlag hinterließ bleibende Schäden an seiner Feinmotorik, mit denen er bis heute zu kämpfen hat.

Mit der Zeit kam mein Erzeuger gar nicht mehr nach Hause und richtete sich ein provisorisches Zimmer in einem Container neben dem Stall ein. Schlafen, wo andere Menschenhandel treiben, lautete die Devise. Kurz davor hatte er im weich gefederten Ehebett noch einmal meine Mutter geschwängert, aber ein weiteres Kind passte nicht in seine ambitionierte Karriereplanung, also schickte er sie in die Klinik, um es abtreiben zu lassen, allein. Vielleicht mochte der Mann einfach keine Krankenhäuser. So verbrachte er seine Nächte in einem Metallkasten mitten im Wald und regredierte zu einem Gast, dem man ab und zu im Haus begegnete.

Während mein Erzeuger im immer einsamer werdenden Pferdehof «Karriere» machte, arbeitete meine Mutter Tag und Nacht, um das nötige Geld nach Hause zu bringen. Mit der Zeit avancierte sie zu einer der führenden Gymnastikchoreographinnen des Landes. Sie orchestrierte beeindruckende Massenauftritte und wurde schließlich zur Chefchoreographin der Makkabiade ernannt, das ist die jüdische Olympiade. Ganz recht, wir haben sogar unsere eigenen Olympischen Spiele! Bei den normalen können wir ja nicht mithalten. Nur eine einzige Goldmedaille konnte Israel in der Geschichte der Olympiade bisher erringen, und zwar im Windsurfen. Ich wusste nicht mal, dass Windsurfen eine olympische Sportart ist. Der Wind macht doch die ganze Arbeit! Laufen, Springen, Schwimmen – da kommt doch alles aus den Muskeln.

Aber Windsurfen? Das ist wie eine Goldmedaille in Bahnfahren. Und das, obwohl wir Juden eigentlich alles machen für Gold.

Monatelang tourte meine Mutter von Stadt zu Stadt, um Tausende von Tänzern auf die Eröffnungsgala der größten internationalen jüdischen Sportveranstaltung vorzubereiten, doch der Höhepunkt ihrer Karriere endete in einem Desaster: Bei der Eröffnungszeremonie, während gerade die Delegationen aus aller Welt in einer Parade die Arena betraten, stürzte die Brücke zum Stadion ein. Vier Mitglieder der australischen Mannschaft starben, 70 wurden verletzt, die Zeremonie musste drastisch abgekürzt werden.

Währenddessen begann mein Erzeuger eine Affäre mit einer seiner Reitschülerinnen – ich kannte die junge Dame in Daniela-Katzenberger-Blond von diversen Reitausflügen. Die Geschichte klingt vielleicht wie «Der Pferdeflüsterer», war aber tatsächlich eher so «Der Eselschreier». Ich hatte das Privileg, als Erster von den Vergnügungen meines Erzeugers zu erfahren, als mich die Kinder aus seinem Reitkurs mit Sprüchen über die Affäre aufzogen. Kurze Zeit darauf brachte eine merkwürdige SMS auf seinem Handy auch meine Mutter auf die richtige Spur:

Komm bitte zurück, hier ist ein großer Käfer und ich hab Angst!

Meine Mutter erwischte die beiden im Bett, also im Container, und es begann eine hässliche Scheidungsschlacht, die den Nahostkonflikt im Vergleich blass aussehen ließ. Ich für mein Teil war froh, dass wir den ganzen Familien-Bullshit nicht mehr spielen mussten und endlich auf dem Boden der Tatsachen aufgeschlagen waren.

Einmal pro Woche holte uns mein Erzeuger erst einmal für einen Pflichtbesuch mit seinem alten Renault Rapid ab, der nach Heu und Pferdekot stank. Das war viel mehr Zeit, als wir bisher miteinander verbracht hatten. Wir saßen die Stunden auf der Bowlingbahn oder in einem Burger King ab, je nachdem, was mein Erzeuger mit seinem Geiz vereinbaren konnte, und ich zählte die Minuten, bis wir zurück nach Hause durften. Schlechte Noten oder Prügeleien in der Schule ließen ihn relativ kalt, doch die Beschädigung oder der Verlust von Wertsachen brachten meinen Erzeuger sofort auf hundertachtzig. Seine Wut erreichte einen bis dato unbekannten Gipfel, als ich ihm eines Tages beichten musste, dass mein Fahrrad gestohlen worden war. Er war außer sich. Seine Schreie hallten durch alle vier Etagen des Hauses, in seiner Wut warf er Stühle nach mir und verpasste mir eine mehr als anständige Tracht Prügel. Ähnlich sauer war mein Erzeuger, als er mitbekam, dass meine Mutter eine Bar-Mizwa-Feier für mich veranstaltete. Die Bar-Mizwa markiert im Judentum die religiöse Mündigkeit, die Knaben im Alter von dreizehn und Mädchen im Alter von zwölf Jahren erreichen. Schon damals interessierte mich Gott nicht die Bohne, doch die Bar-Mizwa gehört in Israel dazu wie Weihnachten in Deutschland. In der Regel gab es am Vormittag einen Gottesdienst mit engen Freunden und Familie in einer Synagoge, am Abend oder am nächsten Tag dann das eigentliche Fest mit vielen Gästen in einem feierlichen Festsaal. Mein Erzeuger hielt das für reine Geldverschwendung: Er lehnte rundheraus ab, sich an den Kosten zu beteiligen. Eines Tages kam er nach Hause, kommandierte mich in die Küche und eröffnete mir, aus Protest an der Veranstaltung nicht teilzunehmen. Er sah mich an, sichtlich gespannt auf meine Reaktion.

«Okay», sagte ich teilnahmslos.

Meine Gleichgültigkeit brachte ihn erst so richtig zum Kochen, und er begann mich anzuschreien. Nie zuvor hatte ich mich meinem Erzeuger so überlegen gefühlt wie jetzt, als er wie ein Hirsch brüllte und verzweifelt versuchte, irgendeine Reaktion zu seinem bedeutungslosen Aufstand aus mir herauszukitzeln. Er seinerseits begriff wohl zum ersten Mal, wie winzig seine Vaterrolle in meinem Leben plötzlich geworden war. Ich war weder wütend noch traurig; vor mir saß ein Fremder, mit dem ich eine gemeinsame Vergangenheit hatte, ich hörte gar nicht mehr hin. Nach einer Weile gab er auf und stürmte aus der Küche.

Am Ende kam er aber doch zur Feier. Nicht weil ich mich besonders um sein Kommen bemüht hätte oder weil er wirklich dabei sein wollte. Nein, der Richter hatte ihm damit gedroht, er müsse bei Abwesenheit für einen Teil der Bar-Mizwa-Kosten aufkommen. Als erst einmal die richtige Motivation da war, wollte mein Erzeuger das große Ereignis im Leben seines Erstgeborenen um nichts auf der Welt verpassen! Und so tauchte er unangekündigt auf und brachte sogar ein Geschenk mit. Ein *Mobiltelefon*! Genauer gesagt, ein abgenutztes Nokia 1610, das alte Handy seines rumänischen Gastarbeiters Gabriel. Ab und zu bekam ich dubiose Anrufe auf Rumänisch. Manchmal von wildfremden Menschen, manchmal aber auch nur von den Kindern aus meiner Schule, die sich einen Spaß machen wollten. Der Mann war von Geld besessen. Es war keine Gier – er wollte gar nicht mehr Geld haben, als er schon hatte. Stattdessen klemmte er sich obsessiv an jeden Schekel, als wäre die Welt ausgetrocknet und seine Münzen die letzte Wasserflasche im Nahen Osten.

Kurz vor der Scheidung haben mich meine Eltern beim Klauen erwischt: Ich hatte aus dem örtlichen Kiosk eine kleine Spielzeugmaschine mitgehen lassen, die Geldscheine druckt. «Was hast du dir dabei gedacht?», schrie mich meine Mutter an. Ich saß auf dem Stuhl des Büros im zweiten Stock, meine Eltern starrten mich wie in einem Verhör von der anderen Seite des Tisches böse an. «Ich dachte, wenn ich diese Maschine klaue, dann kann ich Geld drucken. Und dann haben wir immer genug. Und gar keine Probleme. Und dann streiten wir uns nicht mehr.»

Meine Eltern blickten sich an. Ich rechnete schon mit einem bestialischen Anschiss, doch sie schickten mich nur ins Bett.

WEIHNACHTEN FÜR ANFÄNGER

Jetzt waren meine Eltern also geschieden, und ich erfand immer neue Ausreden, um den unangenehmen Begegnungen mit meinem Erzeuger aus dem Weg zu gehen, bis sie am Ende ganz ausfielen und der Kontakt eingeschlafen war. Ab und an begegneten sich meine Eltern in ihren Autos vor dem Sicherheitstor am Ortseingang, kurbelten die Fenster runter und begannen, sich mitten auf der Straße anzuschreien, während jeder mit seinem Wagen eine Spur blockierte. Anfangs lag ich auf der Rückbank und tat so, als würde ich schlafen, doch mit der Zeit wurden die Schreie so laut, dass ich niemandem mehr etwas vormachen konnte. Ich betete alle Götter der Weltgeschichte an, dass keiner von meinen Schulkameraden in einem der Autos hinter mir saß und das öffentliche Trauerspiel meiner Familie mitbekam, das sich in dem kleinen Vorort mittlerweile rumgesprochen hat. Gute 50 000 Euro kostete die Scheidung meine Mutter. Da ich den Kontakt zu meinem Erzeuger mit der Zeit strikt verweigerte, fühlte er sich nicht mehr verpflichtet, die 600 Schekel (umgerechnet ca. 150 Euro) monatliche Unterhaltszahlungen zu leisten, und so hatte ich die Ehre, mich zu meiner Mutter auf die Anklagebank zu gesellen. Als «Angeklagter Nr. 1» hatte ich mit dreizehn Jahren meinen Debütauftritt vor einem israelischen Gericht – vom eigenen Vater angeklagt. Danach ging es wieder zu mehreren Psychologen, die zwar etwas baff waren über meine eiskalte Ablehnung des eigenen Erzeugers, aber dennoch nicht die angebliche Manipulation durch meine Mutter bestätigen mochten. Während die zwei ihre Kontroversen vor den sabbernden Scheidungsanwälten immer weiter eskalieren ließen, übernahm ich das inoffizielle

Sorgerecht für meinen kleinen Bruder. Ich musste nicht mal um das Haus urinieren, um mein neu gewonnenes Territorium zu markieren. Jeden Abend genossen wir eine nahrhafte Mahlzeit: knackigen Gemüsesalat mit frisch gebackenem Brot, dazu herzhaften Käse (= Pizza). Freunde gingen ein und aus, ohne dass irgendwelche Eltern gefragt werden mussten, und der Fernseher lief bis spät in die Nacht.

In Laucha waren all diese schönen Freiheiten auf einmal passé. Stattdessen war plötzlich alles *verboten*. Olaf und ich waren wie Feuer und Wasser und lieferten uns einen ständigen Machtkampf um die unbedeutendsten Dinge des Alltags: Abends darf nur kalt gegessen werden. Käse und Wurst sind nur jeweils einzeln auf einer Scheibe Brot zu verzehren («Wir sind doch nicht die Familie Rothschild hier!»), und Apfelsaft genießt man nicht pur, sondern nur als Schorle mit mindestens 58,776% Wasseranteil. Einmal eskalierte am Esstisch der Streit um den angemessenen Genuss von Mozzarella: Olaf wollte mir untersagen, Salz drauf zu streuen, da das den einzigartigen Geschmack des italienischen Wasserbüffelkäses verfälsche. Ich weigerte mich, zu glauben, dass ein Stück Mozzarella von Lidl mit kulinarischen Samthandschuhen angefasst werden müsse, und streute aus Trotz extra viel Salz auf die schwabbeligen Käsescheiben. Das schmeckte meinem neuen deutschen Mitbewohner überhaupt nicht. Er riss mir den Teller aus der Hand und schickte mich raus. Stubenarrest wegen Weichkäse.

Meistens wurden solche Meinungsverschiedenheiten aber nicht offen diskutiert. Ich merkte gar nicht, was ich wieder falsch gemacht hatte, bis ich dem Geschrei zwischen Olaf und meiner Mutter in der Küche entnehmen konnte, welch unverzeihliche Missetat ich diesmal begangen hatte. In den ersten Jahren führten wir den verbalen Schlagabtausch auf Englisch aus, und jeden zweiten Satz beendete Olaf mit «I am your master».

Je öfter er das wiederholte, desto widerspenstiger wurde ich. Ein Ass hatte er allerdings immer im Ärmel: den Internetzugang. Der strategisch klug in seinem Schlafzimmer platzierte Router war außerhalb meiner Reichweite und wurde streng kontrolliert. Nach jeder Unbotsamkeit meinerseits wurde zügig das Netzkabel rausgezogen. Ein äußerst wirksames Erpressungsmittel, denn mein Internetzugang diente nicht nur als Ersatz für ein gescheitertes Sozialleben außerhalb meines Schlafzimmers, es war auch die einzige übrig gebliebene Verbindung zu meiner alten Heimat. In Zeiten vor Facebook und Twitter verbrachte ich meine Nachmittagsstunden in israelischen Internetforen und begann dort, mich für Graphikdesign zu interessieren. Ich spielte stundenlang mit Photoshop, gestaltete und baute fiktive Seiten und erstellte Party-Flyer für Veranstaltungen in der Gegend. Mit siebzehn gründete ich ein Kleingewerbe und sammelte Geld für mein erstes Auto mit Webseiten für Autolackierer und Fitnessstudios oder mit Bannern für eine Sex-Hotline. Ich betreute meine Kunden aus dem Jugendzimmer heraus, stets bemüht, so professionell und seriös wie möglich aufzutreten. Ohne Internetzugang ging das nicht.

Die Beziehung zwischen Olaf und meiner Mutter hatte eine ganz eigene Dynamik: Er musste eine beträchtliche Menge an Geduld aufbringen, um der extrovertierten Art meiner Mutter Paroli zu bieten. Erst mit der Zeit akzeptierte er, dass er gegen seine konfliktlustige Frau aus dem Orient einfach nicht gewinnen konnte: Logische Argumentation wurde von ihr rücksichtslos niedergemacht und mit Beleidigungen auf Hebräisch bestraft, die Olaf umso mehr ärgerten, als er sie nicht verstehen konnte. Manchmal waren es mehr als ein paar harmlose Schreie. Wiederholt kündigte meine Mutter während eines Streits mit Olaf an, mit uns zurück nach Israel fliegen zu wollen. Eines Nachts holte sie meinen Bruder und mich sogar aus unseren Betten; sie fuhr mit uns zum nächstgelegenen Hotel und erklärte uns, *jetzt* würden wir wirklich am nächsten Tag nach Israel zurückfliegen. Ich hatte Angst, dass sie diesmal nicht bluffen würde, denn sosehr ich Laucha gehasst hatte, ich sah meine Zukunft in Deutschland und die Zukunft meiner Mutter erst recht. Allen Streitigkeiten, schornsteinfegenden Neonazis und grammatikalischen Ausnahmen zum Trotz habe ich meine Mutter vorher nie so glücklich und entspannt erlebt. In Israel war sie eine zähe Frau, die mit der Zärtlichkeit eines Drillsergeants durchs Leben ging und die für ihre Härte und Disziplin als Trainerin berüchtigt war. Sie war exzentrisch, wurde schnell wütend und arbeitete von frühmorgens bis spätnachts. Der Umzug nach Deutschland hat sie wohl vor dem totalen Burnout bewahrt.

Die jahrelange körperliche Arbeit als Turnlehrerin hinterließ Spuren an ihrem Körper, furchtbare Rückenprobleme, die sie in den Rollstuhl zu zwingen drohten. Um ihre Wirbelsäule zu retten, hängte sie ihren Beruf an den Nagel, doch die Kapitulation wurde von ihrem Körper nicht ohne weiteres angenommen. Stattdessen erlitt sie einen plötzlichen Hörsturz – ein Abschiedsgeschenk ihres alten, stressigen Lebens. Der Arzt verordnete strikt Entspannung, also entspannte sie sich. Von der harten Choreographin zur emotionalen Work-Life-Balance-Verfechterin: Meine Mutter zeigte besorgniserregende Parallelen zu *Detlef D! Soost*, der in guten alten Zeiten mit eiserner Faust und potenten Schweißdrüsen das labile Selbstwertgefühl kreischender Teenies mit Beleidigungen und emotionalen Ausbrüchen in Stücke riss. Ich fand ihn äußert sympathisch. Nach *Popstars* verlor Detlef sein Übergewicht, damit aber auch seine Bitterkeit und alles andere, was ihn erst so sympathisch gemacht hatte. Sein neu gewonnenes Sixpack schien angesichts des fehlenden Rückgrats unterfordert, während er auf der Verpackung des Detlef D! Soost Diät-Grills, des Detlef D! Soost 10 Weeks Body Change Programms, D!'s Dance Mag und Dutzenden von anderen bescheuerten Produkten posierte, für die er seinen Namen hergab. In besonders gefühlvollen Momenten kamen meiner Mutter nun sogar die Tränen. In Israel habe ich sie nie weinen gesehen. Anders als bei Detlef begrüßte ich diese Verwandlung. Es war für sie einfach eine Notwendigkeit: weit weg von Krieg, Überstunden und Scheidungsanwälten mit einem liebevollen Lebenspartner Pilze sammeln und so Quatsch. Ich redete ihr also relativ mühelos ihren undurchdachten Plan aus, und wir kehrten noch in derselben Nacht zurück nach Hause.

Schon in Israel hatte meine Mutter begonnen, Deutschunterricht zu nehmen. Bei unserer Ankunft in Deutschland hatte sie also einen leichten Vorsprung, doch der hielt nicht lange an: Während wir Kinder ständig mit der neuen Sprache konfrontiert wurden, hing die Zukunft meiner Mutter nicht von ihrer Verhandlungssicherheit im Deutschen ab. Zum Glück! Sie schwebte förmlich über den Gesetzen der deutschen Grammatik und missachtete diese wie ein Astronaut die Schwerkraft. Oft verwechselte sie «will» mit «wird» oder «gucken» mit «können» und machte mich beim Autofahren auf schöne Landschaften oder wilde Tiere aufmerksam, indem sie aus dem Fenster zeigte und voller Begeisterung «Du kannst mich mal!» rief. Die Flexibilität ihres Vokabulars kannte keine Grenzen. Gerne komprimierte sie Englisch, Deutsch und Hebräisch in einen einzigen Satz. Doch erstaunlicherweise war ihr Freestyle-Deutsch für jeden verständlich, und ihr machte das sowieso nichts aus. Diese unüberhörbaren Defizite hielten meine Mutter allerdings nicht davon ab, Laucha zu internationalem Ruhm verhelfen zu wollen: Prompt organisierte sie eine Städtepartnerschaft mit dem Ort Lehawim in der Wüste Negev, Tanzgruppen aus Israel traten bei lokalen Festivals auf, ein Schüleraustausch zwischen dem Gymnasium Laucha und einer israelischen Schule brachte Kinder aus beiden Nationen zusammen.

Doch einem schmeckt die Israelisierung des Abendlandes so gar nicht. Kamerad Battke begrüßt die israelischen Gäste mit einem großen Schild gegen den Libanonkrieg auf Lauchas Marktplatz, denn wie wir alle wissen, gibt es kein Thema, das die Neonazis in Laucha mehr beschäftigt als der Libanonkrieg. Beim Fußballtraining bekomme ich mit, dass der gute Lutz zusätzlich sein eigenes Empfangskomitee für die Tanzgruppe aus Israel zu ihrem Auftritt beim Stadtfest organisiert. Ich rufe meine Mutter an, um ihr von ihrem Glück zu berichten, sie ruft die Verbandsgemeinde an, und so müssen die Hisbollah-Sympathisanten aus Laucha auf ihre unangemeldete «Demonstration» in letzter Minute tragischerweise verzichten.

Olaf traf ich zum allerersten Mal in unserem Haus in Israel. Mit einem weiteren Mitglied der deutschen Sportjugend hatte ihn meine Mutter zu einem diplomatischen Abendessen eingeladen, etwa ein Jahr nach der Scheidung meiner Eltern. Die Diplomatie löste sich in Luft auf, als mein Erzeuger zu uns kam, um seine Post abzuholen, und die zwei Gäste aus Deutschland in «seinem» Wohnzimmer vorfand. Eine Etage höher saß ich nichts ahnend mit einem Freund aus der Nachbarschaft vor meinem alten IBM-Rechner und begutachtete die pornographischen Fotos, die er mir auf einer selbst gebrannten CD mitgebracht hatte. Fünf anzügliche Graphiken und ein paar Songs von N*SYNC, da war die Speicherkapazität der CD damals auch schon dicht. Ich klickte auf die erste Bilddatei: Zum ersten Mal in meinem Leben entpixelte sich vor mir nach und nach die Abbildung einer nackten Frau auf dem 15-Zoll-Röhrenbildschirm. Die junge Pamela Anderson kniete in einem Weizenfeld, an ihren nach oben gestreckten Armen hing eine aufgeknöpfte rote Bluse, die nicht mal ansatzweise den Anblick von Pamelas prachtvollem und damals noch zu hundert Prozent silikonfreiem Busen verdecken konnte. Ihre weiße Hose hatte die Göttin meiner neu entdeckten Religion gerade mal weit genug heruntergezogen, um die dicht behaarte Scheide zwischen ihren knusprig gebräunten Beinen zu enthüllen. Ganz recht, Kinder, damals hatten nicht nur Esoteriker einen Busch zwischen

PAMELA ANDERSON
(NACH DER ERINNERUNG GEZEICHNET)

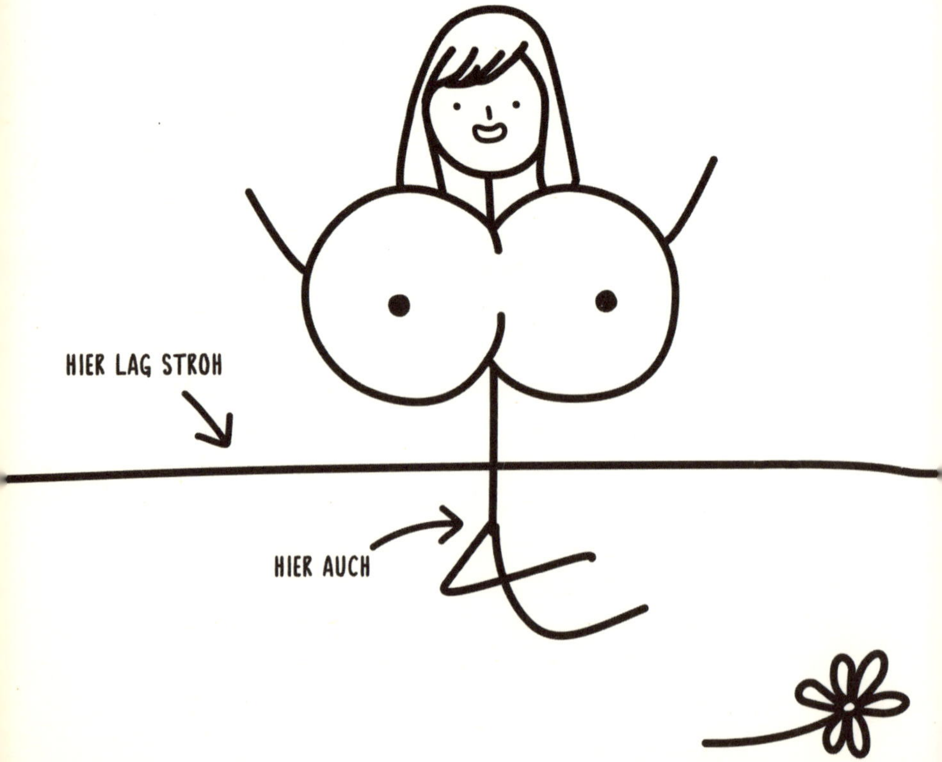

den Beinen, und dieser war auch nicht in Herzform getrimmt. Bulbul. Auch wenn andere Körperteile die Wichtigkeit von Pamelas Gesicht in der Bildkomposition relativierten, stach am meisten ihr strahlendes Lächeln hervor. Sie war die Unschuld in Person, ein Girl Next Door, wie man es aus dem schmutzigen Bilderbuch kennt. In meinem Kopf spielte ich gerade einen gelungenen Abschluss für mein Picknick mit Pamela im Weizenfeld durch, als Schreie aus dem Erdgeschoss meinen unkontrollierten Speichelfluss zum Versiegen brachten.

Ich rannte nach unten, mein Kumpel hinterher: Gegen die Eingangstür gedrängt, standen Olaf und sein Kollege hinter meiner Mutter, die mit ihrer ganzen Körperkraft meinen völlig außer Kontrolle geratenen Erzeuger davon abhielt, auf ihre Gäste loszugehen. Mein kleiner Bruder kam als Schaulustiger dazu, und nun standen wir Kinder auf der Treppe und starrten unseren vor Wut schäumenden Vater an. Schritt für Schritt schob er meine Mutter durch die Pendeltüren des Wohnzimmers in den Flur. Die Gleichgültigkeit, die mich bisher bei jedem Streit meiner Eltern überschwemmt hatte, wurde plötzlich von Wut verdrängt. Ich starrte einen losen Stab im Treppengeländer an und überlegte, wie es wäre, meinen Erzeuger damit zu verprügeln, bis er sich blau und blutig für immer aus unserem Leben verkroch. Wer konnte dagegen schon etwas haben? In der Theorie eine spannende Idee, doch an eine Umsetzung war nicht zu denken: Das war ein großer, kräftiger Mann. Stark wie ein Bulle durch die harte körperliche Arbeit im Pferdehof, kein Gramm überflüssiges Fett. Mein pummeliger Teenager-Körper verfügte dagegen über großzügige Fettreserven und gerade noch genug Muskelmasse, um die schwere Chipstüte bis zur Couch zu tragen. Hey, es war die Scheidung! Klassischer Fall von Frustessen, ganz klar.

Wir flohen aus dem Haus und quetschten uns in den schwarzen Nissan Almera meiner Mutter. Mein Kumpel lief nach Hause, und ich bereitete mich mental schon darauf vor, wegen des albernen

Familiendramas wieder zur Lachnummer der Schule gekürt zu werden. Still fuhren wir ins Zentrum von Oranit, wo ich unsere deutschen Gäste mit Pizza und Smalltalk auf Englisch bespaßte, während meine Mutter in der Polizeistation nebenan Anzeige erstattete. Danach habe ich meinen Erzeuger nur noch sehr selten gesehen. Ab und zu kam in Laucha ein handgeschriebenes Fax mit einem knapp gehaltenen Geburtstagsglückwunsch an, aber mit der Zeit wurden auch die immer seltener. Ich vermisste ihn nicht, sehnte mich aber in schwachen Momenten tatsächlich nach einer väterlichen Figur, nach jemandem, mit dem man Tauchen oder Snowboarden gehen kann und der einem nutzlose Seemannsknoten oder irgendwas mit Schrauben und Dübeln beibringt. Gäbe es keine YouTube-Tutorials für handwerklich grenzdebile Erwachsene wie mich, wäre ich schon längt beim Auswechseln einer Glühbirne gestorben. Dass man vorher die Sicherungsschalter umlegen muss, das sagt Ihnen im Leben niemand. Mittlerweile habe ich dank Netz und netten Baumarktmitarbeitern aber schon Böden verlegt, Küchen aufgebaut, Waschmaschinen repariert. Wer braucht schon einen Vater, wenn man Hans-Jürgen von der Holzabteilung bei Obi hat?

Zwei Mal in meiner Pubertät wurde ich aber dann doch nostalgisch und reagierte auf die raren Annäherungsversuche meines Erzeugers. Doch meiner Mutter, die mich einige Jahre zuvor noch fast dazu gezwungen hatte, Kontakt mit ihm zu halten, schmeckte die Sache überhaupt nicht. «Hier, dein plötzlich wieder ach so geliebter Vater», murmelte sie sarkastisch, während sie mir mit spitzen Fingern den Telefonhörer reichte. Nach jedem Gespräch zettelte sie einen Streit an. «Vergiss aber nicht, dass er nicht mal deinen Unterhalt zahlen will, während ihr eure tollen Urlaubspläne schmiedet.» Egal, wie man's macht, macht man's falsch. Nach einigem Nachdenken kam mir aber selbst jedes Gespräch mit meinem Erzeuger wie ein Verrat an meinen eigenen Prinzipien vor, und ich brach den Kontakt wieder ab.

Telefonieren war sowieso nie meine Stärke gewesen. Noch vor dem Umzug nach Deutschland hatte meine Mutter das Eis zwischen Olaf und uns mit allen Mitteln zu brechen versucht. «Shahak möchte dich sprechen», log sie bei Telefonaten nach Laucha gerne. Ich schrie sie mit intensivster Gesichtsverzerrung stumm an und schlitzte meinen Hals mit dem Zeigefinger auf, doch sie ließ sich von meiner verzweifelten Protestpantomime nicht im Geringsten irritieren und überreichte mir den Hörer mit einem freundlichen Lächeln. Verbittert nahm ich das klobige Nokia-Handy in die Hand und schrie mit aller mir zur Verfügung stehenden Freundlichkeit «Hello, Olaf!» in den Hörer. Ich hatte keine Ahnung, was ich auf Englisch mit einem fremden Mann von einem anderen Kontinent besprechen sollte, der fast dreimal so alt war wie ich und 5000 Kilometer entfernt. Wenn der Mann meiner Mutter an die Wäsche wollte, von mir aus, aber mich sollten die beiden gefälligst aus der Sache rauslassen. Wir unterhielten uns meist flüchtig über Fußball: Bayern München, Bayer Leverkusen, Maccabi Haifa. Letzteres war mein Lieblingsclub, doch in Deutschland später war es fast unmöglich, die Spiele der israelischen Liga zu verfolgen, und wenn eine Mannschaft mal durch ein Wunder die Qualifikationsrunde überstanden hatte, wurde sie prompt in der nächsten Runde von legendären Teams wie Juventus oder Real Madrid in hohem Bogen zurück ins Heilige Land gekickt. Kurz nachdem Maccabi Haifa in der Gruppenphase der Champions League von Manchester United mit einem Endergebnis von 2:5 ordentlich den Arsch voll bekommen hatte, ließ ich den grünen Fanschal in der Schublade stecken und auch das Fansein im Allgemeinen. Ich konnte nichts mehr anfangen mit der fanatischen Anhimmlung einer Sportmannschaft und dem eingebildeten Zugehörigkeitsgefühl der Fans: «Wir haben gewonnen», «Wir sind aufgestiegen», «Wir fahren nach Berlin». Nein, *ihr* habt nicht gewonnen, *ihr* habt nichts zum Klassenaufstieg beigetragen, und nach Berlin fahrt *ihr* auch nicht mit. Nicht in unserem Bus. Ihr habt lediglich dafür bezahlt, den Spielern besoffen zuzujubeln. Das Verehren einer Fußballmannschaft ist eine Art gewählte Nationalität, genau wie Religion. Und genau wie die Kirche verwandeln die Fußballclubs dieser Welt ihre Religion in ein boomendes Geschäft: Trikots, Schals, Tassen und Buttplugs zieren die Wohnzimmer der Fans in der ganzen Republik. Für viele eine schöne Sache, für manche außerdem auch ein völlig legitimer Grund, jemanden krankenhausreif zu schlagen, weil er einen anderen Verein anhimmelt.

Olaf konnte sowieso wenig mit Fußball anfangen, aber er gab sich Mühe. Er wusste, dass die neue Frau seiner Träume ihre Kinder über alles liebte und nur mit diesem zweiköpfigen Anhang zu erobern war. Und er stand vor einer enormen Herausforderung: Aus 5000 Kilometer Entfernung musste er nicht nur das Herz meiner Mutter gewinnen, sondern auch die Zustimmung ihrer beiden Söhne. Allerdings verlangte Olaf auch einiges. Welche Frau lässt schon mit 42 Familie und Karriere hinter sich und verlässt mit ihren zwei Kindern das Land, in dem sie aufgewachsen ist, um ein neues Leben *in einem Kaff in Sachsen-Anhalt* zu beginnen? Scheiß die Wand an, kann Liebe blind sein! Und verdammt ungewohnt: Auf einmal wurde zu Hause rumgeknutscht, Händchen wurden gehalten, es gab Blumen und andere romantische Gesten. Wie notgeile Teenager konnten die beiden nicht die Hände voneinander lassen. Ich beobachtete die zwei Turteltauben, steckte mir bildhaft den Finger in den Hals und untermalte die theatralische Stimmung mit allerlei Kotzgeräuschen.

Während sich die beiden pudelwohl fühlten, schrumpfte meine Freiheit im neuen Zuhause immer weiter ein. Obwohl mich unser auf dem Schulgelände befindliches Haus schreiend zum Verweilen während der Schulpause einlud, untersagte mir Olaf das während der Unterrichtszeiten. Er begründete das Verbot mit dem Argument, es sei für meine soziale Integration wichtig, die Schulpausen mit den anderen Kindern zu verbringen – alles nur ein Vorwand, damit er und meine Mutter ihre perversen

Schweinereien treiben und nackt im Haus rumlaufen konnten, wie es sich in der ostdeutschen FKK-Kultur so gehört. Und obwohl meine soziale Integration so unglaublich wichtig schien, waren spontane Besuche von Freunden auch verboten. Ein Glück, dass ich kaum welche hatte, sonst hätte sich das echt zu einem Problem entwickelt! Falls die Genehmigung zu einem Besuch erteilt wurde, durften wir uns nur in meinem Zimmer aufhalten. *Niemals* in der Küche und *auf gar keinen Fall* im Wohnzimmer. Dieses Territorium beanspruchte Olaf nach und nach für sich, und ich zog mich immer mehr in mein Zimmer zurück. Nur wenn ich alleine im Hause war, war ich ein freier Mann: Ich hörte Musik, saß in der Küche, ging ungefragt ins Schlafzimmer und schloss meinen Internetzugang an. Doch erst als ich ein Stück Ziegenkäse aß, ohne es vorher auf eine Scheibe Brot gelegt zu haben, wusste ich: Hier bin ich Mensch, hier darf ich's sein. Sobald ich den Motor von Olafs Geländewagen hörte, beseitigte ich schnell alle Spuren meines gottlosen Treibens, schloss mich wieder in meinem Zimmer ein, schaltete die Lichter aus und simulierte Tiefschlaf. Um es mit den damaligen Worten der Kanzlerin auszudrücken: Der Ansatz für Multikulti war gescheitert. Absolut gescheitert.

Das lag aber eher an der einwandfreien Integration, die wir hingelegt hatten: Schon in Israel hatte meine Familie wenig Geduld für die religiösen Traditionen des Judentums, höchstens die zwei Kerzen am Schabbat zündeten wir an, während ich halbherzig den Segensspruch vor dem Essen murmelte. Die Feiertage, die wir in Israel immerhin mit der ganzen Familie groß gefeiert hatten, waren in Laucha nicht viel mehr als üppige Festmähler im Wohnzimmer. Manchmal kamen deutsche Freunde von meiner Mutter und Olaf dazu, die alles, was mit Judentum zu tun hatte, furchtbar exotisch und interessant fanden. Ironischerweise konnte Olaf alles besser erklären als wir, weil er vor jedem Feiertag ausführlich recherchierte. Der Besserwisser hatte allerdings auch einen ununterbrochenen Internetzugang. Wir waren dafür bei den christlichen Feiertagen ganz vorne mit dabei. Warum auch nicht? Ein Feiertag ist erst ein Feiertag, wenn die Schule geschlossen bleibt! Die neuen Bräuche stellten uns anfangs vor so manches Rätsel. Speziell unser erstes Weihnachten lief ein bisschen merkwürdig ab: Dass es beim Fest der Liebe eigentlich nur ums Materielle geht, haben wir als Juden gleich gecheckt. Nur wie genau das mit dem Schenken funktionieren sollte, da herrschte noch etwas Unsicherheit unter uns drei Neodeutschen. Und so fuhren meine Mutter, mein Bruder und ich nach Leipzig, betraten die Galeria Kaufhof und suchten Geschenke für uns alle drei aus, die wir zusammen kauften. Natürlich zahlte meine Mutter alles.

«Sollte nicht jeder von uns getrennt das Zeug kaufen? Damit wir erst am Heiligabend wissen, was wir bekommen?», fragte ich an der Kasse. Die beiden anderen zuckten mit den Schultern, dann ließen wir unsere Geschenke vor unseren Augen in buntem Papier mit Doppelschleife verpacken.

«OHO, was könnte DAS wohl sein?», riefen wir, als es dann so weit war, und hielten ein Geschenk nach dem anderen hoch, alles vom gemeinsamen Jagdzug in der Woche zuvor. Na was wohl? Wir Deppen. Erst beim nächsten Weihnachtsfest haben wir gerafft, dass unsere Herangehensweise viel zu ehrlich war. Anstatt direkt zu sagen, was man möchte, «wünscht» man sich ein Geschenk, und wenn man nicht bekommt, was einem vorgeschwebt hat, zickt man seine Familie ein ganzes Jahr lang an. So geht christlich!

Da Taschengeld für uns Kinder die einzige Einkommensquelle war, bedurfte es einer gewissen Raffinesse beim Schenken. Nachkommen ohne Zukunft schenkten ihren Eltern einen auf den letzten Drücker mit Farbstiften zusammengeschmierten Gutschein für irgendeine vermeintliche Wohltat, die jedes Kind, bei dessen Erziehung nicht so viel schiefgelaufen ist, als selbstverständlichen Teil des Zusammenlebens begreift. «Gutschein für 20 Minuten Staubsaugen» – «Gutschein für eine Massage» – «Gutschein für 2 Umarmungen». Eine Mutter, die einen Gutschein für eine Umarmung von ihrem Kind braucht, sollte es lieber gleich weggeben.

Dafür, dass wir als Familie ziemlich miserabel waren, klappte das Materielle schon mal super: Es gab immer großartige Geschenke unter dem Baum, den meine Mutter so heftig dekorierte, dass die Äste unter der blitzenden und glitzernden Last zu brechen drohten. Nein, wir hatten nicht die rührendsten Weihnachtsmomente oder die leckersten Plätzchen, und ja, wir haben Fehler gemacht. Viele sogar. Doch zumindest können wir in den Spiegel schauen und uns mit aller Aufrichtigkeit sagen: «Immerhin habe ich meinen Mitmenschen zu Weihnachten noch nie meine Amazon-Wunschliste geschickt.»

Mindestens genauso familiär wie unser Familienweihnachten war die Weihnachtsfeier des Fußballvereins. Bierflaschenwichteln, Pissen unterm Baum, besinnliche Sufflieder – endlich wurde das Fest der Liebe seinem Namen gerecht! Aber natürlich ist der Dezember auch der beste Monat, um im Freien zu feiern. Alle schmeißen sich in ihre Goretex-Burkas und stolpern unbeholfen über den Weihnachtsmarkt. Jedes Jahr werden die schönsten Ecken jeder deutschen Stadt von denselben hässlichen Holzbuden überfallen, und flüssige Lebensfreude in Form von erhitztem Billigwein wärmt den Menschen die Herzen bis zur Migräne. Es spielt dabei überhaupt keine Rolle, ob man die Weihnachtszeit am edlen Gendarmenmarkt oder im tiefsten Chemnitz verbringt, gebrannte Mandeln, Chinapfanne und sächsisches Holzspielzeug (ebenfalls aus China) gibt es überall. Das finde ich auch fair: Wer von seinen Eltern einen Coupon verlangt, um den Müll rauszubringen, hat sicherlich nichts Besseres als eine Holzpuppe aus dem «Erzgebirge» verdient. Und zwar ins Gesicht geschwungen, von rechts nach links und wieder zurück.

In Israel würde das Konzept eines Weihnachtsmarktes nie funktionieren: Schon an dem bärtigen Mann mit den vielen verdächtigen Paketen müsste das Ganze scheitern. Sollten Sie dagegen bei einem Besuch im Heiligen Land das Silvesterfeuerwerk vermissen, so brauchen Sie lediglich einen Rucksack mit buntem Feuerwerk zu befüllen und an einer prominenten Stelle Ihrer Wahl in der Innenstadt unbewacht stehen zu lassen. Binnen weniger Minuten würde Ihr Überraschungspaket von den israelischen Sicherheitskräften in die Luft gejagt werden, und Sie könnten sich zurücklehnen und das pyrotechnische Spektakel genießen – Schließlich hätten Sie geschafft, woran viele maskierte Terroristen der Hamas schon gescheitert sind: eine Rakete durch das israelische Raketenabwehrsystem zu kriegen.

Nachdem Weihnachten also mit Leichtigkeit gemeistert war, kam Silvester. Doch auch das christliche Neujahr feiert man im Judenstaat wenig bis überhaupt nicht. Warum auch? Wir Juden zählen unsere Jahre ab dem Zeitpunkt der biblischen Schöpfung der Welt, was auch immer das bedeuten soll. Da war Jesus jedenfalls noch Quark auf dem Basarstand. Im sechsten Jahrtausend sind wir Juden mittlerweile schon, und trotzdem wird das christliche Neujahr so viel eindrucksvoller gefeiert. Gut, Feuerwerk und Explosionen gibt's in Israel das ganze Jahr über, aber nie so bunt und mit so wenigen Todesopfern. Stattdessen feiern die Juden im Herbst das neue Jahr; sie tauchen eine Apfelscheibe in Honig, damit der liebe Jehova ihnen ein süßes neues Jahr beschert. Die Christenkinder dürfen sich mit mehr Raketen, als die Hamas sich je erträumen könnte, bis an die Zähne bewaffnen, und wir kriegen *einen Apfel*! Kein Wunder, dass wir ständig nur Intifada haben.

In Deutschland werden zum Jahresende die Supermärkte zu Waffenkammern, und verrohte Kindersoldaten durchstreifen die kalten Straßen. Sofort spaltet sich die Nation in zwei Fraktionen: die Raketenfraktion und die Böllerfraktion. Zur Raketenfraktion zählen vor allem Frauen, mehr oder weniger erwachsene Männer, Senioren und alle anderen Wesen mit einem halbwegs funktionierenden Menschenverstand. Sie kaufen eine vernünftige Menge an bunten Raketen, die sie mit ihren kultivierten Freunden im Garten vorsichtig anzünden, um am Himmel ein pyrotechnisches Kunstwerk zu bewundern. Dann gibt es die Böllerwerfer. Böller – das sind rote Stifte, verpackt in Kartons mit Militäroptik und mit «Danger»-Aufklebern für den besonders gefährlichen Look. Böller sind nicht schön. Böller sehen aus wie Dynamitstangen in Trickfilmen. Sie sind keine pyrotechnischen Kunstwerke, keine Demonstrationen der grenzenlosen Kreativität des menschlichen Geistes. Sie explodieren einfach nur sehr laut. Da das Explosionsgeräusch eines Böllers nicht gerade wie eine filigrane Sinfonie klingt, werden die kleinen Unruhestifte (ich habe das ganze Kapitel nur für dieses grandiose Wortspiel geschrieben) schnell langweilig. Erst wenn Lebensgefahr und unnötiges menschliches Leid mit ins Spiel kommen, leben sie wieder auf.

Auch in Laucha verwandelten sich die Straßen zu Silvester verlässlich in eine Kriegszone. Mindestens ein Auge oder ein Finger ging jedes Jahr drauf. Natürlich brillierte ich im Böllernahkampf, schließlich komme ich aus einem Kriegsgebiet.

Mit der kalten Jahreszeit hatte ich mich also arrangiert, jetzt musste ich nur noch dem deutschen «Sommer» standhalten. Ha. Haha. Hahahahahahaha. Der Sommer in Deutschland ist genauso lächerlich wie der Winter in Israel oder wie Menschen, die sich als Vegetarier bezeichnen und trotzdem Fisch essen. Es ist in etwa so, als würde man behaupten, man könne fliegen, wenn man eigentlich nur sehr hoch hüpfen kann. 2003, das war unser zweites Jahr in Deutschland, brach in unserer neuen Heimat eine «Hitzewelle» aus, die alle möglichen Temperaturrekorde in Europa aufstellte. Wälder gerieten in Brand, Tausende Menschen starben. Über 40 Grad Celsius, zum ersten Mal seit 20 Jahren! Sollten wir Juden in Deutschland schon wieder gegrillt werden? Wir blieben unbeeindruckt. 40 Grad im Schatten gehören auch zum frostigsten israelischen Frühling, und alle 240 Millionen Bäume in den Wäldern des Heiligen Landes sind von Menschenhand angepflanzt – wenn ein paar davon abbrennen, pflanzen wir halt schnell neue. Allerdings gehört zur Grundausstattung jedes israelischen Haushalts eine Klimaanlage. Hach, wie groß war meine Sehnsucht in Laucha nach der frisch gekühlten Luft aus dem brummenden Splitgerät. Es gibt keinen angenehmeren Weg, den Planeten ins Verderben zu stürzen, als eine voll aufgedrehte Klimaanlage an einem heißen Sommertag. Da in Olafs Haus aber nun einmal keine Klimaanlage vorhanden war, wurden wir angewiesen, die Raumtemperatur mit geradezu militärischer Disziplin niedrig zu halten. Wir wollten die totale Belüftung! Pünktlich um 09:39 Uhr wurden die Rollos im ganzen Haus vollständig bis zur Totalfinsternis heruntergefahren, um die Gluthitze der Außenwelt abzuwehren, genau wie damals im Führerbunker. Nach Einbruch der Dunkelheit wurden die Rollos wieder hochgezogen und die Fenster geöffnet, um die kühle Abendluft anhand eines sorgfältig erstellten Lüftungsplans durch die Zimmer des Hauses fließen zu lassen. Alle Lichter musste dabei gelöscht sein, um Luftangriffe der deutschen Stechmücken-Flotte zu verhindern.

Die arischen Mücken liebten Landungen auf meiner orientalischen Haut, dabei stehen doch eigentlich wir Juden in dem Ruf, Blutsauger zu sein! Mein Gesicht war schon ziemlich komplett von Akne besetzt, doch der Rest meines Körpers war noch zu haben. Und die Mücken nahmen. Gierig tranken die Mini-Draculas mein Blut und hinterließen juckende rote Punkte auf meinem ganzen Körper, die ich bis zur Ekstase kratzte.

REVENGE OF THE HÜHNERBRUST

Meine persönliche Herausforderung im Sommer war aber nicht das Feuer, sondern das Wasser. Na ja, mit dem Wasser an sich hatte ich kein Problem. Es war nass, ich war trocken, und das war auch gut so. Ich bin ein talentierter Schwimmer, Wasserballer, Sporttaucher – nur mein Hemd auszuziehen fiel mir schwer, weil ich mich unheimlich für meinen Körper schämte. Klar gab es auch andere Jungs, die etwas pummelig waren, doch ich hatte noch ein ganz anderes Problem.

Gynäkomastie, sagte der Arzt, wir Laien sprechen eher von *Männerbrüsten.* Die Ursachen für eine Vergrößerung der Brustdrüsen beim Mann können Hormonstörungen unterschiedlichster Art sein: zu viele weibliche Geschlechtshormone, zu wenig männliche Geschlechtshormone, Doping mit Anabolika oder zu viel Genuss von hormonbehandeltem Fleisch. Wer hätte gedacht, dass man von einer Hühnerbrust genau das Gegenteil bekommt? Manchmal verschwindet so eine Gynäkomastie nach der Pubertät, manchmal aber auch nicht. Meine Mitmenschen und ich gingen fest davon aus, dass ich einfach nur etwas dick wäre und die lästigen Man-Boobs mit etwas Sport und weniger BiFi schnell weg wären, doch auch drei wöchentliche Trainingseinheiten in Fußball und zwei in Kung-Fu ließen meine stolze Brust unbeeindruckt. Meine Mitschüler und Mannschaftskameraden hatten viele nützliche Ratschläge parat, zum Beispiel die Anschaffung eines Sport-BHs oder eines Tube Tops, um die Zwillinge in Schach zu halten, doch ihre so aufrichtige Hilfsbereitschaft verunsicherte fast noch ein bisschen mehr. Ich traute mich auf gar keinen Fall ins Freibad, erst recht nicht in ein deutsches Freibad! Nichts auf der Welt ist für das Selbstwertgefühl eines pummeligen Jungen destruktiver als ein ostdeutsches Schwimmbecken. 362 Tage im Jahr pumpen die Muskelprotze des Landes ihre großzügig mit Tribal Tattoos durchgemusterten Muckis ins Unproportionale, um an den einzigen drei Sommertagen des Jahres mit schwarzen Oakley-Sonnenbrillen und stets angespanntem Bizeps wie rollige Pinguine durch die Freibäder der neuen Bundesländer zu balzen. Es war eine gnadenlose Fleischbeschau, die die Chancen auf Teilnahme an Handlungen zur Aufrechterhaltung der menschlichen Rasse für den Rest des Jahres bestimmte. Also Ficken. Ich rede von Ficken. Zwischen diesen ganzen sehnigen Zuchtbullen fühlte ich mich wie Jabba the Hutt[5].

Erstaunlicherweise war ich Pummelfee trotzdem einer der besten Leichtathleten der Schule, was angesichts der sportlichen Motivation meiner Mitschüler allerdings keine wirkliche Glanzleistung darstellte. Vor allem die Mädchen hassten den Sportunterricht und trabten mit dem einzigen Ziel matt über den Sportplatz, sich mit so wenig Muskelkraft wie möglich fortzubewegen, ohne ins Kriechen zu geraten. Diese Abneigung gegen Sport war mir neu, vielleicht weil Mädchen und Jungs im israelischen Sportunterricht getrennt werden. Das wäre hier etwas schwierig geworden: Nach dem ersten Schuljahr am Gymnasium wurden die Schüler aufgrund ihrer Pflichtfachwahl in neue Klassen aufgeteilt, meine Klasse bestand aus 21 Mädchen und 3 Jungs, die sich für Latein als Schulfach entschieden hatten.

Die anderen Jungs waren Werner und Björn, beides sympathische Nerds erster Klasse, auch wenn ihre Schulnoten nicht streberhafter als der Durchschnitt waren. Werner hatte schulterlange dunkle Haare und trug T-Shirts mit den Logos skandinavischer Melodic-Death-Metal-Bands. Auf der Vorderseite waren

5 Jabba the Hutt ist eine nacktschneckenförmige Kreatur aus Star Wars, die an eine Mischung zwischen einer Kröte und Reiner Calmund erinnert.

dämonische Kreaturen aus der nordischen Mythologie, hinten standen die Tour-Termine. Ich habe nie verstanden, warum die Tatsache, dass *Dark Tranquillity* am 14. 02. 2005 in Dessau gespielt hat, auf Textil festgehalten werden muss. Aber Metal war für mich schon immer paradox: Dämonen, Satan, Tod, alles schwarz und haarig – das passt doch überhaupt nicht zu den zarten Seelen, die man unter eingefleischten Black-Heavy-Death-Metal-Fans so häufig findet. Schwarze Schale, weicher Kern. Wie Werner bloß so ruhig und freundlich bleiben konnte, während er sich über Kopfhörer ununterbrochen von bleichen Kerlen mit Smokey Eyes anschreien ließ, war mir ein Rätsel. Björn hatte kurze blonde Haare und trug Skater-Klamotten, die erkennbar von seiner Mutter ausgesucht worden waren, weil sie ihrer gut gemeinten Vorstellung von «cool» und «lässig» entsprachen. Beide waren klein und dünn, konnten ganze Dialoge zwischen Frodo Beutlin und Samweis Gamdschie aus dem Kopf zitieren und spielten mit Hingabe ein komisches Brettspiel namens *Warhammer 40 000*. Mehrmals versuchten sie mir beizubiegen, was das ist und wie man es spielt, aber ich habe nicht zugehört. Irgendwas mit Figuren, die man bemalt, und dann hat man eine Armee, und dann sind sie halt da … und koexistieren … vor sich hin … im Universum. Werner war zurückhaltend und intelligent und füllte seine Freizeit vor allem mit Aktivitäten aus der kirchlichen Jugendarbeit, Pfadfinder, Kirchenband und so. Björn skatete. Er war einer dieser Menschen, die nie sauer oder wütend werden. Die immer so ruhig und freundlich sind, dass man sie irgendwann absichtlich provoziert, nur um zu sehen, was passiert. Doch Björn war einfach nicht zu nerven. Und Gott, war ich nervig!

In der zehnten Klasse bekamen wir einen Gastschüler aus Russland. Pjotr war riesig und sah aus, als würde er jeden Morgen vor der Schule Mike Tyson aus dem Keller holen, ihn verprügeln und dann wieder zurückschubsen. Ich hatte immer so den Verdacht, er wäre eigentlich ein 32-jähriger Profi-Wrestler, der uns im Auftrag des KGB ausspionieren soll. Pjotr trug Turnschuhe und einen Jogginganzug von Adidas, was ihn noch mehr wie einen aufgepumpten Zuhälter vom Balkan aussehen ließ. Während sein Körper für einen Sechzehnjährigen extrem behaart war, breitete sich auf Pjotrs Kopf erkennbar schon Haarausfall aus. Ist Ihnen eigentlich aufgefallen, wie haarig die Arme von Menschen sind, die schon mit Mitte zwanzig eine Glatze haben? Zum Glück sind meine Arme glatt wie Männerwaden auf der Love-Parade, meine Haarpracht ist für die Ewigkeit! Pjotr erzählte oft schöne Geschichten aus dem Leben ganz normaler Russen, wie etwa, dass seine Landsleute sich gerne mit Kerosin betrinken. Flugzeugtreibstoff – damit konnten nicht mal die Ampel-Partys in Laucha mithalten.

Lange war es mir ein Mysterium gewesen, was die Plakate zu bedeuten hatten, die überall im Burgenlandkreis derartige Veranstaltungen in den Dorfkneipen meines Vertrauens bewarben. Normalerweise läuft das so: Am Eingang bekommen die Gäste einer Ampel-Party verschiedenfarbige Bändchen, die ihren Beziehungsstatus kundtun. Grün steht für Single, Rot für vergeben, und wer Gelb trägt, ist wahrscheinlich ein bekennender Swinger. In Laucha war man allerdings über romantische Verfügbarkeiten und bunte Armbänder schon längst hinaus, und Ampelsymbolik wurde auf eine frische, innovative Art neu interpretiert: Hier servierte man drei großzügig gefüllte Schnapsgläser auf einer rustikalen Holzlatte: einmal gefüllt mit rotem Sauerkirschlikör, einmal mit gelb-braunem Goldkrone Weinbrand und einmal mit grünem «Pfeffi», so nennen sie eine im Osten äußerst beliebte Kombination zwischen Likör und Mundspülung.

Neben seinen olympischen Qualitäten im Kugelstoßen hatte Pjotr Deutschkenntnisse von der russischen Schule, die ebenfalls nicht von schlechten Eltern waren: Endlich gab es jemanden, der *noch* schlechter Deutsch sprechen konnte als ich! Ihn lachte aber rätselhafterweise niemand aus. Gut, er war auch viel furchteinflößender. «Soll ich hier mit Shahak und Pjotr den restlichen Unterricht machen?», fragte mal einer der Lehrer rhetorisch während des Unterrichts, um seine Unzufriedenheit mit der Leistung der Klasse auszudrücken. Pjotr verstand den geschmacklosen Witz nicht, sonst hätte er den Mathelehrer wahrscheinlich aus dem Fenster geworfen. Meine Kunstlehrerin ging noch einen Schritt weiter. Im Rahmen einer Projektarbeit sollten wir ein Stillleben mit Wasserfarben anfertigen und präsentieren. Obwohl meine Mutter eine begabte Künstlerin in Öl- und Aquarellmalerei ist, war ich ein miserabler Maler. Mit der Raffinesse einer Kreissäge führte ich den Pinsel übers Papier – das Ergebnis wirkte deformiert, und mit deformiert meine ich weniger Picasso, sondern viel mehr Rihannas Gesicht nach einem romantischen Abend mit Chris Brown. Ich entschied mich für ein noch nie gesehenes Motiv, das nur von einem van Gogh unserer Zeit angemessen realisiert werden konnte: Sonnenblumen in einer Vase. Tagelang beschäftigte ich mich mit dem Wesen der Vase und ihrer Liaison mit den zerbrechlichen Kindern der Fotosynthese. Das Ergebnis meiner ausführlichen Studie wäre ein beeindruckendes Meisterwerk für einen Erstklässler jeder Waldorfschule gewesen, doch keine der Medizinwelt bekannte körperliche oder geistige Behinderung hätte mein Gemälde als Leistung eines sechzehnjährigen Gymnasiasten rechtfertigen können. Frustriert fragte ich bei meiner Mutter um Rat, die mir ihre High-End-Wasserfarben auslieh. Mit denen tuschte ich am Tag vor der Abgabe bis tief in die Nacht herum und schaffte es tatsächlich, mein katastrophales Gemälde in ein relativ ansehnliches Bild zu verwandeln. Als ich meiner Kunstlehrerin am nächsten Tag stolz die Früchte meiner Arbeit präsentierte, begutachtete sie das Bild mit einem skeptischen Blick, schaute mich dann an und fragte: «Hat deine Mutter das für dich gemalt, Shahak?»

«Natürlich nicht!», antwortete ich, einigermaßen enttäuscht, dass meine Lehrerin offenbar genauso niedrige Erwartungen an mich hatte wie ich selbst. Sie schaute mich weiterhin mit einem seltsamen Gesichtsausdruck an. Ich starrte zurück. Wir standen alleine im leeren Klassenzimmer und lieferten uns einen Anstarr-Wettbewerb um meine Glaubwürdigkeit. Dann sagte meine Kunstlehrerin etwas, das ich nie vergessen werde: «Deutsche Kinder lügen nicht.»

Schon wieder war ich nicht deutsch genug, um zu wissen, ob ich gerade beleidigt wurde. Hat sie wirklich gesagt, was ich denke, gehört zu haben? Oder ist das etwa ein gängiger Spruch, den man in Deutschland eben so raushaut? Ich konnte das Gewicht der Worte nicht einschätzen, hörte aber ihr Echo, als es den Raum einnahm. Das monotone Glockenspiel des Pausentons unterbrach meine Gedanken, ich nahm den Schulranzen und verließ das Klassenzimmer.

Olaf und meine Mutter waren außer sich, als ich ihnen von den denkwürdigen Worten meiner Kunstlehrerin erzählte. Sie wollten den Schuldirektor anrufen, der Sache auf den Grund gehen, einen Aufstand machen, doch ich sperrte mich. Es war mir peinlich. Am Gymnasium war ich eh schon der Außenseiter schlechthin und lief wie ein bunter Hund (so nannte mich zutreffend eine Aushilfslehrerin) zwischen den Klassen herum. «Argh, schon wieder muss der Jude so einen Aufstand wegen nix machen, mal spricht man seinen Namen falsch aus, mal wird er rassistisch beleidigt, was für eine Attention-Whore ...» – Ich konnte die Gedanken förmlich hören in meiner Angst, dass mich die Sache noch weiter ins soziale Abseits drängen würde. Tja, es lief nicht gut, doch auch nach vier Jahren Deutschunterricht und drei Studioalben von Xavier Naidoo gab ich Deutschland immer noch nicht auf.

Letzterer wiederum hat damit kein Problem und verkündet gern auf rechtspopulistischen Mahnwachen, Deutschland sei irgendwelcher Geheimverträge mit den USA wegen kein souveränes Land (dabei ist ja wohl kein souveräneres Land denkbar als dieses Deutschland, das nach zwei Weltkriegen und über 35 Xavier-Naidoo-Singles immer noch nicht in Schutt und Asche liegt). Ein ziemlich lustiges Völkchen, diese sogenannten «Reichsbürger»: Meistens sind es Neonazis kurz vor ihrem Outing, die in der Lügenpresse vor der Lügenpresse warnen und laut Facebook ihre politisch fundierte Ausbildung in der sogenannten «Schule des Lebens» absolviert haben. In diesem «Facebook», einem von einem jüdischen Geschäftemacher namens Mark Zuckerberg gegründeten sozialen Netzwerk, versammeln sich die Reichsbürger in Gruppen wie «Ich Liebe Deutschland!» oder «Deutsche Patrioten», um ihrem Unmut über die zionistische Lobby und andere Plagen mit zahlreichen Ausrufezeichen Luft zu verschaffen. In der Hitze des Gefechts rutscht da gerne der Finger von der Shift-Taste, sodass sich immer die eine oder andere 1 ins Exklamationsfeuerwerk mischt!!!1!!1!!! Daran erkennt man Menschen mit einer weltanschaulichen Mission, und diese mündet meist in die Worte:

DAS WIRD MAN JA WOHL NOCH SAGEN DÜRFEN!!!1!

Aber zurück zum eigentlichen Thema: Ich gab Deutschland nicht auf, stattdessen lernte ich wieder für die Führerscheinprüfung und träumte von einem eigenen Auto, mit dessen Hilfe ich meine sozialen Kontakte über die Grenzen Lauchas hinaus zu erweitern gedachte. Das Ganze ging ziemlich leicht, ich suchte mir diesmal meine Fahrschule selber aus und entschied mich logischerweise für die in drei Minuten Laufweite gelegene Fahrschule Schmidtchen. Lässig steuerte ich den roten Audi A3 durch die frisch renovierten Straßen der Provinz, das schönste Geschenk unfreiwilliger westdeutscher Solidarität. Neben mir mein Fahrlehrer Rochus, der bei weitem nicht so viel Rochus auf mich hatte wie mein früherer Fahrlehrer. Mit Leichtigkeit bestand ich die praktische Prüfung, jetzt war nur noch die Prüfung zum Führen eines großen Motorrads fällig. Unerwartet vergeigte ich die erste Prüfung. Dann vergeigte ich die zweite Prüfung. Rochus fuhr mich nach dieser Niederlage zurück in die Schule, wo mich meine Mitschüler mit erwartungsvollen Blicken empfingen. Shit shit shit, was mache ich jetzt? Ich hatte nicht die geringste Lust, mein peinliches Scheitern mit einer öffentlichen Gruppentherapie aufzuarbeiten. «Bestanden!», antwortete ich mit mühsam zusammengeschustertem Lächeln. Ich weiß nicht, wieso ich nicht die Wahrheit gesagt habe, doch bevor ich meine Notlüge zurücknehmen konnte, gratulierten mir alle schon zu meinem Erfolg – und wie ich ja bereits gelernt hatte, ist die Wahrheit sowieso nur was für deutsche Kinder.

Nach nur einem Tag stürzte mein Lügengebäude ein: Eine neugierige Mitschülerin, die ebenfalls in der Vorbereitung für die Fahrprüfung steckte, fühlte sich dazu berufen, der Sache noch mal auf den Grund zu gehen. Kurz vor Unterrichtsbeginn drehte sie sich zu mir um und sagte laut: «Du hast die Prüfung gar nicht bestanden. Warum hast du gelogen?» Plötzlich starrte mich die gesamte Klasse an. Die geschickt inszenierte Bloßstellung erwischte mich eiskalt, mir wurde schlecht. Unbeholfen stotterte ich vor mich hin, bis die Lehrerin die Klasse betrat und meinem Elend ein Ende setzte. Glück gehabt, dachte ich, doch da hörte ich meinen Namen. Wie meine Fahrprüfung gelaufen sei, wollte die Lehrerin wissen.

Dreißig Augenpaare richteten sich auf mich. Ich schluckte und sagte: «Ich habe bestanden», lächelte meine Lehrerin an und lief zurück zu meinem Stuhl, ohne in die Augen meiner flüsternden Klassenkameraden zu schauen.

Aller guten Dinge sind drei! Und meine dritte Fahrprüfung sollte auch verdammt noch mal gut werden, denn sonst drohte der Fahreignungstest! Die Special Olympics unter den Führerscheinprüfungen, eigentlich kommen nur Senioren in den Genuss dieser geistigen Herausforderung aus Farben und Zahlen, doch wenn ich ein weiteres Mal die Vorfahrt nicht beachtete oder einen Kegel beim Slalom umstieß, würde ich mich selbst vor einem Computer mit großen bunten Tasten wiederfinden, wo ich mich mit der kopfzerbrechenden Frage auseinandersetze, ob die Kuh «Muh» oder «Quack» macht. Der Schein zum Führer kam eben nicht so locker aus meiner jüdischen Hüfte. Dabei war ich schon seit zwei Jahren mit meiner kleinen Honda-Maschine unterwegs!

Bereits Wochen zuvor machte Rochus mich auf einen Fahrprüfer gefasst, der sich nicht nur auf der Autobahn, sondern auch politisch strikt ans deutsche Rechtsfahrgebot halte. Aus allen möglichen Prüfern im Burgenlandkreis suchte mir das Schicksal für meine letzte Chance auf den Motorradführerschein also selbstverständlich den einzigen Neonazi aus. «Aber keene Sorge», beruhigte mich Rochus. «Wenn de schlecht fährst, winkt er dich noch extra durch. Macht ihm ja nüscht aus, wenn de auffer Landstraße gegen 'nen Baum knallen tust.»

Wir fuhren an einem sonnigen Dienstagvormittag zum Treffen mit dem national gesinnten Fahrprüfer, ich auf einer Reise-Enduro von BMW, Rochus mit dem roten Audi hinterher. Treffpunkt war der McDonald's-Parkplatz im fünfzehn Fahrtminuten entfernten Naumburg. Die kleine Stadt an der Saale beheimatete etwa 30 000 Einwohner, einen ICE-Bahnhof, zahlreiche Geschäfte und Restaurants und selbstverständlich auch das Fastfood-Restaurant der von Cholesterin verstopften Herzen: McDonald's – die ungeschriebene Messlatte, die vor sich hin vegetierende Dörfer von den pulsierenden Metropolen des Planeten unterscheidet, seit es gesellschaftlich akzeptiert ist, seine Mahlzeit von einem Clown zu beziehen. Wir kamen an und warteten auf den Prüfer. Die giftigen Abgase aus dem rostigen Auspuff mischten sich mit dem nicht weniger toxischen Duft der im Ölbad zischenden Chicken McNuggets. Ekelhafte, kleine Fleischklumpen, zusammengesetzt aus klebrigem braunem Schleim, aus Hühnerknochen und -füßen, so stellte ich mir das vor. Also, was heißt vorstellen, ich persönlich bin fest davon überzeugt, dass sie daraus gemacht sind, aber mein Lektor sagt, ich muss das so schreiben, sonst ist es eine «möglicherweise justiziable falsche Tatsachenbehauptung». CHICKEN MCNUGGETS SIND SCHEISSE (stelle ich mir vor). Diesmal kam der braune Schleimklumpen allerdings nicht frittiert in einer Pappschachtel, sondern ganz roh in einem dunkelgrünen VW Kombi. Zwar hatte ich den Prüfer noch nie zuvor gesehen, doch seinen Wagen erkannte ich sofort: Das Heck zierte ein großer Aufkleber mit der deutschen Fahne. Also, die alte Fahne, versteht sich – als Gelb noch Weiß war. Nach einer knappen Begrüßung begann der motorisierte Todesmarsch. Immerhin wusste ich den Prüfer mit typengerechtem Fahrstil zu überzeugen: viel Gas geben, entgegenkommende Motorradfahrer mit der aufgehobenen Rechten salutieren und immer extrem am rechten Rand fahren. Anschließend ging es für die Grundfahrübungen wieder auf den Parkplatz, und ich machte mit einer perfekten Doppelacht um die orange Kegel den Sack zu. Der Prüfer stieg aus dem Auto, händigte mir meinen Führerschein aus und bescherte mir einen inneren Reichsparteitag. Ich war überglücklich, aber nicht, weil ich endlich bestanden hatte. Nein, das hier war viel größer. Vielleicht der größte Meilenstein meines Lebens in Deutschland. Und nicht nur mein Meilenstein. Ein Ereignis, das mit gleicher Wucht in die Geschichte eingehen wird wie die Mondlandung, die Französische Revolution und die dritte Staffel von «Bauer sucht Frau».

Denn was an jenem Tag geschah, das gab es noch nie: Ich, Shahak Shapira, ein Jude aus Israel, wurde von einem Nazi zum Führer ernannt.

SVEN HAT HEUTE LEIDER KEINEN STEMPEL FÜR DICH

Am 31. Mai 1948, 15 Tage nach der Gründung des Staates Israels, vereinigten sich die jüdischen Untergrundorganisationen Palästinas, um der Bedrohung durch den seit Monaten schwelenden Arabisch-Israelischen Krieg gemeinsam standzuhalten: Zahal, die Israelischen Verteidigungsstreitkräfte, wurden ins Leben gerufen. 67 Jahre und 15 Kriege später zählt die IDF zu den fortschrittlichsten und umstrittensten militärischen Organisationen der Welt. Etwa 175 000 Menschen im Jahr leisten ab dem 18. Lebensjahr ihre Wehrpflicht: Frauen dienen 21 Monate, Männer drei Jahre.

Wie für jeden israelischen Jungen war für mich der zukünftige Militärdienst eine vollendete Tatsache. Auch in Deutschland war klar: Ich würde mich auf die anspruchsvollen körperlichen Herausforderungen vorbereiten und nach Israel zurückkehren, um in einer Eliteeinheit meinen Wehrdienst zu leisten. Und dann war es plötzlich weg. Wie bei einem Kind, das immer davon geträumt hat, Astronaut zu werden, und von der Schwerkraft der Realität auf den Boden der Tatsachen zurückgeholt wird, verabschiedete sich die Idee auf leisen Sohlen aus meinem Gedächtnis, bis ich sie selber für absurd hielt. Sollte ich wirklich mein Leben in Europa unterbrechen, um ganze drei Jahre auf einem Feldbett zu hocken und dann wieder zurückzufliegen? Ich wusste inzwischen, dass ich nicht wieder in Israel leben wollte, aber war das Grund genug, um mich der moralischen Pflicht meiner Heimat gegenüber zu entziehen? Gab es überhaupt eine solche Pflicht? War sie groß genug, um mich drei Jahre lang mit einem Sturmgewehr nach Gaza zu schicken? Ich hatte kein Zuhause mehr in Israel, keine Freunde, und ein dezenter deutscher Akzent machte sich langsam, aber sicher in meinem Hebräisch breit – etwas, worauf mich jeder Israeli unbedingt und sofort aufmerksam machen musste. War Laucha meine neue Heimat? Um Gottes willen. Aber wo war ich dann zu Hause?

Ich erklärte mich der Einfachheit halber für heimatlos und tat das, was jeder macht, wenn er achtzehn ist und keine Ahnung hat, was man mit seinem Leben so anstellen kann: Ich bewarb mich für ein BWL-Studium. «International Business», genauer gesagt. Das klingt natürlich superfancy, ist aber letztendlich auch nicht mehr als BWL mit Multikulti-Feeling. Und wen das nicht schon vom Hocker haut, der schreibt sich direkt für «International Business Administration» ein, das Premiumpaket unter den Papi-hat-eine-Yacht-Studiengängen. Wer nichts wirklich kann, anderen aber trotzdem sagen möchte, wo es langgeht, der ist hier goldrichtig. «Mit Design verdient man doch kein Geld», meinten Freunde und Familie zu meinem ursprünglichen Vorhaben, mich an einer Kunsthochschule zu bewerben. Genau wie bei meinen militärischen Phantasien fragte ich mich nur wenige Monate nach der Bewerbung für die International-Business-Studiengänge an mehreren Hochschulen, wer mir da eigentlich genau ins Hirn geschissen hatte. Für ein Kunststudium war es inzwischen zu spät, also blieb nur Medieninformatik übrig.

Ein sogenannter Nachteilsausgleich hob meine Abiturnote auf eine konkurrenzfähige 1,9, und ich bekam einen Studienplatz an der Beuth-Hochschule in Berlin. Bye-bye, Laucha! Oktober 2007, fünf Jahre nach meiner Ankunft in Deutschland, zog ich nach Berlin. Ich fühlte mich mit 230 Kilometern Sicherheitsabstand frei wie eine Babyschildkröte, die, frisch aus dem Ei gepellt, den gefährlichen Marsch ins Meer überstanden hat, ohne von einem deutschen Adler gefressen worden zu sein. Die meisten meiner ehemaligen Mitschüler wollten dem gemütlichen Heimatnest nicht so ganz entfliehen und schrieben sich in Jena oder Halle ein, die nahe genug waren, um mindestens jedes Wochenende die dreckige Wäsche nach Hause zu bringen. Ich musste nur in den nächstgelegenen Waschsalon fahren, denn ich war schon zu Hause. Endlich.

Nun gibt es natürlich Leute, die sagen: Berlin, stand da nicht mal eine Reichskanzlei oder so? Gab's da nicht einen Führerbunker? Das ist nicht von der Hand zu weisen. «Es bleibt rätselhaft, wie man als Israeli in Berlin leben kann, ohne immerzu das Weinen Hunderter Mütter im Konzentrationslager Flossenbürg zu hören, die gerade begreifen, dass ihre Kinder nach Auschwitz gebracht werden.» Das hat mal eine Frau namens Fania Oz-Salzberger geschrieben. Lustigerweise kam sie erst 1960 in einem israelischen Kibbuz zur Welt, ganze 15 Jahre nach der Schließung des KZ Flossenbürg. Es bleibt rätselhaft, wie man das Leid seiner Vorfahren für Empörung instrumentalisieren kann, ohne es selbst erlebt zu haben (das ist ja fast so schamlos, als würde man in seinem Buch die Überlebensgeschichte seines Großvaters im Holocaust erzählen, um in Deutschland Geld zu verdienen).

Obwohl meine erste eigene Wohnung recht hellhörig war, war das Weinen der Hunderte von Müttern in meinem Wohnzimmer nicht zu hören. Das Gebäude in Friedrichshain war eine Art Zwitter aus Neu- und Plattenbau. Kein Hochhaus, sondern ein renoviertes Gebäude aus den Fünfzigern mit großen Fensterfronten, Laminatboden und einem Ausblick ins Grüne: große Bäume, ein Friedhof und am Horizont die Türme des Frankfurter Tors. An der Hochschule zählte ich mit meinen zarten neunzehn Jahren zu den Jüngsten, und während meine Mitstudenten dank Vorerfahrung oder einer abgeschlossenen Ausbildung schon voll drin waren, quälte ich mich durch nutzlose Mathe- und Informatik-Vorlesungen. Das «Medien» in Medieninformatik ertrank in hochkomplexen Gleichungen mit Variable X mal Y durch Leck-mich-am-Arsch zum Quadrat. Den Quatsch habe ich etwa einen Monat lang mitgemacht, dann lebten die Informatik und ich uns auseinander.

Stattdessen fand ich einen Job als Graphikdesigner in einer

winzigen Agentur namens Niedergrafik[6]. Der Name war Programm: Obwohl sich das kleine Büro im ersten Stock eines Altbaus im Prenzlauer Berg befand, war der Laden in jeder Hinsicht unterirdisch. Geführt wurde Niedergrafik von drei Menschen, deren Namen ich hier nicht nennen darf, apostrophieren wir sie also einfachheitshalber als Tick, Trick und Track. Tick war ein Choleriker, der zu lautstarken Wutausbrüchen neigte, Trick ein pingeliger Kontrollfreak mit hoher Mickymaus-Stimme, und Track wollte eigentlich lieber Kunst an der UdK studieren. Ergänzt wurden die drei von einem Graphiker, der die Präsenz einer unbesetzten Steckdose hatte, von noch irgendjemandem, dessen Existenz durch Raum und Zeit mir vollständig entfallen ist, und von einem tuntigen Programmierer mit unübersehbarer Vorliebe für Lack und Leder bei gleichzeitigem deutlichen Übergewicht, dessen Namen ich hier wohl auch nicht erwähnen darf, obwohl ich es so gerne tun würde, denn es war ein unglaublich tuntiger Name. Ständig fokussierte ich meine ganze Aufmerksamkeit darauf, mir nicht genauer vorzustellen, was er in seiner Freizeit so trieb. Da man den melodramatischen Lebensstil einer Diva als Programmierer in einer Graphikdesign-Agentur nicht in vollen Zügen ausleben kann, verbrachte der Mann große Teile seiner Arbeitszeit in der Warteschleife von Kunden-Hotlines, um vom Schicksal benachteiligte Call-Center-Mitarbeiter mit in die Misere zu ziehen. Stundenlang beschwerte er sich lautstark über seinen privaten Internetzugang, Mobilfunkvertrag oder seine Dildo-Sammelbestellung, und arbeitete sich beharrlich bis in die Chefetage jeder Hotline[7]. Währenddessen gestaltete ich Websei-

6 Auch wenn der Titel dieses Buches anderes fordert, darf man in Deutschland wirklich wenig schreiben, ohne eine Klage zu riskieren. Damit mein Anwalt nicht mehr an diesem Buch verdient als ich, musste der Name geändert werden. Beim nächsten Mal schreibe ich lieber einen Roman.

7 Sollten Sie sich gerade fragen, ob es okay ist, sich derart über Schwule lustig zu machen, so möchte der Autor daran erinnern, dass Sie schon gute 150 Seiten

ten und Visitenkarten für Sonnenstudios und Naturheilpraktiker, die Niedergrafik zu Discounter-Preisen an anspruchslose Kleinunternehmer verkaufte.

Es gab 1200 Euro monatlich in dem Saftladen – für mich damals fast ein Vermögen. Doch als der piepsende Trick drei Monate später ein Programm auf meinem Rechner installierte, mit dem er alle meine Computeraktivitäten live verfolgen konnte, kündigte ich, und das zu Recht, denn kurz darauf war ich Trainee in einer um Klassen besseren Agentur. Anstatt Flyer für Sonnenstudios zu gestalten, konzipierte ich plötzlich Webseiten für Porsche oder Hugo Boss. In meiner Freizeit blieb ich am Rechner und ging meinem neuen, extrem urbanen Hobby nach: House Beats schrauben. Mit größter musikalischer Ahnungslosigkeit und einem Programm namens «Fruity Loops» bastelte ich unangenehme Geräusche in einen Vierviertelakt zusammen, bis sie zu siebenminütigen Kompositionen von der phonischen Raffinesse eines Tornados in einer Mülltonnenfabrik ausgereift waren. Von meiner neuen Leidenschaft zur elektronischen Musik getrieben, stellte ich mich einem befreundeten Partyveranstalter aus Laucha als Fahrer zur Verfügung und beförderte die Headliner-DJs aus Berlin zu den großen Partys draußen auf dem platten Land, die meistens in alten Fabriken oder Flugzeughangars stattfanden.

Einer meiner Fahrgäste war Matt: ein international erfolgreicher DJ, der vor allem für stundenlange Sets mit minimalen, schrägen Techno-Platten bekannt war. Auch wenn mein rostiger Mitsubishi mittlerweile schrottig genug für eine ganze Staffel *Pimp My Ride* war, hatte ich Matt mit meinen treuen Diensten als Chauffeur derart zufriedengestellt, dass er mich zu seinem Gig am darauffolgenden Wochenende einlud. Ins Berghain!

Das Berghain – die Kirche des Techno. Muss man das noch wem

Judenverarsche protestlos hingenommen haben. Sie stecken genauso tief drin wie ich.

erklären? Na gut. In einem ehemaligen Heizkraftwerk in der Nähe des Berliners Ostbahnhofs gelegen, ist dies einer der bekanntesten Techno-Clubs *der ganzen Welt* (in der «Berliner Morgenpost» und anderen Szenemagazinen kann man nachlesen, welche internationalen A-Promis dort so zu sichten sind). Der Name Berghain setzt sich aufgrund der geographischen Lage aus den Namen der Bezirke Friedrichshain und Kreuzberg zusammen. Wer jedoch bereit ist, solche kartographischen Nebensächlichkeiten außer Acht zu lassen, dem wird schnell klar, dass das Berghain viel eher mit Mordor zu vergleichen ist: Es ist dunkel, es ist heiß, es ist voll mit riesigen, kräftig gebauten Orks, es ist schwer reinzukommen, und wenn man einmal drin ist, kommt man nie wieder raus. Ähnlich wie Mordor ist das Reinkommen mindestens genauso schwierig wie das Rauskommen, die Türpolitik des Berghains erinnert nämlich an die Flüchtlingspolitik der CSU. Bulbul.

Vor dem Eingang hatte sich eine etwa 500 Meter lange Schlange gebildet, an der ich unbeschwert vorbeilief, schließlich stand ich ja auf der Gästeliste! Drei Türsteher bewachten den Eingang zum heiligen Rave-Gral und entschieden über das Schicksal der hilflosen Besucher, die sich so nüchtern und Underground-versiert wie möglich zu präsentieren versuchten, um nicht wieder in die Kälte geschickt zu werden. Das erbarmungswürdige Fußvolk ohne Gästelistenprivilegium stellte sich vor den Türsteher und begrüßte ihn mit dem freundlichsten «Hallo», das die Leute in ihrem ganzen Leben von sich gegeben hatten. Doch jede Supernova der Sympathie zerschellte am emotionslosen Gesicht des Mannes mit der Gorilla-Statur. Nach kurzer Begutachtung schüttelte er in der Mehrzahl der Fälle nur wortlos seinen Kopf. War er mal unsicher, drehte sich der Türsteher um und beriet mit seinen Kollegen, während die Anwärter gespannt auf die Entscheidung warteten. Das Ganze erinnerte an die Jury beim olympischen Eiskunstlauf, die nach jedem Tanz weiße Schilder mit den Punktzahlen hochhält. Niedergeschlagen zogen die Loser mit den

BERGHAIN / MORDOR
6,7
5,2
6,5

Scherben ihrer Selbstachtung ab, von den mitleidlosen Blicken der Menschen in der Schlange verfolgt, und machten Platz für die nächsten Bewerber um einen Platz ohne Sonne. Das bezeichnet man hierzulande als den «Berliner Walk of Shame» (tut man nicht wirklich, aber ich würde das gerne so etablieren). Wer allerdings zu den Auserwählten gehörte, die sich das Privileg erkämpft hatten, die nächsten 48 bis 96 Stunden bei ohrenbetäubendem Lärm in einem verschwitzten, dunklen Raum zu verbringen, betrat das Gebäude mit dem glorreichen Gefühl, etwas wahrlich Großartiges geleistet zu haben.

«Bei wem stehst'n uffer Liste?», bellte mich der Türsteher an. Er hatte lange schwarz-graue Haare und einen dichten Bart. Die rechte Hälfte seines Gesichts war komplett mit schwarzen Stacheln tätowiert. Es sah ein bisschen so aus, als hätte sich sein vierjähriger Neffe mit der Tattoomaschine darauf ausgetobt, während er auf der Couch eingeschlafen war. Aber stilvoll! So was kann nicht jeder tragen. Mittlerweile hat Sven Marquardt mehr vergnügungshungrigen Menschen den Zutritt zu einem deutschen Gebäude verweigert als Horst Seehofer (Jap, die lassen mich da nie wieder rein). Damit ist er zu einer Art Großstadtlegende geworden: ein Wahrzeichen der Berliner Underground-Kultur, die inzwischen eben nicht mehr ganz so underground ist. «Bei Matthias. Also, Matt. Matt John.»

Sven Marquardt guckte mich weiter stumm an, als hätte ich seine ganze Familie mit einem Flammenwerfer ermordet, und ich fragte mich, ob er auch die Treueherzen bei Kaiser's sammelt. Er ging zur Kasse, ließ meine Behauptung verifizieren und winkte mich wortlos an sich vorbei. Ich lief an der Garderobe vorbei, die Treppe hoch. In einer riesigen Halle stampften muskulöse Männer in Fetischtrachten, die alle aussahen, als würden sie sich für *mindestens* zwei Geschlechter sexuell interessieren, zu dem brettharten Techno-Sound, der aus den gigantischen Boxen drang. Im Berghain herrscht striktes Fotoverbot. Die Außenwelt soll fern und das Erlebnis ungefiltert bleiben. Spiegel gibt es auch nicht, so merkt man erst recht nicht, wann es an der Zeit ist, nach Hause zu gehen. Wie ein zielstrebiger Lachsschwarm strömte die militante Tanzmasse dem dröhnenden Frequenzenstrom aus der monströsen Anlage entgegen. Tiefe Schwingungen jenseits des menschlichen Hörbereichs donnerten so laut durch die große Halle, dass man den Viervierteltakt mit seinem Brustkorb spüren konnte. Das war schon was für Fortgeschrittene. Ich stieg eine weitere Treppe hoch, die mich in die dritte Etage führte: die Panoramabar. Die nicht so ganz gigantische Pannebar war eine softere Version des Berghains; eine wesentlich kleinere, dafür umso feiner klingende Anlage lieferte geschmeidige House-Musik, und das Bruttofetischprodukt pro Koksnase war deutlich geringer. Der Raum platzte vor Hedonismus – ein furchtbares Wort, das in der Beschreibung jeder noch so beschissenen Fotoausstellung mit Polaroids von nackten Frauen in bescheuerten Pferdemasken in Berlin-Mitte zu finden ist. Dürre Männer bewegten sich so teilnahmslos wie möglich zum Beat, in engen Jeanshosen und V-Neck-Shirts mit einem Ausschnitt so tief wie der berühmte Badeanzug von Borat. Die Frauen zeigten sich komplett in Schwarz und trugen Jutebeutel bei sich, der damals gerade so was wie ein Kulturbeutel für Raver wurde und alle Accessoires für einen Aufenthalt im Berghain enthielt: Deo, Kaugummis, elektrische Zahnbürste, Konfetti und eine kleine Plastiktüte mit Speed oder MDMA. Vorbereitung ist alles – sonst kommt man langsam wieder zu sich und steht nach 14 Stunden unter verschwitzten Langzeitstudenten plötzlich ganz nüchtern da. Da ich aber mit neunzehn noch keine Ahnung von den guten Dingen des Lebens hatte, fragte ich mich in jener Nacht immer wieder, warum alle ständig aufs Klo mussten. Irgendwann gab mir eine meiner neuen Bekanntschaften ein Zeichen, ich solle mich der kleinen Gruppe anschließen, die sich auf dem Weg zur Toilette machte. Ich verstand nicht, warum, wollte aber nichts falsch machen – es hätte ja auch eine Einladung zu einer wilden

Orgie sein können, kennt man ja von Filmen. Oder von hedonistischen Fotoausstellungen in der Torstraße. Wir quetschten uns zu viert in die kleine Kabine.

«Willst du auch?», fragte die Frau mich.

«Will ich was?»

Sie holte ein Tütchen mit weißem Pulver aus ihrer Tasche. «Ach so! Du meinst Drogen!», schrie ich in der Sensation meines Aha-Moments.

«Pschhhht!!», machten die drei sofort. Als würden alle denken, wir wären zu viert aufs Klo gezogen, um unsere Poesiealben mit Diddl-Maus-Bildern vollzumalen. Gut, laut durch die Gegend schreien muss man das ja auch nicht, sonst wollen alle was vom Pulver. Sie streute das Kokain auf einen Party-Flyer und fragte mich nach einer Plastikkarte. Ich reichte ihr meinen Führerschein, mit dem sie das Pulver in vier perfekt symmetrische Lines aufteilte. Sie rollte einen Fünf-Euro-Schein zusammen und inhalierte eine Line wie ein Staubsauger. Die anderen machten es ihr nach und boten mir die letzte Line. Ich nahm nur mit dem Finger eine kleine Kostprobe, man will ja nicht unhöflich sein. Es schmeckte bitter. Bis sechs Uhr morgens hielt ich tapfer in den düsteren Katakomben des schwarzen Landes durch und fuhr schließlich nüchtern und zufrieden nach Hause, während meine aufgeputschten neue Freunde fleißig weitertanzten.

Andere Städte mögen höhere Fernsehtürme und prächtigere Triumphbögen haben, aber die grenzenlose Exzessivität der Hauptstadt, die bleibt weltweit unübertroffen. Der Abend endet nie vor Mittag, das Wochenende nie vor Dienstag und man selber nie vor der Intoxikation. Nach wie vor lautet hier die Devise: Niemals kapitulieren! Ich lief Matt durch die Clublandschaft der Stadt hinterher und versteckte mich stundenlang nüchtern und sozial inkompetent wie eine ängstliche Schildkröte hinter seinem DJ-Pult. Ich sah zu, wie Menschen in ihren späten Dreißigern kleine

Hügel von Kokain und MDMA in pure Lebensfreude verwandelten, und machte in den tiefsten Nachtstunden viele spannende neue Bekanntschaften, die sich bei Tageslicht wie Vampire in Luft auflösten, während ich in der Agentur fleißig Pixel übers Display schob. Vielleicht war ich selbst ein Vampir. Ich betrat das Büro, kurz bevor die Sonne aufging, und verließ es, kurz nachdem sie wieder verschwunden war, um alleine in meiner Wohnung trashige Actionfilme zu gucken und die physischen Grenzen der Masturbation auszutesten. Ich war pummelig, introvertiert und eindeutig unterfickt. Wann wird's eigentlich gut? Kommt da noch was? Nächstes Jahr! Nächstes Jahr wird besser! Das wiederholte ich in meinem Kopf wie ein Motivationsvideo von Detlef D! Soost, als ich am 31. Dezember 2008 das Silvester-Feuerwerk alleine aus dem Fenster meiner Wohnung betrachtete.

ABFLIEGEN UND AUFLEGEN

Meine Traineeship in der Agentur neigte sich ihrem Ende zu, und ich stellte mir die Frage, die sich wohl jeder von uns zu einem gewissen Zeitpunkt in seinem Leben mal gestellt hat: Warum wirst du eigentlich kein Pilot? Ad hoc fiel mir keine gute Antwort ein. Piloten sind elegant, wohlhabend und bei den Ladys hoch im Kurs. Sie waren alles, was ich nicht war. Ich bewarb mich bei der Deutschen Lufthansa.

Eine der größten Fluggesellschaften der Welt davon zu überzeugen, etwa 60 000 Euro in eine zweijährige Ausbildung zu investieren, um mich zum Piloten zu machen, gestaltete sich erwartungsgemäß nicht ganz unkompliziert. Etwa 8000 Kandidaten gibt es jedes Jahr. Ich schickte eine Onlinebewerbung und wurde tatsächlich zur sogenannten Berufsgrunduntersuchung in Hamburg eingeladen. In einer Reihe von Tests wurde meine akustische und visuelle Merkfähigkeit geprüft: Eine Stimme gab mir über Kopfhörer willkürliche Zahlenfolgen durch, die ich rückwärts wiederholen musste. Der Bewerber neben mir bekam eine spontane Hustenattacke, und anstatt mich auf die Stimme zu konzentrieren, die träge vor sich hin zählte, zählte ich mir die Möglichkeiten auf, wie man einen Menschen mit einem Bleistift ermorden kann. Es ging weiter: Auf einem Display wurden neun unterschiedliche Tachos angezeigt, die ich im Bruchteil einer Sekunde ablesen musste. Ich war gut vorbereitet, immerhin hatte ich in den Monaten zuvor alle Aufgaben wie besessen trainiert. Anschließend Kopfrechnen – die Disziplin der Herzen! 12 mal 37, die Wurzel von 64 mal 11, 38 durch 2 plus 160 mal 12 – alles innerhalb von wenigen Sekunden. Dann kamen noch Mechanik, Physik, Mathe und Englisch dran. Das Sahnehäubchen war aber die «Überprüfung der Mehrfachfähigkeit», auch als Flugsimulator bekannt. Ein Flugsimulator, klingt nach Spaß, richtig? Richtig! Richtig, richtig, richtig falsch. Der Simulator zeigte einen lieblos gestalteten Kurskreisel, einen Tacho, eine Schubanzeige und einen Höhenmesser auf schwarzem Hintergrund und hatte den Spaßfaktor einer Wurzelbehandlung. Es galt, mit Hilfe eines trägen Joysticks aus den Neunzigern gleichzeitig den Kurs zu halten, auf der richtigen Höhe zu bleiben, die passende Geschwindigkeit zu halten, «Turbulenzen» standzuhalten und per Kopfhörer Befehle in Form von verschlüsselten Zahlencodes zu interpretieren (drei gerade Zahlen in Folge – grünen Knopf drücken. Zwei ungerade Zahlen – roten Knopf drücken) und auszuführen. Willige Stewardessen und hochprozentige Spirituosen in putzigen Miniaturflaschen waren kein Teil der Cockpitsimulation. Wenn die Lufthansa schon so deprimierend war, möchte ich mir gar nicht vorstellen, wie erst die Germanwings-Prüfung abläuft …

In der Regel fallen etwa 75 Prozent der Bewerber in der ersten Prüfungsphase durch. Ich war also vorbereitet. Einige Monate später flatterte ein Brief mit Kranichstempel in meinen Briefkasten: Ich hatte die Prüfung bestanden! Es wurde also ernst, als Nächstes stand die Firmenqualifikation an. Zwei Tage lang werden Konfliktfähigkeit, Teamfähigkeit und Charakterstärke auf die Probe gestellt, dann natürlich noch einmal Flugsimulator mit noch mehr Instrumenten und noch weniger Lebensfreude als beim ersten Mal. Für die 20 Prozent, die die zweite Prüfung bestanden und vom Fliegerarzt für flugtauglich erklärt wurden, stand der Ausbildung in Arizona nichts mehr im Wege.

Bis auf mich. Abgesehen von gutem Sehvermögen, Abitur und dem Bestehen des Auswahlverfahrens setzte die Lufthansa ein Maximum von sechs Punkten im Verkehrszentralregister in Flensburg voraus. Wer nämlich seinen Führerschein verliert, der darf auch nicht mehr fliegen. Wie genau ich jetzt wofür welche

Punkte in Flensburg gesammelt hatte, spielt hier absolut keine Rolle. Es waren jedenfalls sieben. Ich gab die Hoffnung noch nicht auf und machte ein freiwilliges Seminar, um die Punkte abzubauen. Wahrscheinlich redet man auf solchen Seminaren in der Gruppe darüber, wie schlimm das mit dem Rasen ist und warum man es lassen sollte. Mit Sicherheit kann ich es nicht sagen, ich habe dem Mann von der Fahrschule einfach 300 Tacken in die Hand gedrückt und drei Tage später meine Urkunde abgeholt. Das alles änderte allerdings nichts an der Tatsache, dass die Punkte erst nach drei Jahren getilgt werden, und damit war meine Karriere als Pilot vom Tisch. Aber hey, wer will schon Pilot werden? Das sind sowieso nur Busfahrer in der Luft. Nur mit schickeren Uniformen. Und viel mehr Geld. Und heißen Stewardessen.

Ist doch alles Quatsch. Stattdessen träumte ich nun von der großen DJ-Karriere: mit fettem Plattenkoffer durch die Welt reisen, meine Musik in den größten Clubs und Festivals spielen und dabei von den jubelnden Menschenmassen wie ein Gott angehimmelt werden – kann man auch machen! Aber wie wird man ein international anerkannter DJ? Ich klapperte die Webseiten der deutschen Hochschulen nach dem erlösenden Studiengang «International Disc Jockey Administration» ab, doch ich wurde nicht fündig. Nach umfangreicher Recherche stellte ich fest: Es gibt drei Wege, DJ zu werden, und keiner von ihnen hat nur das Geringste mit dem tatsächlichen Auflegen von Platten zu tun:

1. Man veranstaltet Partys. Dann kann man sich selbst und andere Veranstalter-DJs buchen, die einen als Gegenleistung wiederum für ihre Veranstaltungen buchen. Diese Methode ist zwar erfolgversprechend, verlangt allerdings eine beachtliche Investition an Zeit und Geld.
2. Man wird zu einem Nightlife-Politiker und zieht jedes Wochenende durch die Clubs der Stadt in den Wahlkampf, um die

Herzen der einflussreichen Booker mit Give-aways in Form von Drogen oder Naturalien zu erobern. Ganz wie bei einem herkömmlichen Politiker bedarf diese Methode eines starken Durchhaltevermögens und eines strikten Verzichts auf Selbstachtung, andere Fähigkeiten oder Begabungen sind dafür nicht nötig.

3. Man produziert Musik und bringt Platten raus. Komischerweise werden DJs nicht an ihren Fähigkeiten an den Plattenspielern gemessen, sondern an ihrer Qualität als Musiker. Anders als in der Popmusik besteht die Zielgruppe nicht aus Endkonsumenten, sondern aus anderen DJs, die stundenlang durch das Sortiment des örtlichen Plattenladens stöbern, um die musikalischen Bausteine ihres Sets zu finden.

Ungefähr ab 2005 kam die Digitalisierung auch in der elektronischen Tanzmusik an. Die Labels pressten ihre Sachen in immer kleineren Auflagen, und der Plattenladen von nebenan wurde von Online-Musikdiensten verdrängt. Plötzlich konnte jeder sein eigenes digitales Label gründen und seine Musik auf die Welt loslassen. Ein großer Hit war schnell Türöffner für Auftritte in London, São Paulo oder Tokio. Ich war weder kompetent genug, um eigene Partys zu veranstalten, noch besaß ich die zwischenmenschlichen Fertigkeiten, um Akquise an der Front zu betreiben, also mietete ich mir einen schäbigen Studioraum in einem ehemaligen Mädcheninternat in Pankow und arbeitete an meiner Musik. Das Zimmer war nicht größer als zehn Quadratmeter, die Wände wurden großzügig von einer massiven Schimmelschicht isoliert, bei starkem Regen tropfte Wasser von der Decke, und alles roch nach einer Mischung aus Altersheim-Fäkalien und zerplatzten Träumen. Mein Equipment bestand aus einem Paar billiger Studioboxen, einem Keyboard, das ich nicht wirklich spielen konnte, und meinem Laptop. Obwohl ich von Harmonielehre oder Tontechnik nicht die geringste Ahnung hatte, gelang es mir doch, einige Stücke zu produzieren, die tatsächlich nach Musik klangen. Nach einigen Monaten hatte ich es hingekriegt, einige Labels davon zu überzeugen, meine Werke auf Vinyl und CD zu pressen. Ich bekam gelegentlich Gigs in Berlin, Hamburg, Essen oder Kassel. Die große Karriere als Superstar-DJ war das nicht, also arbeitete ich weiter als freiberuflicher Designer, um meine Rechnungen zu zahlen.

DER BURRITO DER TRAURIGKEIT – EINE LIEBESGESCHICHTE IN 4 AKTEN

Kurz bevor ich die Agentur verließ, lernte ich Sarah kennen, die Freundin vom Chef. Wie so üblich bei den Freundinnen erfolgreicher Männer hatte Sarah wellige blonde Haare und ein hinreißendes Lächeln. Wie so üblich bei den Beziehungen zwischen hinreißenden Frauen und erfolgreichen Männern ging er mit einer Mitarbeiterin fremd, und sie verkaufte in einem Racheakt seinen Ledersessel auf eBay. Einige Monate nach diesem prominenten Beziehungsdrama verabredete ich mich ganz ohne Hintergedanken mit Sarah. Anders als vorherige Anwärter um das Herz der tollen Frau mit dem hinreißenden Lächeln war ich weder reich noch gut aussehend, noch auf dem aufsteigenden Ast. Und weise genug, um solche Unzulänglichkeiten in den Hintergrund zu rücken, war ich erst recht nicht.

Ich holte Sarah in ihrer Wohnung in Mitte ab, und wir fuhren ins Weekend: einen Club im 15. Stock eines Gebäudes direkt am Alexanderplatz. Ich war immer noch nicht so der Alkoholtrinker, im Gegensatz zu Sarah, die nach einigen der, wie in Berliner Club-Bars so üblich, lieblos zusammengegossenen Longdrinks wie eine Alge am Meeresboden leicht hin- und herzuschwanken begann. Wir saßen auf der schwarzen Sitzbank in einer dünn besetzten Ecke des Clubs, hinter uns bot die große Fensterfront einen Ausblick auf ganz Berlin, die Stadt, die noch viel seltener schläft als New York. Sarah stand auf, stellte sich vor mich hin und bewegte sich in ihrer angetrunkenen Eleganz zur Musik. Die schwachbrüstige Beschallungsanlage presste die übersteuerten Rhythmen mit aller Mühe in den Raum, um aber auch jede Spur von Konversation zu eliminieren. Ich blieb sitzen und konzentrierte meine ganze

Willenskraft darauf, meine vor Aufregung zitternden Hände still zu halten, während sich unsere Finger langsam ineinander verschränkten. Das Adrenalin überflutete mich wie ein Tsunami aus einem Roland-Emmerich-Film. Ich zog sie zu mir, bis meine Knie ihre Hüfte berührten. Meine Nase glitt ihre Wange entlang, bis sich unsere Lippen zu einem Kuss trafen. Sie schaute mich kritisch an. «Du bist doch erst 21!», sagte sie fast empört. In einer für meine Verhältnisse ungeheuren Lässigkeit ignorierte ich den Einwand, zog ihren widerstandslosen Körper wieder an mich und küsste sie noch einmal. Wer den Mund voll hat, kann nicht widersprechen! Wir verließen den Club und stolperten ins Taxi: Sarah vor Trunkenheit, ich aus Solidarität.

Wir fuhren zu ihr nach Hause und legten uns in ihr kleines Hochbett. Sie schaltete den iPod an und schlief in meinem Arm ein. Ganz zerbrechlich fühlte sie sich an. Okay, tut mir leid, das klang richtig schwul. Porzellan aus Meißen fühlt sich vielleicht zerbrechlich an. Die Situation fühlte sich zerbrechlich an, möchte der Autor damit zum Ausdruck bringen. Ich wagte es nicht, mich auch nur einen Millimeter zu bewegen. Stundenlang lag ich wie eingefroren in Sarahs Bett und lauschte den sanften Tönen der akustischen Gitarrenmusik, begleitet von der tiefen Stimme einer schwedischen Sängerin namens Sophie Zelmani. Ich hatte Angst, dass die Blase mit jeder Bewegung platzen könnte. Dass Sarah plötzlich aufwachen und mich verwundert anstarren würde. Wie etwas, das neben ihr nicht hingehört.

Mein Handywecker klingelte um acht und erinnerte mich an einen anstehenden Termin. Ich zog mich an und verließ Sarahs Wohnung mit der gleichen Unsichtbarkeit, die ich schon in der Nacht an den Tag gelegt hatte. Ich lief euphorischer als je zuvor durch die Stadt und begrüßte die Welt mit einem breiten Lächeln – ein Verhalten, dass für mich in etwa so typisch ist wie ein sonniger Tag in Hamburg. Verdammte Axt, ich war zum ersten Mal verliebt! Einige Stunden später schrieb ich Sarah eine Nachricht. *Eine*, wohlgemerkt! Keine fünfzig. Immerhin.

Sie antwortete nicht sofort. Bestimmt schläft sie noch ihren Kater aus, dachte ich mir und grinste weiterhin munter durch die Gegend. Auch in den darauffolgenden Stunden ließ Sarah nichts von sich hören. Je intensiver ich auf das leere Display meines Handys starrte, desto mehr bröckelte mein blödes Lächeln. Wir befinden uns hier immer noch in der Ära vor «gelesen um ...» und «zuletzt online am ...». Mittlerweile muss man nicht mal mehr etwas sagen oder schreiben, um den Kontakt mit einem Menschen abzubrechen: Es reicht schon eine Lesebestätigung ohne Antwort. Und mir war klar: Ich brauchte Sarah keine 49 weiteren Nachrichten zu schicken, um zu wissen, dass keine Antwort kommen würde. Ich spürte, wie die Schmetterlinge in meinem Bauch im Chor seufzten und sich wieder in ihre Kokons einspannen.

Etwa zwei Wochen später schaffte ich es irgendwie, Sarah auf einen Kaffee zu treffen. Natürlich hatte ich in meinem naiven Kopf noch einen Funken Hoffnung, vor allem wollte ich aber die eindeutige, befreiende Abfuhr. Lieber ein Ende mit Schrecken als ein Schrecken ohne Ende. Aber wann bekommt man schon so was? Einen aufrichtigen Korb, nicht Sprüche wie «Du, ich bin gerade voll busy» oder «Der Goldfisch meiner Oma ist letzte Woche gestorben» oder «Du, ich muss jetzt ins Berghain»? Letzteres habe ich tatsächlich während eines ersten Dates von einer jungen Dame zu hören bekommen, die plötzlich ganz dringend verschwinden musste. Es ist eben nicht leicht, die unverblümte Wahrheit auszusprechen. Vor allem nicht, wenn sie verletzend sein könnte. Wer lieber lügen will, sollte sich allerdings etwas Besseres einfallen lassen als die angebliche Notwendigkeit, sich umgehend in einen Technoclub zu begeben. Das Schlimmste an solchen lieblos erfundenen Ausreden ist die Erwartung, das Gegenüber müsse so tun, als kaufe es einem den Scheiß tatsächlich ab. Aber natürlich musst du ins Berghain! Kann ich total gut nachvollziehen. Macht ja schon in anderthalb Stunden auf!

Sarah saß mir gegenüber. Mein Herz schlug ein bisschen schneller, meine Hände schwitzten, und mein Hals war trocken. Ich fragte, wie sie den Abend mit mir fand. Sie sagte, sie könne sich nicht mehr erinnern.

An dieser Stelle eine kurze Unterbrechung. Da das hier ein Buch über Juden ist und nicht Keinohrhasen, Teil 17, fehlte meinem Verlag irgendein klischeehafter Unsinn über das auserwählte Volk in diesem Kapitel. Mir ist nichts eingefallen, also habe ich hier einfach die Lyrics von «Hava Nagila» reinkopiert:

Hava nagila,
Hava nagila,
Hava nagila,
Venis mecha.

Hava nagila,
Hava nagila,
Hava nagila,
Venis mecha.

Hava neranena,
Hava neranena,
Hava neranena,
Venis mecha.

Hava neranena,
Hava neranena,
Hava neranena,
Venis mecha.
(das dann etwa fünfzigmal wiederholen)

Uru, Uru achim,
Uru achim belev sameach,
Uru achim belev sameach,
Uru achim belev sameach,
Uru achim
Uru achim
Belev sameach.

So. Judenquote abgedeckt. Weiter geht's mit Romantik und echten Gefühlen.

Mein Herz war eine Lusche, und ich verfiel in eine kümmerliche Melange aus Jämmerlichkeit und Selbstmitleid. Ich dachte ununterbrochen an Sarah, hörte die Playlist von ihrem iPod auf Dauerschleife und postete peinliche Status-Meldungen auf Facebook. Für eine Nacht, an die sich nur 50 Prozent aller Beteiligten überhaupt erinnern konnten, war meine monatelange Trauerphase einigermaßen überzogen. Spätestens an dieser Stelle hätte ich merken müssen, was in meinem Leben so dringend fehlte: Alkohol. Alkohol ist schon toll, denn wer genug Alkohol trinkt, der wird betrunken. Und wer betrunken genug ist, der darf alles. Beleidigen, belästigen, sexuell belästigen, sich sexuell belästigen lassen, mit jedem Hinz und Kunz rummachen und alles vollkotzen. Das alles kann man machen, meistens sogar gleichzeitig, ohne am nächsten Tag mehr sagen zu müssen als «Sorry, ich war total besoffen». Eine moralische Haftpflichtversicherung für den geringen Preis einer gesunden Leber. Doch anstatt mir ein anständiges Alkoholproblem zuzulegen, verlor ich den Appetit und tröstete mich mit dem Gedanken, dass ich wenigstens eine anständige Figur haben würde, wenn der Spuk vorbei war.

Irgendwann kam ich wieder aus meinem emotionalen Loch herausgekrochen. Mein Appetit kehrte auch zurück, dabei wollte ich ihn gar nicht wiederhaben, also versuchte ich, gleich wieder aufzuhören mit dem Essen. Mein komplettes Jahr 2009 bestand daraus, drei oder vier Tage lang zu fasten, um mich dann in einer Orgie des Selbsthasses wieder so richtig vollzustopfen. Die Fastentage waren nicht ohne. Ich dachte ständig ans Essen und stillte meinen Hunger gelegentlich mit Brühe oder ein paar Gewürzgurken, wenn ich in einer gönnerhaften Stimmung war. Meine Laune entschied sich auf der Waage, und jedes Gramm zählte. Wenn ich den Hunger nicht mehr aushalten konnte oder die Waage nicht mehr mitspielte, fuhr ich zum nächstgelegenen Supermarkt, kaufte eine Komposition aus besonders kalorienreichen Lebensmitteln, die eine kleine Familie eine Woche lang hätte ernähren können, und schlang alles noch am selben Abend herunter. Ich aß, bis ich nicht mehr konnte. Manchmal aß ich so viel, dass ich Bauchschmerzen bekam. Ein paar Mal stellte ich mich unter die Dusche und steckte mir den Finger tief in den Hals, bis mir die ätzende Magensäure mit dem Geschmack von Cola und Schokolade aus dem Rachen hochkam, doch es tat so weh, dass ich die Methode der Filmstars und Supermodels auf Dauer nicht durchhielt. Was ich an einem Abend nicht mehr essen konnte, schmiss ich in den Müll. Am nächsten Tag wühlte ich, wieder hungrig geworden, die Müllsäcke oder den Garten hinter dem Gebäude auf der Suche nach den ungeöffneten Süßwarenverpackungen durch, die ich nach der Fressattacke in der Nacht zuvor voller Selbsthass aus dem Fenster geschmissen hatte. Ein bisschen ging es voran. Zwar hatte ich trotz meines durchgetakteten Ernährungsprogramms noch lange nicht die definierten Wangenknochen eines Crystal-Junkies, dafür sah aber meine Wohnung aus wie ein Meth-Labor. Der Laminatboden verschwand vollständig unter einer Schicht von Lebensmittelverpackungen, rostigem Besteck und alten Stromrechnungen. In der Küche entwickelte sich eine ganz neue Biosphäre, in der dreckige Teller und vergammelte Gläser zu einer Heimat für bisher unentdeckte Spezies wurden, die in den keimigen Essensresten den Schatten der Welt erblickten. Auf knapp vierzig Quadratmetern hatte ich außerdem genug Pfandflaschen angehäuft, um die Bauarbeiten des neuen Berliner Flughafens für die nächsten 50 Jahre finanzieren zu können.

Ich fühlte mich in meinem kuscheligen Müllcontainer so wohl, dass ich am liebsten gar nicht mehr rausgegangen wäre. Tagelang lag ich auf meiner Matratze, die zu einer einsamen Insel in einem Meer von Müll wurde, und traute mich gerade mal zum Einkaufen mit dem Auto raus, in dem es natürlich genauso aussah wie in meiner Wohnung. Meine menschlichen Interaktionen minimierten sich auf Begegnungen mit Burger-King-Mitarbeitern am Drive-in-Schalter, doch auch die konnten den riesigen Müllhaufen in meinem Wagen nicht übersehen und warfen mir komische Blicke zu, wenn ich um drei Uhr morgens für einen leichten Snack vorbeifuhr. Meistens war ich vernünftig und entschied mich nur für einen kleinen Salat, garniert mit zwanzig Chicken Nuggets, zwei Cheeseburgern, einem Whopper und einem leichten Dressing aus Barbecue-Sauce. Da ich mich mit dem Essen so zurückhielt, blieb immer Platz für einen großen Schoko-Shake.

Niemand wusste von meinem unkonventionellen Diätplan, und ich hatte auch nicht das Bedürfnis, es zu erzählen. Oder Freunde, denen ich das überhaupt hätte erzählen können. Der Teufelskreis des Hungers wurde zu meiner alltäglichen Realität, aber ich hielt das für keine große Sache. Schließlich gibt es so viele Menschen, die unfreiwillig auf Essen verzichten müssen, dachte ich mir. Ich verbrachte die ersten Monate des Jahres alleine in meiner Wohnung, die man durchaus als Motivationsbild im Büro der Berliner Stadtreinigung hätte aufhängen können, und beschränkte mein soziales Leben auf Facebook-Chats und Skype-Nachrichten. Zu meinem 21. Geburtstag legte ich sogar ein «Event» auf der Plattform an und lud allerhand Leute ein, mit mir in einer Bar in Mitte zu feiern. Pünktlich um neun kam ich in der Bar an und nahm voller Vorfreude Platz an einem großen Tisch. Ich scheuchte andere Barbesucher weg und versprach dem Kellner, meine viel

COLA
CHIPS
COL
COLA
CHIPS
PIZZ

trinklustigeren Freunde müssten jeden Moment eintreffen. Nach etwa einer Stunde gab ich seinen skeptischen Blicken nach und fuhr nach Hause.

Einige Monate nach unserem immerhin für mich unvergesslichen Abend traf ich mich wieder mit Sarah. Ich war schon längst in den unendlichen Tiefen der Kumpelzone versunken, also brachte ich meinen Freund Moritz mit. Moritz war ebenfalls DJ und Musiker, ging auf die vierzig zu und gehörte zu jener Sorte Mensch, die mit unglaublich viel Charisma ihre Mitmenschen dazu bringen können, jede Art von Gefälligkeit mit einer absoluten Selbstverständlichkeit sofort zu erweisen. Ich kutschierte Moritz mit meinem Auto rum, schoss seine Pressefotos und gestaltete die Cover für sein Label. Natürlich gratis – war ja wohl das Mindeste! Ich betrachtete ihn als meinen besten Freund, obwohl ich mir nicht vorstellen konnte, dass er mich ebenfalls als solchen betrachtete. Schließlich war er sechzehn Jahre älter und um einige Erfahrungen reicher. Ich holte ihn selbstverständlich auch an jenem Abend, den ich ausnahmsweise nicht in meiner Quarantänezone verbrachte, bei sich zu Hause ab, und wir fuhren zu Sarah. Obwohl er sie nie zuvor getroffen hat, wusste Moritz schon, wer Sarah war – gelegentlich sickerte mein Liebeskummer durch, und ich erzählte ihm von meinem Leiden oder schwärmte dankbar vom Wunder ihrer bloßen Existenz. Ironischerweise beschlossen wir, ausgerechnet wieder ins Weekend zu gehen. Das Wetter war mittlerweile sommerlich, und wir setzten uns erst einmal zu dritt auf die Dachterrasse. As always war der Alkohol wieder in aller Munde bis auf meinen, und nach kurzer Zeit hatte ich Sarah und Moritz in den drei überfüllten Etagen aus den Augen verloren. Ich drängte mich auf den dunklen Tanzflächen durch das aufgedrehte Feierpublikum und schaute links und rechts. Die Musik war wieder unglaublich laut, noch viel lauter als in den anderen Clubs. An der Bar vor der Tanzfläche machte ich halt und bestellte einen Gin Tonic ohne Gin, als Alibi, um nicht allzu einsam und gelangweilt mitten im Club rumzustehen. Meine Augen arbeiteten sich durch die tanzenden Silhouetten. Plötzlich sah ich Sarah, wie sie mitten auf der Tanzfläche ihren Rücken an Moritz presste. Diese unartige Kombination aus Ausdruckstanz und Begattungssimulation nennen die Kids heutzutage «Grinding», sie gehört in jedem Rapvideo zum Standardprogramm. Im Fall von Sarah und Moritz hatte das zwar noch lange nicht die Eleganz der professionellen Hiphop-Schlampen, aber genug, um mir die Farbe aus dem Gesicht zu treiben. Sarah drehte sich um und küsste Moritz. Ich sah noch einige Sekunden zu, wie die Frau meiner Träume und mein bester Freund im Rauch der Nebelmaschine eine romantische Speicheltransplantation vollzogen, holte meine Jacke ab und fuhr nach Hause. Zu meinem Müllberg. Da bestimmte wenigstens ich, wer oder was mit *wem* oder was auf molekularer Ebene reagiert.

Moritz rief mich am nächsten Abend an, aber ich ging nicht dran. Ich ignorierte noch einige Anrufe mehr, ließ mich aber einige Tage später zu einem Treffen breitschlagen. Schließlich hatte ich einen schwachen Charakter und eine schon fast durchgewinkte EP auf seinem Label. Außerdem fragte ich mich inzwischen, ob ich überhaupt das Recht hatte, sauer zu sein. Man kann doch keinen ewigen Anspruch auf Menschen einfordern, mit denen man es nicht mal auf Second Base gebracht hat. Natürlich wollte ich meinen Egoismus nicht zwischen zwei wichtige Menschen in meinem Leben stellen, auch wenn sich mein Inneres bei ihrem gemeinsamen Anblick zusammen mit alten Gardinen zu einem Burrito der Traurigkeit wickeln wollte. Moritz versicherte mir jedoch, das mit Sarah sei nur ein One-Night-Stand gewesen. Eine einmalige Sache. Fast schon bedeutungslos.

Kurze Zeit später begannen die beiden eine langjährige Beziehung.

DAS DROGENSCHWEIN

Müllberge, Hunger und Bauchschmerzen. An viel mehr aus dem Jahr 2009 kann ich mich nicht erinnern. Inzwischen fällt es mir schwer, mich in die Lage des traurigen Protagonisten aus dem vorigen Kapitel zu versetzen. Kaum vorstellbar, dass es tatsächlich um mich ging.

Erst als ich mich an der Miami Ad School eingeschrieben hatte, stabilisierte sich meine Lage wieder etwas. Die Miami Ad School ist eine private Schule für Werbung. In zwei Jahren wird man zum Art Director oder Texter ausgebildet und auf die Werbeagenturen dieser Welt losgelassen, um sich TV-Spots für Nike oder Anzeigen für McDonald's auszudenken. Wie der Name schon sagt, hat die Schule ihren Hauptsitz in Miami, verfügt aber über Dependancen unter anderem in San Francisco, São Paulo, Madrid, Hamburg und Berlin. Das ist schon schön, wenn man sein Studium mit einer kleinen Weltreise verbinden kann. Die Schule gehört zu den erfolgreichsten Ausbildungsinstituten in der Welt der Werbung, doch obwohl mir ein großzügiges Stipendium angeboten wurde, zeigten sich meine Mutter und Olaf mit dem neuen Karriereplan überhaupt nicht einverstanden. Eine private Schule? Ohne akademischen Abschluss? Unerhört! Wie sollte ich mich später durchsetzen gegen die Absolventen der staatlichen Kunsthochschulen, die genau das studierten, wovon mir die beiden einige Jahre zuvor abgeraten hatten?

Ich versuchte ihnen zu erklären, dass eine überzeugende Mappe das einzig relevante Kriterium in dieser Branche ist, doch sie prophezeiten mir eine düstere Zukunft, in der ich gegen jeden untalentierten Schmock mit einem Bachelor in Sozialpädagogik und mit Wachskreiden angefertigten Arbeitsproben den Kürzeren ziehen würde. Ein weiteres Mal ließ ich mich aber nicht beirren, und ich schrieb mich ein. Bulbul.

Ideen waren das höchste Gut an der Miami Ad School: Ideen für Apps, Ideen für TV- und Radio-Spots, Ideen für Plakate. Ideen, um Fußbälle, Kondome oder Möbel zu verkaufen. Lustige Ideen, traurige Ideen, absolut bescheuerte Ideen. Wer zu spät zum Unterricht kam, musste als Strafe am nächsten Tag fünfzig Ideen abgeben, und wer die besten Ideen hatte, bekam die besten Noten. Viel wichtiger als die Noten waren aber die Awards, die man durch Einreichung seiner Arbeiten bei Studentenwettbewerben absahnen konnte. Mit den kleinen goldenen Trophäen machten die Newcomer die Werbewelt auf sich aufmerksam, und die Türen der begehrtesten Werbeagenturen in London und New York öffneten sich für sie.

Der kompakte Studienplan erstreckte sich über zwei Jahre: Im ersten Jahr weihten Dozenten aus renommierten Agenturen die Schüler in Konzeption, Design, Text und Fotografie ein. Im zweiten Jahr schickte man die Studenten auf eine neunmonatige Weltreise, um insgesamt drei Praktika in jeweils drei Monaten auf der ganzen Welt zu absolvieren. In den letzten drei Monaten des Studiums ging es zurück in die Schule, wo die Studenten ihr Portfolio fertigstellten und ihren staatslosen Abschluss erhielten.

Das erste Jahr verbrachte ich fast ausschließlich in der Schule. Ich arbeitete Tag und Nacht an Layouts und Kampagnen. Oft baute ich mir ein provisorisches Bett aus den bunten Sitzkissen, die in den Klassenräumen der Schuletage in Schöneberg rumlagen, und verbrachte die Nacht dort. Harte Arbeit ist der wichtigste Bestandteil einer erfolgreichen Karriere in der Werbung, und das nicht nur in der Ausbildung. Auch jede erfolgreiche Agentur funktioniert wie ein Sweatshop: Feierabend um sechs ist nicht, und Arbeiten am Wochenende gehört zum guten Ton. Natürlich ohne Ausgleich, wir sind hier nicht in der Waldorfschule! Als Belohnung winkt ein schneller Aufstieg zum Werbestar, mit Filmdrehs in Südafrika («Das Licht ist da so schön, das kriegen wir hier in Hamburg nicht hin»), Praktikantinnenbumsen und natürlich mit dem köstlichen Privileg, die eigenen Unterlinge während eines Meetings dermaßen fertigzumachen, dass sie sich anschließend auf der Agenturtoilette die Pulsadern aufritzen – natürlich nur horizontal, schließlich muss noch jemand die Präse für morgen fertigmachen! In den Neunzigern war das Ganze sogar noch glanzvoller (aber auch irgendwie matt, schließlich lag ja auf allen Oberflächen Koks). Ich arbeitete mich koksfrei durch das erste Schuljahr und wurde als bester Student der Schule ausgezeichnet. Die Sympathie meiner Mitschüler und Dozenten hielt sich in Grenzen, aber das gehörte für mich mittlerweile schon fast dazu.

Eines Tages, als ich nach Hause kam, um mich endlich mal wieder zu duschen, klingelte das Telefon. Meine Mutter. Sie klang ziemlich hysterisch, und das nicht ohne Grund: Mein kleiner Bruder war auf der Straße von einem Neonazi angegriffen worden.

Durch meine Adern schoss Adrenalin, als würde man direkt hinter meinem Ohr einen riesigen Gong schlagen. Wenn die Neurotransmitter durch das Nervensystem schwingen und unsere Hände zum Zittern bringen, kennt unser Körper keinen Unterschied zwischen Euphorie und Angst. Man muss nicht zwingend aus einem Flugzeug springen, um als «Adrenalin-Junkie» zu gelten. Es reicht ja auch, sich die Oberschenkel aufzuschlitzen. Oder als Jude in einem Dorf in Sachsen-Anhalt zu wohnen, wie es scheint. «Aber es ist ihm nichts passiert», ergänzte meine Mutter, und ich entspannte mich. Na ja, «entspannen». Ich hatte schon spontan Lust, jemandem das Jochbein brechen. Aber eben entspannt.

«Erinnerst du dich an diesen Alexander Krolak?», fragte meine Mutter. «Der hat doch mit dir Fußball gespielt.»

Alexander Krolak? Der Kurzgewachsene von der Baumschule,

der tausendmal eher blöd als böse wirkte? Was war denn da geschehen?

Das war geschehen: An einem Freitagnachmittag in Laucha machte sich mein kleiner Bruder auf dem Weg zum Friseur in Naumburg, um mal wieder seine Kopfhautbehaarung für ein Geschmacksverbrechen zur Verfügung zu stellen, wie Siebzehnjährige sie lieben: An den Seiten wurde gnadenlos abrasiert, während die übrig gebliebene Haarpracht mit Hilfe von circa 30 Tonnen Haargel der Schwerkraft den Mittelfinger zeigte. Jeder von uns hat eine dunkle Vergangenheit, und solange er sich kein Leopardenmuster rasieren ließ, war er immer noch mein Bruder. Beschwingt wie eine junge Heidi Klum auf dem «Victoria's Secret»-Laufsteg stieg Bruderherz mit seinem neuen Haarschnitt aus dem Zug und erkannte einige seiner Freunde an der gegenüberliegenden Bushaltestelle – ein Ort zum Sehen und Gesehenwerden für die High Society in Swinging Laucha. Im Unterschied zu mir ist mein Bruder ein umgänglicher Junge und hat viele Freunde. Er überquerte die Straße und schloss sich der Runde an.

Kurze Zeit später tauchte der erwartungsgemäß arbeitslose Alexander Krolak auf, erwartungsgemäß leicht angetrunken. «Leicht angetrunken», das entsprach laut eigener Aussage «zwischen sechs und acht Bier». Also wirklich nur Peanuts. Die acht Biere des einen sind ja bekanntlich der Aperitif des anderen. Alexander, mittlerweile zwanzig Jahre alt und bereits zweimal wegen Verbreitung rechter Propaganda strafrechtlich verfolgt, ging auf meinen Bruder zu, schlug ihm ohne Vorwarnung ins Gesicht und beschimpfte ihn als «Judenschwein».

Die Bezeichnung Judenschwein scheint sich in Laucha großer Beliebtheit zu erfreuen. Ich hörte sie oft – beim Fußball, in der Schule, von Feinden und auch von «Freunden», fand sie aber persönlich immer etwas verwirrend. Ging es um einen schweinischen Juden oder um ein jüdisches Schwein? Und wie durfte man sich so ein jüdisches Schwein vorstellen? Ist es etwa besonders reich? Oder am Schwanz beschnitten? Würde ein jüdisches Schwein nur koscher fressen, obwohl es selbst alles andere als koscher ist? Wahrscheinlich fragte sich mein Bruder genau das Gleiche, während er, die Hände schützend über dem Kopf erhoben, vor der stechenden Sternburgfahne seines Angreifers floh. Wahrscheinlich bemerkte er deswegen nicht gleich, dass sein Angreifer ihm hinterherlief. Alexander packte meinen kleinen Bruder, drückte ihn zu Boden und schlug auf ihn ein.

Als meine Mutter mir davon erzählte, wurde mir schlecht vor Wut. Warum war ich nicht dabei gewesen? Sechs Jahre zuvor, an einem Ferientag auf dem Fußballplatz, hatte es mal einen albernen Streit zwischen Julian und mir gegeben. In einer Mischung aus Wut und Feigheit schubste Julian plötzlich meinen gänzlich unbeteiligten Bruder zu Boden. Blindwütig stürmte ich auf Julian zu und drosch auf ihn ein. Niemand schlägt meinen Bruder! Bis auf mich, natürlich (keine Sorge, er schlug immer ordentlich zurück). Kaum etwas ist frustrierender, als die eigene Familie nicht beschützen zu können. Zum Glück kam jemand anders meinem Bruder zu Hilfe, als der am Boden lag.

An jenem Freitagabend fährt ein frischgebackener Vater namens Mario Träbert aus dem Nachbarort nach Laucha, um dort seine Einkäufe zu erledigen. Der Wagen des 28-Jährigen biegt in die Bahnhofstraße ein. An der Kurve zwischen Post und Bushaltestelle sieht er, wie ein Glatzkopf meinen Bruder auf den Asphalt drückt und Schläge austeilt. Träbert bremst den Wagen und schreit Krolak an. Der erstarrt lange genug, dass es meinem Bruder gelingt, sich loszureißen und wegzustolpern. Träbert öffnet die Beifahrertür. «Los, steig ein!», ruft er. Mein Bruder zögert nicht lange, und der Wagen rast davon, ein Stück weit noch verfolgt von dem tobenden Krolak, der zum Abschied an die hintere Tür des fahrenden Autos tritt.

Der Fall erregt deutschlandweit Aufmerksamkeit. Die *Zeit* und der *Spiegel* berichten über das braune Nest in Sachsen-Anhalt. Journalisten tauchen plötzlich in Laucha auf. Sie interviewen die Anwohner auf der Hauptstraße, am Marktplatz und am Bahnhof. Dann sehen sie den Fußballplatz. Der Platz, auf dem viele Jahre zuvor der kleine Alexander Krolak seine ersten Spiele in der F-Jugend-Mannschaft der BSC 99 Laucha absolviert hat, unter der fürsorglichen Betreuung seines Trainers, the one and only Lutz Battke. Die Saat ist aufgegangen. Die Zeitungen interessieren sich kaum noch für Alexander Krolak und sein Opfer, stattdessen fragen sie, wie so ein Mann im Auftrag des Staates große Schornsteine kehren und kleine Kinder bekehren darf. Und warum nennen die Kinder den Trainer mit dem Hitlerbart eigentlich «unseren Führer»? Ein Fotograf der *Zeit* trifft Lutz Battke auf dem Fußballplatz und versucht, ein paar Schnappschüsse zu machen. Battke zückt sofort sein Handy und ruft Bürgermeister Bilstein an, der den Fotografen in seiner Eigenschaft als Vizepräsident des Clubs des Platzes verweisen soll. Er reicht dem Fotografen das Telefon, damit der direkt mit dem Bürgermeister sprechen kann. Als der Mann das Telefonat beendet, glaubt er seinen Augen nicht zu trauen. Auf dem Display erscheint als Bildschirmschoner ein Porträt von Adolf Hitler.

In Laucha selbst dreht sich die Welt der Weltfremden unbekümmert weiter. Doch der Druck wird immer größer. Der Verein sieht zunächst überhaupt keinen Grund, Battke von seinem Posten als Trainer abzuziehen. «Er hat die Gewalttat ja nicht begangen», sagt der Präsident des BSC 99 und fügt hinzu, eher werde er selbst zurücktreten. Im Ort machen plötzlich Gerüchte über meinen Bruder die Runde. Drogen soll der Bursche aus Israel gedealt haben. Und als er aggressiv versucht habe, Krolaks Cousine den Dreck anzudrehen, sei der eben durchgedreht, kann man ja verstehen. Und darum habe Krolak auch «Drogenschwein!» geschrien. Ja, «Drogenschwein», nicht «Judenschwein». Ist ja eine gängige Bezeichnung für Rauschgifthändler. Wer von uns hat nicht schon mal seinen Dealer mit einem freundlichen «Hey, Bogdan, altes Drogenschwein!» begrüßt[8]?

Kurze Zeit nach dem Angriff bekam ich in Berlin Besuch von meinem damals besten Freund aus Laucha, Jens. Im Rahmen seines Medizinstudiums sollte er ein mehrwöchiges Praktikum in einer Klinik in Berlin absolvieren, und wir fanden es lustig, wenn er so lange auf meiner Couch crashte. Eines Abends, nach etwa anderthalb Wochen harmonischen Zusammenwohnens, entspann sich, ausgehend von der Geschichte mit meinem Bruder, eine leidenschaftliche politische Diskussion über links und rechts.

Ich: «Du findest es also in Ordnung, wenn man auf offener Straße verprügelt wird, nur weil man Jude ist?»

Jens: «Nein! Ich sage ja nur, links ist auch nicht besser als rechts.»

Ich: «Es gibt ja wohl entscheidende Unterschiede zwischen Linksextremisten und Neonazis.»

Jens: «Diese Zecken verprügeln doch auch Menschen und randalieren genauso wie die Rechten!»

Ich: «Wann seit der RAF haben denn Linksextremisten jemanden umgebracht?»

Jens: «Es geht ums Prinzip!»

Ich: «Im Prinzip bekämpft jede Seite die andere, aber die eine Seite würde mich und meine Familie am liebsten wieder in die Gaskammern schicken. Wie kannst du das vergleichen? Und was hat das überhaupt mit meinem Bruder zu tun?»

Jens: «Ich habe gehört, er wäre Drogendealer. Irgendeinen Grund

8 Jaja, nicht alle, die Bogdan heißen, dealen mit Drogen. Viele von ihnen schmuggeln auch Waffen. Jetzt tun Sie mal nicht so, als würden Sie sich an dem Rassismus hier stören. Dafür haben Sie dieses Buch doch gekauft.

Abb. 8.1.

Deutsches Hausschwein
Lat. «Schweinus Zuhausus»

Abb. 8.2.

Judenschwein
Lat. «Schweinus Judaeus»

Abb. 8.3.

Herkömmliches Drogenschwein
Lat. «Schweinus Bogdanus»

muss doch gegeben haben, weswegen er angegriffen worden ist.»

Den Rest seines Aufenthalts in Berlin verbrachte Jens in einem Hotel. Seitdem habe ich nie wieder was von ihm gehört. Es war nicht die einzige jahrelange Freundschaft, die nach unüberbrückbaren Meinungsverschiedenheiten zugrunde ging. Viele Menschen, die ich mal zu meinen Freunden zählte, sind zur dunklen Seite übergelaufen. Sogar Mario hat sich letztens als überzeugter Anhänger der AfD entpuppt, und ich frage mich jetzt, ob man als Enkel eines Holocaust-Überlebenden mit einem Deutschen befreundet sein kann, der eine rechtspopulistische Partei unterstützt, in der ein Fraktionsvorsitzender gerne mal mit Rassentheorie in seinen Reden jongliert.

In Laucha zeigten sich die Menschen recht solidarisch, also rechts-solidarisch, vor allem mit Lutz Battke. Die bundesweiten Schlagzeilen hatten die Landesregierung Sachsen-Anhalts in Zugzwang gebracht, und nun wurde der BSC 99 unter Druck gesetzt, den braunen Jugendtrainer von seinem Posten zu vertreiben. Das konnten die braven Einwohner der Kleinstadt nicht einfach so auf sich sitzen lassen, und sie protestierten in einer «Solidaritätskundgebung» vor dem Rathaus mit grellroten Transparenten, Aufschrift: «Unser Trainer heißt Battke». Der NPD-Fraktionsvorsitzende Andreas Karl stand auf dem Marktplatz und schrie ins Mikrophon, bis sein Gesicht so rot wie die Transparente war. Blöderweise konnte ihn trotzdem keiner hören, denn während der ganzen Veranstaltung läuteten die Glocken der Kirche. Schuld daran war Lauchas Pfarrerin, Anne-Christina Wegner. Die Kirche gehörte zu den wenigen Institutionen des Orts, die klar Stellung gegen die Rechten bezogen. Pfarrerin Wegner veranstaltete auch regelmäßig einen «Tag der Mitmenschlichkeit», um tätig gegen das braune Image von Laucha zu kämpfen. Der Ortsverein der

Deutschen Luftsportjugend war auch tätig; er verteilte fleißig Flugblätter auf der Veranstaltung: einen offenen Brief an die NPD, der Solidarität mit Lutz Battke im Kampf gegen die Instrumentalisierung der Medien ausdrückte. Der Schornsteinfeger ist ein Nazi, die Luftsportjugend findet das klasse, und die Kirche sind die Guten? Ist doch alles Wahnsinn.

Battke wurde also offiziell entlassen. Aber offenbar trainierte er weiter; er wurde auch als Schiedsrichter eines Spiels der Lauchaer F-Jugend beobachtet. Mitglied im Verein blieb er sowieso. Einige Zeit später gab das Land Sachsen-Anhalt wieder dem medialen Druck nach und entzog ihm seine Kehrlizenz. Alexander Krolak wurde zu acht Monaten auf Bewährung sowie 360 Euro Strafe verurteilt, während sein Vater im Gerichtssaal gut gelaunt einen Flachmann an seine Kameraden von der NPD herumreichte. «Der da», sagte er anschließend vor der Presse und deutete auf seinen Sohn, «der bekommt noch eine ordentliche Tracht Prügel.»

Der Retter meines Bruders, Mario Träbert, bekam einen feuchten Händedruck von Innenstaatssekretär Rüdiger Erben und einen Gutschein über fünfzig Euro für das Einkaufszentrum «Schöne Aussicht». Eine größere Ehre hätte man ihm höchstens mit dem Friedensnobelpreis erweisen können. Es sollte aber auch die einzige Reaktion auf seinen Einsatz bleiben – niemand in seinem Umfeld sprach ihn auf den Angriff an, es gab weder Zuspruch noch Ablehnung. Laucha schwieg, während die Welt über Laucha redete. Auch in Israel setzte es Schlagzeilen: «Was macht der Enkel von Amitzur Shapira in Deutschland?», fragen die hebräischen Zeitungen. «Wie kann eine Familie, die so viel in Deutschland verlor, ausgerechnet dort leben? Und dann noch in einem Nazi-Dorf?» So recht kann niemand von uns diese Frage beantworten.

Ich ging noch mehr auf Abstand zu Sachsen-Anhalt und trat nach dem Ende meines ersten Studienjahrs ein Auslandsquartal an: Ich verkaufte fast alles, was ich hatte, stellte meinen Wagen in der Garage in Laucha ab, kündigte die Wohnung und machte mich mit einem schwarzen Koffer, der meine wenigen übrig gebliebenen Habseligkeiten enthielt, auf zum Flughafen Tegel, es ging nach Stockholm. Ich hatte nicht die Absicht, nach Deutschland zurückzukehren. Stattdessen träumte ich von New York oder Los Angeles – da sind nämlich wir Juden an der Macht, nicht die Schornsteinfeger. Kurz vor meiner Abreise organisierte ich noch einen kleinen Umtrunk zum Abschied. Wieder tauchte niemand auf.

Es gibt wirklich geeignetere Orte, um den Winter zu verbringen, als Stockholm. Die Sonne ging erst um neun Uhr morgens auf, fünf Stunden später war sie wieder weg. Mit sieben anderen Studenten aus unterschiedlichen Niederlassungen der Schule arbeitete ich bei Saatchi & Saatchi, renommiertere Agenturen gibt es eigentlich nicht. Ich bewohnte ein kleines Zimmer in einem tristen Plattenbau in einer tristen Gegend, weit weg vom Stadtzentrum, und hörte jede zweite Nacht, wie meine Mitbewohnerin im anderen Zimmer von ihrem Freund ordentlich durchgenommen wurde. Dauerte zum Glück nie mehr als zwei Minuten. Einmal kam ich an einem Samstagmorgen ins Wohnzimmer, nachdem in der Nacht zuvor eine Party in der Wohnung stattgefunden hatte, und fand eine kräftig gebaute junge Frau vor, die komplett nackt wie eine schnarchende Leiche auf der Couch lag. A wild Snorlax appears! (Checkt das einer? Das ist eine Pokémon-Referenz. Sie ist sehr gut.) Ich drehte mich kommentarlos um und begab mich zurück in mein Zimmer.

Abgesehen davon hatten sich die sexuellen Höhepunkte in den letzten zwei Jahren meines Lebens ausschließlich auf dem Display meines Laptops abgespielt. ZWEI JAHRE. Wie kann man so eine

Durststrecke aushalten, ohne zum Serienvergewaltiger zu werden? Mit YouPorn natürlich. Gibt es einen schöneren Zufluchtsort als Internetpornographie? Wenn der Islamstaat, Kim Jong Un oder die katholische Kirche das Böse dieser Welt verkörpern, dann kann doch nur die Pornographie das Gegenstück sein. Das hellste Licht in einer dunklen Welt, die letzte vierlagige Klopapierrolle, das Paradies auf Erden. Gut, auch in der Kirche gibt es dunkle Ecken, wo unter der Kutte gejodelt wird, aber ich rede hier von sauberer Unterhaltung mit geregelter Altersbegrenzung. Pornographie kennt keine Diskriminierung: hetero, schwul, bi, weiß, schwarz (also, «ebony»), asiatisch – alle kommen zusammen und freuen sich. Schauen Sie doch mal die Nutzerkommentare unter jedem x-beliebigen YouTube-Video der Welt an: eklig und gemein. Befassen Sie sich allerdings mit den Kommentaren unter einem YouPorn-Video, werden Sie fast nur Komplimente zu lesen bekommen. Hier einige der schönsten Kommentare, die ich unter pornographischen Videos entdecken konnte:

1. «Hottest cross-eyes girl I've ever seen.»
2. «Now this is the Russia we know and love. Cease your criminal occupation of Ukraine and make more videos like this.»
3. «old man reminds me of my grandpa. get it grandpa! ;-)»
4. «Hopefully she did became pregnant and added a new adition to a great people and culture.»
5. «She seem really nice, if she saw an old man struggling to carry groceries home she'd probably run and offer to carry a bag and listen with genuine interest to him talk about his life. So hot to watch a kindhearted intelligent woman like that on her knees sucking cock like a whore.»

Pornographie nährt unrealistische Vorstellungen von Sex, werfen kritische Geister jetzt ein. Ja und? Es geht hier um Befriedigung und nicht um einen Dokumentarfilmpreis. Als würde auch nur eine Romantic Comedy der Realität entsprechen oder ein Actionfilm, in dem Jason Statham auf einem brennenden Wagen drei Ninjas krankenhausreif verprügelt. Mit zugebundenen Augen. In der Luft. Aber dass ein Klempnerbesuch auch mal plötzlich in einen wilden Dreier mit Analsex und Gesichtsbesamung ausarten kann, das soll dann «unglaubwürdig» sein. Wer Realismus will, soll Nachrichten gucken. Oder eben Amateurpornos. Ist doch auch schön.

Fakt ist: Die Welt braucht Pornographie. Wie sollen wir sonst den ganzen sexuellen Frust abbauen? Glauben Sie etwa, die ISIS-Kämpfer würden noch für Jungfrauen im Paradies ihr Leben opfern, wenn sie wüssten, was Gina Wild mit drei Spreewaldgurken und einem Thermometer anstellen kann? Die Tatsachen sprechen für sich: An jedem Fleck auf diesem Planeten, wo qualitative Pornographie zu kurz kommt, herrschen Chaos und Gewalt. Es ist die Säule der zivilisierten Welt, die uns alle vor dem primitiven Wahnsinn bewahrt. Doch anstatt diesen mutigen Frauen und Männern zu danken, die mit vollem Körpereinsatz für das Glück der Welt penetrieren und sich penetrieren lassen, verachten wir sie. Eigentlich verdient die Porno-Industrie den Friedensnobelpreis. Selbst die Europäische Union hat einen bekommen!

Es war aber nicht alles Pornographie, was sich auf meinem Rechner abspielte. Auch für Liebe gab es Platz auf meinem Desktop. Wie es sich im digitalen Zeitalter gehört, begann meine bis dato einzige romantische Beziehung mit langen Facebook-Chats und Skype-Telefonaten. Die Frau am anderen Computerdisplay hieß Maria. Eine Halbkroatin mit dunklen langen Haaren und blauen Augen. Na ja, nicht wirklich, aber nur weil ich Jude bin, bedeutet das nicht, dass ich genug Anwälte an der Hand hätte, um hier die Wahrheit zu schreiben. Kennengelernt hatten wir uns kurz vor meiner Abreise nach Stockholm, als sie mir mein Fahrrad abgekauft hatte. Ich war 22, Maria 27, und so erinnerten unsere Chats zuerst eher an Geschäftsverhandlungen als an Liebesbriefe: Ich versuchte Maria immer wieder von der Bedeutungslosigkeit von fünf Jahren Altersunterschied zu überzeugen. Sie war anderer Meinung und nannte mich ständig «Baby». Nicht wie bei einem Popsong aus den Neunzigern, sondern wie bei einem Säugling in einer Geburtsklinik.

Ende des Jahres kam ich für zwei Wochen zurück nach Berlin, bevor es zur nächsten Station ging. Eine davon verbrachte ich mit Maria. Also genauer genommen in Maria, wir verließen das Bett nämlich nur fürs Duschen. Unsere Beziehung war sehr komprimiert, schließlich hatten wir keine Zeit für den ganzen Kennenlern-Quatsch. Die Verhandlungen über den Altersunterschied waren vom Tisch, jetzt ging es nur noch darum, wie man eine Beziehung mit jemandem führen kann, der erst einmal für sechs Monate ins Ausland verschwindet.

Nach einer Woche brachte mich Maria zum Flughafen, und ich stieg in den Flieger nach New York. Von dort aus ging es nach Denver und von dort aus nach Boulder, Colorado. Die Universitätsstadt an den Ausläufern der Rocky Mountains war der Hauptsitz meines Arbeitgebers für die nächsten drei Monate, einer Agentur namens Crispin, Porter + Bogusky, die in der Werbewelt einen legendären Ruf genießt. Mit mir fing mein Partner Edi an, den ich in Stockholm kennengelernt hatte. Er war einer der Miami-Ad-School-Studenten aus Hamburg und halb Schweizer, halb Mexikaner. Sachen gibt's. Die 700-köpfige Agentur befand sich in einer ehemaligen Fußballhalle und erinnerte eher an ein Wohnheim: Es gab durchsichtige Kühlschränke, prall gefüllt mit Frühstücks-Burritos (ja, es gab Burritos zum Frühstück.'murica!), eine Zapfstation für Softdrinks, ein Fitnessstudio, um die Burritos wieder abzutrainieren, Duschen und sogar eine Garage mit einem Mechaniker namens Kevin, der sich einzig und allein der Pflege und Reparatur der Snowboards und Motorräder der Mitarbeiter widmete. Alles Teil einer charmanten Sweatshop-Strategie, um die Mitarbeiter so lange wie möglich an den Schreibtisch zu fesseln. Passenderweise fuhr jeden Morgen ein ehemaliger Gefängnisbus durch die Stadt und holte alle ab. Die Arbeit war hart. Mindestens einmal die Woche verbrachte ich die Nacht in der Agentur und arbeitete bis zum Abend des nächsten Tages. Meistens gab es irgendwo eine freie Couch, auf der ich ein paar Stunden schlafen konnte, bis mich die Reinigungskräfte aufweckten. Ebenfalls ein bisschen wie im Gefängnis waren meine Skype-Telefonate mit Maria, nur trennte uns keine Glaswand, sondern ein hochwertiger LCD-Bildschirm. Unsere Gespräche schwankten konstant zwischen Cybersex und Schlussmachdiskussionen, sodass mein Beziehungsstatus genauso oft von vergeben auf ledig und wieder auf vergeben wechselte, wie ich mir vor meiner Webcam auf der Agenturtoilette einen runtergeholt habe.

Boulder ist eine atemberaubende Stadt: Jeden Morgen standen mir die Rocky Mountains am Horizont gegenüber und waren genau so beeindruckend wie am Tag zuvor. Binnen 24 Stunden wechselte das Wetter gerne mal von 20 Grad mit Sonnenschein auf minus 30 Grad mit Schneestürmen. Geregnet hat es nie. Die Menschen waren freundlich, gebildet, umweltbewusst: wie Prenzlauer Berg, nur ohne Schwaben, ein Paradies auf Erden. War das noch zu toppen? Wo sollte meine kleine Weltreise den gebührenden Abschluss finden? Brasilien, dachte ich mir. Aber zügeln Sie Ihre Tropenphantasien, es geht hier um São Paulo.

São Paulo wird so gar nicht den Vorstellungen gerecht, die im Kopf Samba tanzen, wenn man an Brasilien denkt. Karneval, Strand und amazonenhafte Schönheiten in viel zu kleinen Bikinis? Am Arsch. Sinnesfreuden dieser Art finden sich im 400 Kilometer entfernten Rio de Janeiro. São Paulo dagegen besticht durch triste Plattenbauten, furchteinflößende Straßengangs und komplette Abwesenheit von Englischkenntnissen, außerdem ist es eine beliebte Spielwiese für die Bananenspinne. Eine hochaggressive Giftspritze auf acht Beinen, jedes deutlich behaarter als alle meine Extremitäten zusammen, die einem in Brasilien gerne auch mal in der Küche oder im Bad über den Weg läuft – da interessierten mich die Straßengangs einen Furz. In Rio tanzten alle halb nackt durch die Gegend, ich quälte mich derweil während der Paarungszeit der giftigsten Spinne der Welt durch die überfüllten Straßen der Zwanzig-Millionen-Metropole. Nun war ich, anders als die Bananenspinne, schon fest verpaart und konnte den brasilianischen Schönheiten höchstens beim Vorbeilaufen hinterhersabbern. Doch eines hatte ich mit den Gliederfüßern gemein: Bei der Paarung baut die männliche Spinne ein Spermanetz, anschließend reitet sie auf das bewegungslose Weibchen auf (dürfte manchem bekannt vorkommen) und führt ihre Spermapakete ein. Der kleine Bananenspinnenmann hatte also wie ich ausschließlich Sex übers Netz, allerdings fanden *meine* Spermapakete keinen Abnehmer (dürfte ebenfalls manchem bekannt vorkommen). In Anbetracht der Tatsache, dass ich mir während meines gesamten Aufenthalts in Lateinamerika ein etwa zwanzig Quadratmeter großes Hotelzimmer mit meinem holländischen Teampartner Glen teilte, war es schwierig, meine Spermapakete ungestört loszuwerden. Meistens wanderten sie von der Dusche in die Kanalisation. Es kann also durchaus sein, dass ich die eine oder andere Bananenspinne in ihrer Paarungszeit befruchtet habe und nun stolzer Vater einer jüdischen Giftspinne bin. Hatten die NS-Karikaturen etwa doch recht?

DAS JUDENSCHWEIN

Ich beendete mein Praktikum vorzeitig und verschwand wieder nach Berlin, um mein Studium abzuschließen. Wie es sich nach einer sechsmonatigen Beziehung so gehört, von der man mit seinem Partner maximal zwei Wochen im gleichen Land verbracht hat, zog ich in Marias 35-Quadratmeter-Wohnung in Charlottenburg ein. Was sollte denn da schon schiefgehen? Schließlich hatte ich mir kurz zuvor ein viel kleineres Zimmer mit einem kahlköpfigen Holländer und womöglich mehreren Bananenspinnen geteilt, eine Aufwärtsbewegung war unverkennbar. Trotzdem verwandelte sich unser Zusammenleben innerhalb kürzester Zeit in eine völlige Katastrophe. Ihr Studium gab Maria irgendwann auf, und sie verließ die Wohnung nur noch selten. Am Wochenende arbeitete sie als Kellnerin, die übrige Zeit blieb sie meist im Bett und klickte sich die ganze Nacht lang durch das Internet. Manchmal trank sie dabei etwas Weißwein. Manchmal auch etwas zu viel Weißwein. Aufstehen tat sie meist erst ab mittags. An Gemeinsamkeiten mangelte es uns also nicht.

Nachdem ich meinen Abschluss hatte, musste ich mir einen Job in der Welt der Werbung suchen. Ich träumte von New York, doch meine steil bergab gehende Beziehung war in Berlin, also schob ich die Entscheidung vor mir her und leistete derweil Maria beim Nichtstun Gesellschaft. Ihre Wohnung sah inzwischen so aus wie meine 2009: Essen ließen wir ausschließlich vom Lieferdienst bringen, da die Küche so zugemüllt war, dass man sie gar nicht mehr benutzen konnte. Der Müll gewann auch im Wohnzimmer so sehr die Oberhand, dass die große Matratze vom Boden zurück in den Keller musste und ich auf einem separaten Feldbett schlief.

Wir hockten aufeinander und lebten uns auseinander. Nach einem heftigen Streit schmiss sie mich oft aus der Wohnung, und ich fuhr dann mit meinem Auto ziellos durch die Gegend, bis sie mich irgendwann in der Nacht anrief.

Um ein bisschen rauszukommen, beschloss ich, wieder Fußball zu spielen, und trat dem 1. FC Wilmersdorf bei. Die zweite Mannschaft wurde von einem Libanesen namens Hassan trainiert, und fast alle meine neuen Mannschaftskameraden hatten ebenfalls arabische oder türkische Wurzeln. Endlich ohne Rassisten spielen, dachte ich und salutierte innerlich vor dem riesigen «Gemeinsam gegen Rassismus»-Banner, das stolz am Rande des Spielfelds hing. Unterstützt wurde der etwas unsichere Hassan von Peter Trapp, einem ehemaligen Trainer, der inzwischen CDU-Politiker geworden war und ein Lächeln draufhatte, das kleine Kinder zum Weinen brachte und erwachsene Frauen nach ihrer Handtasche greifen ließ, um sicherzugehen, dass das Pfefferspray auch wirklich da ist. Zum Glück ging der Mann beim Training sparsam damit um und konzentrierte sich mehr aufs Anschreien, um etwas Disziplin in die Mannschaft zu kriegen. Obwohl Trapp ein Jahr zuvor als Politiker einen Intelligenztest für Zuwanderer verlangt hatte, war ich mir im Zweifel darüber, ob viele meiner Mitspieler nach einem solchen IQ-Test ihren deutschen Pass hätten behalten dürfen. Trapp hatte für seinen interessanten Vorschlag mächtig Prügel eingesteckt, nur seine neuen Schützlinge schienen nichts von alldem zu wissen und zeigten sich um einiges folgsamer als Hassan gegenüber.

Ich verpasste kein Training, verbrachte meine Sonntage jedoch zum größten Teil auf der Ersatzbank, wofür ich rückblickend vor allem meiner Berliner Plauze die Schuld gebe. Obwohl ich auf Facebook schon vorab die judenfeindliche Haltung mancher Mitspieler mitbekommen hatte, machten sie in meiner Gegenwart keine antisemitischen Bemerkungen. Sie mochten mich nur nicht besonders. Immerhin! «Nicht mögen» ist schon mal besser als «hassen». Mit einigen entstand sogar eine Art gegenseitiger Zuneigung. Zum Beispiel mit Kenan, einem talentierten Kicker, der auf eine merkwürdigerweise recht sympathische Art allen immer klarmachen wollte, er sei was Besseres. «Ich bin nicht irgendein Kanake», erklärte er mir mal während des Trainings. «Ich habe Abitur! Und Mathe studiere ich auch!» Das fand ich putzig.

Ein paar Monate später, an einem windigen Herbstsonntag, treten wir zu einem der letzten Ligaspiele vor der Winterpause an. Wir gewinnen die Partie, und alle machen sich recht zufrieden vom Platz runter in Richtung Kabine. Nur Kenan, mit seiner eigenen Leistung sichtlich unzufrieden, fängt an, seine Mitspieler anzuscheißen. «Ihr könnt doch alle nicht spielen!», bellt er zornig ins Nichts.

«Entspann dich, wir haben doch gewonnen», sage ich. Eigentlich will ich nur Trost spenden, aber ich bin von seiner kindischen Egozentrik wohl auch ein bisschen genervt.

«Halt's Maul! Du Ungläubiger!» Plötzlich flippt Kenan völlig aus. Alle schauen sich nach uns um. «Judenschwein! Du ungläubiges Judenschwein![9]», schreit Kenan komplett in Rage, und stürmt auf mich los. Die Zuschauer, an die fünfzig Leute, unter ihnen auch Kenans Vater und seine Freundin, reagieren mit völliger Gleichgültigkeit auf die antisemitischen Beleidigungen. Einige Mitspieler versuchen Kenan immerhin zurückzuhalten, doch er reißt sich los und holt zu einem Schlag aus. Seine Hand versucht mein Gesicht zu treffen, doch ich weiche aus und verpasse ihm

9 Wie wir schon in dieser Geschichte gelernt haben, kommt es oft zu einer Verwechslung zwischen der Beleidigung «Judenschwein» und der viel gängigeren Bezeichnung «Drogenschwein». Der Autor streitet den Besitz von jeglichen illegalen Drogen ausdrücklich ab. Außer, Sie brauchen noch ein bisschen Pepps. Dann bringen Sie bitte etwas Bargeld zur nächsten Buchvorlesung in Ihrer Stadt mit und verlangen Sie nach Bogdan.

eine Ohrfeige, während sich die anderen wieder zwischen uns stellen. Das findet er gar nicht gut.

Alle werden in die Kabine gebracht, doch Kenan will sich immer noch nicht beruhigen. Immer wieder versucht er, an mich ranzukommen. Bezeichnet mich als dreckigen Juden oder brüllt einfach nur «Jude», was offenbar schon Beleidigung genug ist. Er spuckt mich an und bewirft mich mit Schuhen. Witzigerweise sind es seine eigenen Schuhe, also schnappe ich sie mir und schmeiße sie einfach aus dem Fenster. Recht schnell schließen sich viele von den anderen Kenan an; sie sind anscheinend der Meinung, der Jude habe die an ihn gerichteten rassistischen Beleidigungen gefälligst widerstandslos hinzunehmen. Doch das Hinnehmen, wie wir schon gelernt haben, kann der Jude nicht besonders gut. Dann versuchen weitere Mannschaftskameraden auf mich loszugehen, unter ihnen auch der Kapitän, ein kräftiger Syrer namens Aziz, der nur mit großer Mühe von drei anderen Spielern in Schach gehalten wird.

«Guck mal, wie viele Männer mich festhalten müssen, um dich zu beschützen», sagt er.

«Wow. Ich wusste ja gar nicht, dass du so nah bei mir sein willst!», antworte ich mit sanfter Stimme. Das findet er nicht gut.

Schritt für Schritt drängt er mich und die Männer zwischen uns in die Ecke des Raumes, und ich überlege, mit wie vielen von ihnen ich mich anlegen müsste, um die Kabine ungelyncht zu verlassen. Aziz' kleiner Bruder, ein Minderjähriger, der ab und an die Mannschaft zu den Spielen begleitet, nutzt die Gunst der Stunde und verpasst mir einen Schlag ins Gesicht, während ich von den anderen festgehalten werde. Mein von Adrenalin überschütteter Körper spürt den kraftlosen Sucker Punch kaum, doch bevor ich mir den Frechdachs zur Brust nehmen kann, rennt er aus der Kabine. Und Hassan steht, wie so oft, teilnahmslos vor der Tür und schaut zu.

Die wenigen Spieler, die mich nicht in Stücke reißen wollen, geben mir trotzdem Schuld an der Eskalation. Immer muss der Jude provozieren! Kein Wunder, dass da einer mal die Beherrschung verliert! Irgendwann lassen sich Kenan und Aziz bewegen, die Kabine zu verlassen. Auf dem Weg nach draußen verspricht mir Kenan ein Wiedersehen. Ich versuche, nicht zu lachen, denn er läuft immer noch barfuß. Fahd und ich bleiben sitzen, bis alle Spieler verschwunden sind.

«Wie können die so was machen?», frage ich ihn entgeistert. «Wir sind doch alle Ausländer, wir sitzen im selben Boot!» Keine Reaktion. «Wir leiden alle unter Rassismus. Wieso sagt keiner was, wenn ich so beleidigt werde?»

Er zuckt mit den Schultern und schweigt weiter. Verstört packe ich meine Sachen und verlasse das Vereinsheim, während hinter mir die große «Gemeinsam gegen Rassismus»-Fahne fröhlich im Wind flattert.

Zwei Tage nach der Eskalation auf dem Fußballplatz rief Hassan mich an. Er begann mechanisch zu reden, wie ein verschleppter Journalist, der gerade die Forderungen seiner Entführer abliest.

Hassan: «Wir haben uns mit der Mannschaft zusammengesetzt und entschieden, beide Spieler aus dem Training zu suspendieren.»

Ich: «Also Kenan und Aziz? Gut!»

Hassan: «Nein, Kenan und dich.»

Ich: «Mich? Wieso mich?»

Hassan: «Wir können keine Gewalt auf dem Platz tolerieren.»

Ich: «Super, ich auch nicht. Aber ich war ja nicht gewalttätig.»

Hassan: «Ich habe nicht gesehen, was genau passiert ist, aber du hast ihn provoziert. Das haben auch die anderen Spieler gesagt.»

Ich: «So ein Blödsinn! Der Kerl hat mich körperlich angegriffen und mich auf einem vollen Fußballplatz als ‹ungläubiges Judenschwein› beschimpft.»

Hassan: «Das habe ich nicht so genau gehört. Wir müssen auf jeden Fall wieder Ruhe in die Mannschaft bringen, und du hast doch erzählt, dass du eh bald nach Hamburg ...»

Ich legte auf.

Das war's also mit meiner Wilmersdorfer Kickerkarriere. Aziz blieb Kapitän und bekam auch sonst keine Konsequenzen zu spüren. Ob Kenan in die Mannschaft zurückgekehrt ist, weiß ich nicht. Letztes Jahr bin ich ihm in einer Videothek in Neukölln begegnet, doch er hat mich nicht erkannt.

BACK TO THE PRÜGEL

«Lösch das Video», schnauzt mich einer der Angreifer an. Er sieht kräftig aus, trägt eine schwarze Bomberjacke und einen kurzen Bart. Seine Haare sind an den Seiten fast abrasiert, genau wie bei den vier anderen Bomberjackenträgern an seiner Seite. Haben Sie's gemerkt? Wir sind wieder in der Silvesternacht. Fast das ganze Buch war so ein krasser Rückblick. FLASHBACK, IHR FOTZEN!

Jedenfalls schlage ich der Bande einen Kompromiss vor: «Wenn ihr uns jetzt in Ruhe lasst, werde ich das Video löschen.»

Werde ich natürlich nicht, aber hey, manchmal muss man auch seine Friedensfühler ausstrecken. Er starrt mich an, und ich halte dem Blick stand. Dann nickt er und dreht sich um.

Das war ja fast zu einfach, denke ich mir, doch auf halbem Weg ändert der Typ offenbar seine Meinung: Er dreht sich wieder zu mir und spuckt mich ebenfalls an. Diesmal trifft er nur meinen Schal. Jetzt reicht es mir.

Seit dreizehn Jahren lebe ich in Deutschland. In diesen dreizehn Jahren musste ich viel hinnehmen: Beleidigungen, Drohungen, Schläge – nur weil ich ein Jude bin. Das hört heute auf. Den Scheiß lass ich mir keine Minute länger gefallen.

Dann stürmen die fünf auf mich los.

Ich wehre den Kräftigen mit einer Ohrfeige ab – findet er gar nicht gut. Für mich ist das ein freundlicher Kompromiss, schließlich hätte ich ja auch mit der Faust zuschlagen können. Die Angreifer wissen mein Zugeständnis nicht zu schätzen: Nun hagelt es Tritte und Fäuste aus allen Richtungen. Meine Knie sind gebeugt, und meine Ellenbogen verschließen sich wie ein Käfig um mein

Gesicht. Eine Faust von links streift meine Kopfhaut, eine andere kommt von rechts und trifft mich an der Schläfe. So weit fühlt es sich an wie ein ganz normaler Abend im Ring mit Zeki, meinem 120 Kilo schweren und zwei Meter großen ehemaligen Thaibox-Trainer. Dreimal wöchentlich provozierte ich Zeki in meiner Zeit in Hamburg dazu, mich beim Sparring ordentlich durchzunehmen, und er freute sich, endlich einen genügend bescheuerten Schüler gefunden zu haben, bei dem er sich nicht zurückhalten musste. Es war ein gutes Geben und Nehmen zwischen uns, wobei ich vor allem nahm und er *von* allem gab. Nach einiger Zeit verstand ich allerdings, wie irrwitzig Thaiboxen doch für Juden ist. Warum für etwas Geld zahlen, was man auf der Straße jederzeit gratis kriegt?

Ich stehe am Rande des Bahnsteigs, fange die Schläge und Tritte meiner Gegner gemütlich ab und warte auf den richtigen Moment, zurückzuschlagen. Richtig überblicken kann ich die Situation nicht, da mir meine Deckung die Sicht versperrt. Dann ist der richtige Zeitpunkt gekommen. Ich strecke meinen Oberkörper und hole zum Schlag aus, diesmal mit geballter Faust. In dem Augenblick zieht mich jemand durch die offenen Türen zurück in die Bahn. Es ist Nick. Neben ihm steht der große rothaarige Mann mit dem roten Bart und versucht ebenfalls, etwas Platz zwischen uns und den Angreifern zu schaffen, die direkt vor den Türen des Zuges stehen. Nick knallt eine Glasflasche gegen die Kante des Bahnsteiges, um die Horde abzuschrecken. Sie stellen sich in einer perfekten Reihe vor dem Zug auf und spucken im Chor (spuckt man im Chor?) in unsere Richtung, während sich die elektrischen Türen zwischen uns langsam schließen. Wo holen die die viele Spucke her? Nehmen die etwa zu Beginn des Abends gezielt isotonische Getränke zu sich, um einer möglichen Dehydration entgegenzuwirken?

Dass die mittlerweile vollständig geschlossenen Bahntüren uns nun vor ihrem Speichelregen beschützen, scheint das Lamarudel nicht ganz begriffen zu haben. Sie spucken und spucken weiterhin fleißig gegen die Glasscheiben. Vielleicht ein Versuch, die Luftfeuchtigkeit mit ihren Körperflüssigkeiten dermaßen in die Höhe zu treiben, dass die elektronische Steuerung der Bahn versagt? Trotz dieses brillanten Plans lässt sich der Zug nicht in die Knie zwingen und fährt langsam an. Wir rollen davon, und ich sehe noch den Typen mit dem Michael-Jackson-Hut, der mir mit einem zufriedenen Lächeln und lockerer Körperhaltung signalisiert: «Ich hab's euch gesagt.»

Ich wiederum deute mit meinem Finger auf mein Handy, um ihm zu signalisieren, dass wir hier noch lange nicht fertig sind.

MY 2 KOMMA 5 MINUTES OF FAME

«BOAHH, HALT'S MAUL ...», nuschle ich frustriert, während ich mein Gesicht langsam, aber kräftig ins Kopfkissen presse. Mein Handy fühlt sich von der eigentlich klaren Ansage nicht im Geringsten angesprochen und bimmelt nun schon zum dritten Mal in der Stunde zwischen sechs und sieben Uhr morgens am ersten Dienstag im blutjungen Jahr 2015. Meine Hand tappt auf der Suche nach dem Störenfried blind über die Nachttischlandschaft. «Scheißdreckswichse ...», rotze ich dem vibrierenden Arschloch entgegen. Mittlerweile wechsle ich beim Fluchen immer die Sprachen, das bietet mir eine üppige Auswahl an Möglichkeiten, meiner Wut Ausdruck zu verleihen. Dass es außerdem einfach taktisch klug ist, seine Mitmenschen mit aller Eleganz einer ihnen unbekannten Sprache zu erniedrigen, hat mir schon meine Großmutter beigebracht. Immer wieder kauderte sie die übelsten Beleidigungen in irakischem Arabisch: Abnel Kalb! Allah Achdak! I'naal Rabakt ya Sharmuta! Sie fragen sich bestimmt, was das bedeutet. Tja. Haben wir uns auch gefragt.

Das Handydisplay zeigt eine Nummer mit der Vorwahl +972 an. Ich passe dementsprechend mein «Hallo» an, um die grässliche Person in Israel zu begrüßen, die mich um sechs Uhr morgens aus dem Schlaf reißt. Anders als im Deutschen sprechen wir Israelis unser «Hallo» nämlich nicht wie eine Frage aus, sondern mit der selbstsicheren Betonung der ultimativen Antwort auf alle Fragen des Lebens. Und weil wir keine Zeit für blöde Fragen haben, lassen wir auch das «H» weg. «Aaallo», murmele ich dem unbekannten Anrufer entgegen.

«Shalom! Shahak? Hier spricht Annat von Channel 10.» Es gibt wenige Menschen, die mich so früh am Morgen anrufen dürfen. Annat von Channel 10 gehört nicht zu diesen Menschen.

«Ruf später an.» Ich drücke sie weg und meinen Kopf wieder ins weiche Kissen. Fünf Minuten später klingelt das Handy wieder.

«Was?»

«Irgendwie ist die Verbindung unterbrochen worden!»

«Nein, ich habe aufgelegt.»

«Ah. Okay. Jedenfalls, hier spricht Annat von Channel 10! Wir würden gerne mit dir ein kurzes Interview über Skype für unsere Morgennachrichten führen!»

«Es ist sechs Uhr in der Früh!»

«In Israel ist es schon sieben.»

Mittlerweile bin ich hellwach. «Ach so, na dann. Israel ist ja auch das Zentrum der fucking Welt. Wann soll das Interview sein?»

«Um acht! Wir rufen dich kurz vorher an!»

«Aha.»

«Super! Eine Sache noch: Kannst du uns das Video schicken, das du in der U-Bahn gemacht hast?»

«Nein, das geht nicht.»

«Warum nicht?»

«Darf ich nicht.»

«Oh. Schade. Warum nicht?»

«Weil die Polizei es mir verboten hat.»

«Aber das gilt doch nicht für Israel!»

«Das gilt auch für Israel. Ich kann das Video nicht rausgeben.»

«Ach komm! Wir machen auch die Gesichter unkenntlich, versprochen!»

«Ich schick das Video nicht raus, Punkt. Wollt ihr ein Interview machen oder nicht?»

«Ist ja gut! Ist ja gut! Ich frag ja nur! Also, wir rufen dich um zehn vor acht an. Bye!»

Die folgenden Tage bestanden nur aus Interviews am Telefon und via Skype. Selbst die Überwachungsmethoden der NSA sind ein Witz gegen das aggressive Stalking der skrupellosen israelischen Medien. Sie schickten mir Freundschaftsanfragen auf Facebook, riefen mich auf Skype an und brachten meinen Anrufbeantworter zum Absturz. Es musste aber sein. Einen Tag zuvor hatte ich im Internet einen Artikel des *Tagesspiegels* entdeckt: «Jude aus Israel geschlagen und bespuckt.»

Meinen die etwa mich?, fragte meine innere Stimme. Nein, es gibt bestimmt noch ein Dutzend anderer Juden aus Israel, die letzte Woche geschlagen und bespuckt worden sind, du Spast, antwortete meine zweite innere Stimme der ersten. Wahrscheinlich war sie wegen der leichten Gehirnerschütterung, die ich mir nach der Schlägerei in der U-Bahn zugezogen hatte, etwas muffelig. Aber wie konnte es sein? Niemand wusste von den Ereignissen in der Neujahrsnacht. Ich fand heraus, dass die Polizei nach meiner Anzeige eine anonymisierte Meldung an die Presse rausgegeben hatte.

«Wurden Sie verletzt?», fragt der Beamte der Polizeidirektion 5, Abschnitt 54, Neukölln, am zweiten Tag des neuen Jahres.

«Ich hab hier auf der Stirn eine Beule, dann noch eine hinter meinem Ohr und hier auf dem Kopf, das blutet noch.»

«Also Schnittwunde. Sonst noch was?»

«Eine leichte Gehirnerschütterung, schätze ich.»

«Waren Sie beim Arzt?»

«Noch nicht.»

«Woher wissen Sie dann, dass Sie eine Gehirnerschütterung haben?»

«Mein Schädel brummt wie Sau. Eine gewagte Diagnose, ich weiß ...»

«Also, Tatbestand gefährliche Körperverletzung.»

«Ja, und Hetze. Gegen Juden. Also Volksverhetzung.»

«Ich kann hier Volksverhetzung dazuschreiben, das wird aber schwierig.»

«Schwierig? Wieso schwierig? Die haben gegen Juden gehetzt. Da ist nichts schwierig.»

«Es gab vor kurzem eine Anzeige gegen diesen Hassprediger hier in Neukölln. Galt auch nicht als Volksverhetzung.»

«Aha. Was gilt denn dann als Volksverhetzung?»

«Das muss die Staatsanwaltschaft entscheiden. Es muss eine klare Aufforderung zu Hass und Gewalt gegen eine bestimmte Bevölkerungsgruppe sein.»

«Wie zum Beispiel ‹Fuck Juden›?»

«Na ja. Kommt drauf an, wie sie das ‹fuck› bewerten werden.»

(Einige Sekunden vergehen.)

«Ich kann mir nicht vorstellen, dass die zum zarten Geschlechtsakt mit Juden aufrufen wollten.»

«Okay, ich schreibe Volksverhetzung dazu.»

Weitere Artikel tauchten schnell auf und setzten die Geschichte vom schwerverletzten Juden in die Welt, der von Neonazis gnadenlos zusammengeschlagen wurde und nur dank des heldenhaften Einsatzes der BVG mit dem Leben davonkam. Überall bezeichnete man mich als «Opfer», dabei fühlte ich mich gar nicht wie eins. Ich meldete mich beim *Tagesspiegel* und bei der Deutschen Presse-Agentur, um die Tatsachen richtigzustellen, ahnte aber auch schon, dass sich damit so mancher sein trübes Süppchen kochen würde. Wenn ich selbst stumm blieb, würden andere für mich sprechen, so viel war klar. Ich sah vor mir, wie sich Pegida-Idioten auf die Schlagzeilen wie «Jude von Muslimen in der U-Bahn geschlagen» oder «Gewalttätige Islamisten gefährden den christlich-jüdischen Kulturkreis» einen runterholen. Dann habe ich damit aufgehört, weil es eine ziemlich ekelhafte Vorstellung war. Der christlich-jüdische Kulturkreis. So so. Würden die Gurken nicht alles tun, um den lästigen Gedanken an Judenmord und Angriffskrieg konsequent zu verdrängen, müssten sie sich daran erinnern, dass die Essenz dieses Kulturkreises vor nicht allzu langer Zeit darin bestand, die eine Kultur im großen Stil zu vergasen. Inzwischen gibt es aber nicht mehr genug Juden in Deutschland, die man hassen muss (wo sind sie nur geblieben?), also müssen jetzt die Muslime herhalten. Davon gibt es eigentlich auch nicht so rasend viele, gerade mal fünf Prozent der Bevölkerung machen sie aus (Sachsen: null Komma ein Prozent). Aber unternehmen Sie mal an einem Montagabend einen gemütlichen Spaziergang durch die schöne Dresdener Innenstadt, und Sie werden Tausende von Menschen treffen, die davon überzeugt sind, dass die Schariapolizei demnächst das Trinken von Radeberger mit Handabhacken ahnden wird.

Nicht nur die Neo-Neonazis des Landes sahen mich als das neue Gesicht ihrer Propaganda. Rasend schnell verbreitete sich die Nachricht vom Überfall auf einen Juden in Israel: der Großvater in München ermordet, der Enkel in Berlin angegriffen. Ich bekam Anrufe und Mitteilungen von Freunden, die mich in den Nachrichten gesehen hatten. Sie fragten nach meinem Wohlbefinden und lobten meinen Mut. Andere beschimpften mich als Verräter, weil ich in Deutschland lebte, mein Großvater würde sich im Grabe umdrehen. Ein Politiker der rechten Likud-Partei namens Danny Danon, Israels ständiger Vertreter bei den Vereinten Nationen und als erstklassiger Schwachmat ebenfalls Vollzeit unterwegs, sah meinen Fall als weiteres Indiz dafür, dass Israel der letzte sichere Zufluchtsort für Juden auf der ganzen Welt sei. Das ist ja auch ganz die Meinung seines Parteivorsitzenden Benjamin Netanjahu, der den Trauermarsch für die Opfer des Anschlags auf *Charlie Hebdo* in Paris für den passenden Rahmen hielt, die Juden Frankreichs pietätvoll dazu aufzufordern, schleunigst das Land zu verlassen. Doch wenn der gute Netanjahu der Premierminister Israels ist, ist er noch lange nicht der Premierminister aller Juden. Man muss sich nur die Zahlen anschauen, um festzustellen, dass die meisten Juden in Israel ums Leben kommen, wirklich auch kein so sicherer Ort. Und wenn es so wäre: Sollen wir uns alle nach Israel verkriechen und unser kleines Land nie wieder verlassen?

Es ist aber nicht die Sehnsucht nach Sicherheit, die in den letzten Jahren so viele junge Israelis ausgerechnet nach Berlin gezogen hat, sondern etwas ganz anderes: Schokopudding. Dabei geht es nicht um Geschmacksfragen, denn wenn eine Sache in Israel exzellent ist, dann ja wohl das Essen! Nein, es geht um den Preis. Zwar hat Israel den höchsten Lebensstandard im Nahen Osten, zieht man allerdings in Betracht, dass die Konkurrenz sich vor allem aus zertrümmerten Kriegsgebieten wie Syrien zusammensetzt, gleicht dieser Sieg in etwa dem Triumph über einen Rollstuhlfahrer bei einem Breakdance-Battle. Und die Lebenskosten in Israel sind gesalzen! Der Nachweis wurde anhand eines hierzulande 19 Cent teuren Schokopuddings aus dem Discounter geführt – das israelische Pendant namens «Milky» kostet dreimal so viel. Schnell entfachte sich die Milky-Debatte. Anstatt sich zu fragen, ob es vielleicht nicht doch um mehr als um Puddingpreise ging, empörten sich Politiker und Medien darüber, dass junge Israelis für einen Schokopudding mit den Nazis zu kuscheln bereit waren. Natürlich kam meine Silvestergeschichte da wie bestellt. Und arabische Täter, das war fast noch besser als Nazis.

In sämtlichen israelischen Foren und Nachrichtenseiten entwickelte sich eine ganz klare Tendenz: Meine Landsleute feierten den wohlverdienten Angriff auf den Juden, der seine Heimat für Pudding verkauft hat und dann auch noch blöd genug war, sich mit sieben Arabern anzulegen. Was fiel ihm dabei wohl ein? 24 Stunden später hatte die israelische Presse das Interesse an mir auch schon wieder verloren, und ich dachte, jetzt hätte ich Ruhe. Doch die mediale Aufmerksamkeit in der deutschen Presse fing da gerade erst an. Die ersten Wochen des neuen Jahres verbrachte ich vor allem in der U-Bahn, während Kamerateams von RTL, ZDF oder SAT.1 meinen traurigen Blick beim ziellosen Anstarren der ankommenden Züge festhielten.

«Ich habe mir überlegt, wir drehen ein bisschen in der U-Bahn», kündigte jeder Reporter vor jedem Interview an, als wäre es die bahnbrechendste Idee seit Erfindung der Kamera. Ich lief an der Haltestelle Schönleinstraße die Treppe runter, die Treppe rauf, in die Bahn rein, aus der Bahn raus, von meiner Wohnung auf die Straße und von der Straße wieder in die Wohnung zurück. Anschließend wurden meine übelst nachdenklichen Spaziergänge durch den ÖPNV mit einer dramatischen Sprecherstimme unterlegt, es entstanden Meisterwerke des deutschen Journalismus, wie man sie sonst nur von «Galileo Mystery» kennt.

Vor allem um Gefühle ging es. «Fühlen Sie sich noch sicher in Berlin? Fühlen Sie sich noch sicher in Neukölln? Und überhaupt, wie fühlen Sie sich?» Ich fühlte mich vor allem wie ein Idiot, schließlich war ich ein an Körper und Geist gesunder Erwachsener, der hier gerade nach Anweisungen von Fremden stundenlang im öffentlichen Raum hin- und hertrabte. Was ich aber nicht fühlte, auch wenn jeder zweite Journalist es mir einreden wollte, war Angst.

«Angst? Nein. *Die* sollen Angst haben!», antwortete ich. Die Menschen, die in einem vollen Zug gegen Juden hetzen. Die Menschen, die andere diskriminieren, weil sie anders aussehen, etwas anderes glauben oder denken. Die Menschen, die uns unsere Freiheit mit Schlägen und Pistolen und Bomben wegnehmen wollen. Sollen die doch in Angst leben. Aber ich? Ich will das nicht. Ich weigere mich, in der Angst zu leben, die meinen Großvater bis ans Ende seines Lebens begleitete. Ich weigere mich, nach Israel zurückzukehren, um mich sicher zu fühlen, denn ich möchte mich an jedem Fleck dieser Erde sicher fühlen. Selbst in der leeren Gaskammer von Treblinka, in der so viele aus meiner Familie vor 75 Jahren ihre letzten Atemzüge taten, möchte ich ohne Angst aufgrund meiner Herkunft stehen. Sonst haben sie gewonnen.

SUCK MY JEWISH SCHNIEDEL

Puh, ganz schön viele Anglizismen hier. Aber wie soll man heutzutage noch die core target group der digital netike early adopters ordentlich engagen? Anyways – Hunderte von Nachrichten und Freundschaftsanfragen von wildfremden Menschen erreichten mich auf Facebook. Ich nutzte die Plattform, um der Welt mitzuteilen, ich gedächte nicht als Kanal für Islamhass zu fungieren und fühle mich als Jude in Berlin weiterhin sicher. So sicher, dass ich auch mit einem goldenen Davidstern an meinem jüdischen Schniedel durch die Straßen der Stadt spazieren würde, wenn ich auf solche Späße stünde.

Na gut, wo so ein griffiger Spruch landen würde, hätte ich mir eigentlich denken können. Jedenfalls erfüllte sich mir ein lebenslanger Traum, von dessen Existenz ich gar nichts gewusst hatte, bis er nun endlich in Erfüllung ging, die auflagenstärkste Zeitung Deutschlands, und auch die mit den größten Überschriften, berichtete endlich einmal über etwas Sinnvolles: über meinen Penis! Bulbul.

Weniger seriöse Organe wie die *Süddeutsche* oder die *Frankfurter Allgemeine* konzentrierten sich auf nebensächliche Details und erklärten mich prompt zum hottesten Shit in der jüdischen Trendszene. Sie bezeichneten mich als «Vorzeigejuden». Der Begriff wurde von der ausländischen Presse aufgegriffen, und so machte ich weltweite Schlagzeilen als der «Flagship Jew». Sogar Markus Lanz hat mich eingeladen. Und mir dann wieder abgesagt. Markus. Fucking. Lanz. Hat MIR abgesagt. Das ist so, als würde man vom hässlichsten Mädchen im Dorf beim ersten Date sitzen gelassen.

Aber nicht nur die Elite der Öffentlich-Rechtlichen zeigte Interesse an mir. Ebenfalls im Januar flatterte eine E-Mail in mein elektronisches Postfach, die vom Auswärtigen Amt kam. Bundesaußenminister Dr. Frank-Walter Steinmeier persönlich lud mich zur Eröffnungsveranstaltung von irgendwas mit Juden ein. Natürlich sagte ich sofort zu, schließlich war das mit Buffet. Es gibt wenige Philosophien, die ich wahrhaftig und für die Ewigkeit vertreten würde. Eine von diesen raren Konstanten in meinem Glauben lautet: Wenn Essen gratis ist, hat es keine Kalorien.

Und wie ich es vorhergesehen hatte, bekam ich nach kurzer Zeit auch Zuspruch von Menschen, die man wirklich nicht auf seiner Seite haben möchte. Trotz meiner deutlich bekundeten Abneigung ihnen gegenüber haben es sich die patriotischen Niedrigstromleuchten von Pegida nicht nehmen lassen, meine Geschichte für ihre Hetze zu instrumentalisieren. «Muslime fühlen durch Pegida Diskriminiert und lassen es dadurch an Juden aus»[10], stand auf Facebook zu lesen. Sofort schrieb ich zurück und bat die Typen höflich darum, sich zu verpissen.

Die *Huffington Post*, der deutsche Ableger einer amerikanischen Online-«Zeitung», glänzte mit einem hochdramatischen Click-Baiting-Titel: «Er wollte nur nach Hause fahren, doch für jemanden wie ihn kann das in Deutschland gefährlich werden». Und auch KenFM, das Journalismus-Portal für Träger von Aluhüten und andere Politikprofis, twitterte mir Lob zu. Fehlten eigentlich nur noch eine Einladung zur nächsten Montagsdemo und ein Duett mit Xavier Naidoo. Importierter Antisemitismus, konstatierten die Islamhasser. Importierter Antisemitismus? Wie importiert man Antisemitismus? Kommt er in Kisten? Oder in Fässern, mit roten Aufklebern, VORSICHT: ANTISEMITISMUS,

10 Rechtschreibung und Formulierung des Verfassers unkorrigiert belassen

zusammen mit einem stilisierten Hitlerkopf? Wird Antisemitismus für großes Geld dahin verfrachtet, wo er gerade am meisten gebraucht wird, weil es ihn dort vorher nicht gab? Nun sind also die Ausländer auch am Ausländerhass schuld. Selbstverständlich nur die muslimischen. Und jetzt kommen doch so viele von denen! Ob die Flüchtlinge aus dem Osten auch in der Lage sind, unsere westlichen Werte anzuerkennen? Also, die aus dem Nahen Osten, nicht die aus dem ganz nahen Osten, wo Pegida marschiert. Unsere westlichen Werte? Welche sind gemeint? Sollen die Asylsuchenden ihre Heime selbst anzünden? Völlig unberechtigt ist die Fragestellung ja nicht, schließlich haben unsere Waffenexporte ein bisschen mitgeholfen, jede Chance auf Demokratie in ihren Heimatländern in Schutt und Asche zu legen.

Gewiss bringt die Integration einer so großen Zahl von Menschen jede Menge Herausforderungen mit sich, aber es ist unsere Pflicht, sich diesen zu stellen. Das sehen viele anders. Sogar der Zentralrat der Juden schloss sich den Bedenkenträgern an und forderte eine Obergrenze bei der Aufnahme von Flüchtlingen in Deutschland, um einen Anstieg des Judenhasses zu verhindern. Was für eine phantastische Idee! Lasst uns die Menschen abweisen, die uns vielleicht oder vielleicht auch nicht hassen, dann hassen sie uns bestimmt nicht mehr! Einem Menschen in einer lebensbedrohlichen Situation Obdach nur aufgrund haltloser Spekulationen zu verweigern, ist nicht nur unglaublich egoistisch, sondern zeugt auch von einem recht schwachen Erinnerungsvermögen. Es ist nicht allzu lange her, da waren es die Juden, die buchstäblich auf den Knien an der niederländischen Grenze um Asyl bettelten. Man hätte sie vor den Vernichtungslagern retten können, stattdessen verdoppelte man die Zahl der Grenztruppen. Anne Frank könnte heute eine Großmutter in Boston sein, hätte man ihrer Familie den Einlass in den USA nicht verweigert.

Anstatt mit Angst zu reagieren, sollten wir Juden den Strom an

Flüchtlingen als das betrachten, was er wirklich ist: eine Chance für ein neues, ein besseres Verhältnis zwischen Juden und Muslimen, auch wenn der Weg dahin ein weiter ist. Und vor allem eine Chance auf unglaublich guten Hummus in diesem Land – da gewinnen wirklich alle. Vielleicht können wir ausgerechnet hier in Deutschland das schaffen, was wir in unseren Heimatländern bisher nicht geschafft haben – friedlich zusammenzuleben. Was wäre das doch für eine grandiose Ironie.

DEUTSCH-ISRAELISCHE BEZIEHUNGEN IM BETT

Ich konnte mir den plötzlichen Heckmeck um meine Person nicht so ganz erklären. Okay, Judenthemen finden hier alle immer furchtbar interessant, allerdings muss ich darauf hinweisen, dass ich der schlechteste Jude der Welt bin. Ich vergesse ständig Feiertage, gebe mich nur mit Gojim[11] ab und halte Star Wars für glaubwürdiger als die Bibel.

Doch es wurde einfach nicht still um mich. Dies lag auch daran, dass es nicht aufhörte mit den antisemitischen Zwischenfällen in der Stadt, in letzter Zeit leider auch zunehmend vonseiten junger Muslime. Ende Oktober 2015 knallte es wieder genau dort, wo ich elf Monate zuvor in der Neujahrsnacht eingestiegen war, am Halleschen Tor. Ein 25-Jähriger wurde angegriffen, nachdem er auf die Frage, ob er Jude sei, mit «Ja» geantwortet hatte. Dabei war er gar keiner und sah vielleicht nur so aus. Und ich sehe nicht mal aus wie einer.

Aber vielleicht lag das Interesse auch gerade daran, dass ich nicht dem jüdischen Klischee entspreche. Oder etwa daran, dass ich meine Opferrolle nicht für Hetze gegen Muslime genutzt sehen wollte? Vielleicht waren es all die Judenwitze, die ich erzählt habe. Egal, was der Grund war – es gefiel mir. Plötzlich hatte ich eine Stimme. Plötzlich gab es Menschen, die hören wollten, was ich zu sagen habe. Plötzlich addeten mich gut aussehende Frauen auf Facebook, was ich natürlich weidlich ausnutzte. Einige dieser Frauen hatten einen chronischen Juden-Fetisch, inklusive golde-

11 Das ist jiddisch für «Nichtjuden». Aber hey, niemand ist perfekt. Gois before Hoes, sag ich immer.

nen Davidsterns im Ausschnitt und Vintage-gefilterten Fotos von der Tel Aviver Strandpromenade im Instagram-Profil. Also genau wie Sie eigentlich. Deswegen halten Sie doch dieses Buch in der Hand! Eine erzählte mir bei unserem Date sogar voller Stolz, sie würde ihre Nase mit Hilfe von Schminke größer wirken lassen, *um jüdischer auszusehen*[12]. Ich brauchte einige Sekunden, bis ich die Dimensionen ihrer Aussage vollständig erfassen konnte. Eine deutsche Frau, die sich freiwillig einen Zinken schminkt, weil sie das jüdisch findet, während in Amerika jedes zweite jüdische Teen-girl von den Eltern zum High-School-Abschluss eine Nasen*verkleinerung* spendiert bekommt? Das muss man sich mal vorstellen! Meine Augen wanderten von ihrer Nase hinunter zum Davidstern, der golden zwischen ihren ansprechend präsentierten Brüsten blitzte. Ich fragte mich, ob die auch nur größer geschminkt waren, um die kurvenreiche Statur der jüdischen Frauen nachzuahmen. Dieser Sache durfte ich tragischerweise nicht auf den Grund gehen, doch unabhängig davon, ob durch ein Wunder Gottes oder eines der Kosmetikindustrie vergrößert, veranlasste der Anblick des prächtigen Busens wiederum bei *mir* einen ganz anderen jüdischen Körperteil zum spontanen Wachstum.

Das war nur eine von vielen diplomatischen Maßnahmen, die ich zur Förderung der deutsch-israelischen Beziehungen unter vollem Körpereinsatz in den letzten Jahren unternommen habe. Nachdem die Gynäkomastie von einem Arzt entdeckt worden und mit dem Skalpell für immer aus meinem Leben herausgeschnitten worden war[13], konnte ich mich endlich dem promiskuitiven Lebensstil öffnen, den ich mir schon immer gewünscht habe.

12 Aufgrund einer Nachfrage aus dem Lektorat möchte der Autor explizit klarstellen: Nein, es handelt sich hierbei um keine erfundene Geschichte. Das ist genau so geschehen wie beschrieben.

13 «Soll ich vielleicht doch noch was reintun?», fragte mich der amüsierte Chirurg, während er mir mit einer Hand ein verpacktes Silikon-Implantat präsentierte und mit der anderen in meinem aufgeschnittenen Oberkörper rumfummelte.

Große Unterstützung in meinen Bemühungen um die Völkerverständigung bekam ich von einer Online-Datingplattform namens Tinder. Natürlich kennen und nutzen auch Sie Tinder, aber da wir einer Generation angehören, die sich am liebsten selbst verarscht, erkläre ich Ihnen, was es mit dieser kuriosen und für Sie bisher unerprobten Dating-App auf sich hat: Tinder präsentiert dem notgeilen und scheuen Single von heute auf leicht fassliche Weise potenzielle Stichmöglichkeiten in unmittelbarer Nähe. Die Nutzerprofile bestehen aus dem Vornamen, einigen Fotos und eventuell einer kurzen Beschreibung, die meist literarische Zitate, zusammengewürfelte Attribute aus den Bereichen «Fitness / Lifestyle / Travel / Food» und eine reiche Auswahl an Emoticons enthält. Nachdem der rollige Anwärter diese wertvollen Informationen über die zukünftige Mutter seiner Kinder auswendig gelernt hat, sprich: von ihrem großzügig präsentiertem Ausschnitt auf Foto Nummer 2 einen Screenshot für später erstellt hat, wischt er ihr Profil auf dem Touch-Display seines Smartphones entweder nach links oder nach rechts. Ein Wischen nach rechts steht für «Like» bzw. «Darauf will ich heute ejakulieren», nach links wischen bedeutet mehr oder weniger «iii». Wischt die Traumfrau am anderen Ende umgekehrt ebenfalls nach rechts, kommt ein «Match» zustande, und das glückliche Paar hat die Möglichkeit, miteinander zu chatten, um sich für ein tölpelhaftes Date zu verabreden, das entweder mit bestenfalls mittelmäßigem Verkehr endet oder mit einem plötzlichen Notruf ihrer besten Freundin, die sich ganz überraschend ausgesperrt hat und nun dringend seelischen Beistand braucht. Oder halt ins Berghain muss. Kennen wir ja schon. Die riesige Nutzergemeinschaft der Dating-App besteht vor allem aus Mädchen in den frühen Zwanzigern, die sich während einer Girls Night und unter Einfluss von zu viel Rotwein mit ihren Freundinnen aus «Spaß» (Eitelkeit) und «Neugier» (Selbstbestätigung) angemeldet haben, sowie aus verzweifelten Männern. Also alle Männer. Diese sind allerdings deutlich seriöser bei der Sache und Nacht für Nacht auf der Suche nach der großen Liebe, was selbstverständlich auch für mich gilt.

Von all meinen romantischen Begegnungen mit den germanischen Frauen zu berichten würde wahrscheinlich ein weiteres Buch ergeben, doch auf meinen Juden-Bonus jetzt zu verzichten wäre taktisch unklug. Beschränken wir uns also auf fünf davon:

DIPLOMATISCHE MASSNAHME NR. 1: ANJA

Anja war eine 34-jährige Techno-DJane. Das könnte schon die ganze Geschichte sein, aber nein, da kommt noch mehr. Was mich genau dazu bewogen hat, mich mit Anja zu treffen, kann ich nicht sagen. Vielleicht war es unsere gemeinsame Leidenschaft für die Musik. Vielleicht waren es aber auch die frivolen Fotos auf ihrem Profil. Genauso schleierhaft ist mir, warum wir uns zu einem ersten Date in einem chinesischen Restaurant verabredet haben, doch das ist alles nebensächlich. Entscheidend war nämlich der Moment, an dem wir das Restaurant verlassen wollten. Ich stand auf, zog meine Jacke an und sah, wie Anja die Suppenlöffel aus Keramik dezent in ihre Handtasche gleiten ließ. Ich schaute sie verblüfft an. «Was denn?», flüsterte sie mir beim Rausgehen zu. «Ich klaue gerne Sachen! Immer, wenn ich irgendwo bin, nehme ich mir was Kleines mit!» Es gab kein zweites Date.

DIPLOMATISCHE MASSNAHME NR. 2: JANA

Jana kam zwar aus Wien, doch mein Herz kennt keine Grenzen. Der Abend, an dem sie auf meinem Tinder-Radar auftauchte, war ihr letzter in der deutschen Hauptstadt, und als ich sie anschrieb, befand sie sich schon wieder im über 500 Kilometer entfernten Wien. «Was machen wir nun?», tippte ich ohne große Erwartungen ins Handy und wischte schon wieder fleißig links und rechts, auf der Suche nach der nächsten Kandidatin in Laufweite. «Vielleicht treffen wir uns in der Mitte!», schlug sie vor.

«In Prag? Da könnte ich auch gleich nach Wien fliegen ...»

«Mach doch.»

«Wie? Ernsthaft?»

«Angst?»

«Pfff ... Was machst du morgen?»

Am nächsten Tag saß ich im Flieger von Berlin-Tegel nach Wien. Jana erzählte ihren Freunden, ich sei eine Bekanntschaft von ihrer letzten Thailandreise – eine Legende, der ich beim Abendessen in großer Runde in einem italienischen Restaurant mit etwas Mühe treu geblieben bin. Einen wildfremden Mann aus Berlin ins Hotel zu schicken, das verbietet sich aus Gründen der Gastfreundschaft natürlich von selbst, also teilte Jana ihr Bett mit mir. Und einige weitere Annehmlichkeiten. Zwei Tage später fuhr sie mich mit ihrem roten Mini Cooper zum Flughafen, und ich fragte mich, wie sich eine Studentin mitten in der Wiener Innenstadt eine zweigeschossige Wohnung mit eigenem Billardtisch leisten kann. Wir verabschiedeten uns und machten aus, uns in wenigen Wochen das nächste Mal zu treffen.

Einige Tage später brach Jana abrupt den Kontakt ab und kündigte auch unsere Facebook-Freundschaft. Das geht ja heute ganz leicht; ein Klick, und man kennt sich nicht mehr. Monate später sah ich Jana wieder, und zwar in einem Artikel einer großen österreichischen Zeitung. Es bleibt ungewiss, was die Frau so eruptiv von mir verscheucht hat, aber als ich nun las, dass Jana die Tochter eines der bekanntesten Unternehmer des Landes ist und ein Millionen-Imperium übernehmen wird[14], wurde mir klar: Ich habe nicht nur als Mensch versagt, sondern auch als Jude.

14 Und sich wahrscheinlich Horden von Rechtsanwälten leisten kann, weshalb sie hier anders heißt als im wahren Leben.

DIPLOMATISCHE MASSNAHME NR. 3: CAROLIN

Das Privileg eines persönlichen Treffens mit Carolin blieb mir leider verwehrt. Unsere kurze Unterhaltung auf Tinder hat allerdings Substanz für die Ewigkeit. Nach ungefähr fünf Minuten belanglosem Smalltalk ging es endlich unter die Gürtellinie:

«Wo kommst du eigentlich her?»

«Aus Israel!»

«Ach so. Heißt das, du bist Jude?»

«Richtig.»

«Also bist du auch beschnitten?»

«Ja, ich bin beschnitten.»

«Hmm, okay. Du, das wird leider nichts.»

«Bitte?»

«Das Ding ist – ich bin katholisch.»

«Und?»

«Du würdest unsere Kinder sicherlich auch beschneiden lassen. Ich möchte aber, dass meine Kinder mit Jesus aufwachsen. Für mich gibt es nichts Schöneres als ein neues Leben, das mit einer christlichen Taufe beginnt.»

DIPLOMATISCHE MASSNAHME NR. 4: THERESA, ANNE UND VANESSA

Obwohl Theresa, Anne und Vanessa drei unterschiedliche Frauen waren, die sich nicht kannten, hatten sie eines gemeinsam: Ich habe mich mit allen dreien in derselben Nacht getroffen. Hintereinander. Was zuerst vielleicht nach einer Spitzenleistung des unverbindlichen Datings klingt, ereignete sich allerdings ganz zufällig: Ich traf mich zu einem ersten Date mit Theresa und besuchte mit ihr einen Club namens Sisyphos in Berlin-Rummelsburg (wenn Sie nicht wissen, wo Berlin-Rummelsburg liegt, brauchen Sie sich wirklich keine Vorwürfe zu machen). Kurze Zeit später suchten wir zügig eine dunkle Ecke des Clubs auf, um mit unseren Zungen eine Runde Mandelhockey zu spielen. Nachdem wir getestet hatten, wie weit man die Grenzen des Soft-Pettings in der Öffentlichkeit ausreizen kann, ohne Hausverbot zu bekommen, fuhren wir nach Hause. Das heißt, Theresa fuhr zu sich nach Hause und ich zu mir. Eine kleine Tragödie, jedoch kein mir unbekanntes Übel. Man sollte niemals mit jemanden sofort ins Bett springen, wenn man keine Lust drauf hat. Man sollte aber auch niemals mit jemanden *nicht* sofort ins Bett springen, wenn man Lust drauf hat. Es war mir schon immer ein Rätsel, wieso manche Leute der Meinung sind, mit dem Verzicht auf Geschlechtsverkehr beim ersten Treffen eine höhere Sprosse auf der Leiter menschlicher Vervollkommnung zu erklimmen und beim Gegenüber Punkte zu sammeln. Möchte man einen Menschen wirklich wiedertreffen, spielt es wohl kaum eine Rolle, ob man mit der Person schon einmal geschlafen hat – zumindest solange der Sex nicht unterirdisch war. Frauen, die das erkannt haben und sich dem konservativen Ablaufschema nicht fügen, können selbstverständlich nur gottlose Schlampen sein!

Werten weitere Dates in bekleidetem Zustand den anstehenden Geschlechtsakt auf? Unwahrscheinlich – ausgenommen, man nutzt die Zeit, um den genauen Ablauf des Koitus gemeinsam auszuarbeiten. Aber in der Regel geht man ja ins Kino oder ins Restaurant oder unternimmt andere nebensächliche Aktivitäten, die nichts mit dem zu tun haben, was man gerade eigentlich viel lieber machen würde – rammeln! Sie wollen einen Keks essen. Was machen Sie? Sie essen einen Keks. Sie gehen nicht vorher Kanufahren. Es gibt keinen Keks auf dieser Erde, dessen Verzehr durch vorheriges Kanufahren köstlicher würde. Sehen Sie bei Ihrem nächsten Spaziergang an der Spree eine junge Dame, die von einem verschwitzten Mann mit dem Kanu durch die Gegend gepaddelt wird, können Sie davon ausgehen: Er würde jetzt lieber ihren Keks essen.

Ich schaute also gentlemanhaft zu, wie mein Keks in die Bahn einstieg und sich davonmachte, als ich eine Nachricht von Anne bekam, die ich ebenfalls noch nie getroffen hatte und die sich zufälligerweise in ebenjenem Club befand, den wir gerade verlassen hatten. Ich fuhr also zurück ins Sisyphos und traf mich mit Anne. Doch auch diesmal kein Happy End (einige Wochen später verabredeten wir uns auf ein weiteres Treffen, das ebenfalls ergebnislos endete, danach lief mir Anne in diversen Clubs über den Weg, bis ich sie am Ende doch einmal mit zu mir nach Hause nahm. Folgt man der oben beschriebenen Logik, hätte nach so vielen Dates der Sex im Minimum grandios sein müssen. Na ja, er war zumindest einzigartig, das auf alle Fälle: Noch nie war ich mit einer Frau im Bett gewesen, die mir, während ich sie penetrierte, detailliert alle Aufgaben aufzählte, die sie am nächsten Tag zu erledigen hatte).

Die Sonne war schon aufgegangen, als ich Anne in der Menge aus den Augen verlor und über die zahlreichen Tanzflächen des Sisyphos weiter auf der Suche nach der nächsten wahren Liebe irrte. Ich durchquerte die düstere Hammahalle, in der die Raver zu hartem 135-Beats-per-Minute-Techno und aggressivem Flackerlicht kombattant das Tanzbein stampften, wanderte hinaus in den sonnigen Outdoor-Bereich am Wintergarten entlang und betrat eine kleine Holzhütte. Schrullige Menschen zappelten zu klassischen Disco-Hits, mitten auf der Tanzfläche trug ein Mann in den späten Dreißigern ein Roboter-Kostüm aus Pappe und Klopapierrollen. Soweit ein ganz normaler Morgen also. Ich ging an die Bar und bestellte einen Drink. Von der Seite sprach mich ein etwas betrunken wirkendes Mädchen an. Ihr Gesicht kam mir bekannt vor, nur woher? Ich fragte sie, doch sie wollte es mir nicht verraten. Schließlich kam ich selbst drauf: Es war Vanessa! Von Tinder! Mit der ich mich eigentlich in der kommenden Woche zum ersten Mal treffen wollte! Da war ich also, mit meinem dritten Tinder-Date, um sieben Uhr morgens in einer Holzhütte in Rummelsburg.

«Wie küsst du eigentlich?», fragte sie mich. So leicht hat es mir noch niemand gemacht. Also habe ich es ihr gezeigt, ich Schlampe. Anschließend ging sie auf die Toilette und erbrach sich. Nicht wegen des Küssens! Nur damit sie mehr Alkohol trinken kann, erläuterte sie sachlich, und ich wusste nicht, welcher Grund jetzt schlimmer war. Dealbreaker? Noch lange nicht!

Als ich allerdings Vanessa einige Tage später nach einem Folgedate fragte, schrieb sie zurück: «Ich muss das erst mal meinem Therapeuten zeigen und mich beraten lassen.»

DIPLOMATISCHE MASSNAHME NR. 5: JOHANNA

Ich kann mich, ehrlich gesagt, nicht erinnern, ob Johanna wirklich auch Johanna hieß, aber die Namen sind eh alle geändert, also wen interessiert's? Mit Johanna hatte ich nämlich das kürzeste Date meines Lebens (bisher). Nach einem kurzen Chat verabredeten wir uns zu einem Treffen in einem Kreuzberger Club namens Prince Charles. Nach wenigen Augenblicken leidenschaftsloser Unterhaltung begann Johanna, mit ihrem Handy zu spielen. Ich konnte natürlich nicht ahnen, dass sie gerade meinen Ersatz bestellte. Keine fünf Minuten später gesellte sich ein recht prollig aussehender Bursche mit Ed-Hardy-Shirt und Baseball Cap zu unserer kleinen Party hinzu. Es dauerte nicht lange, bis ich von der Unterhaltung eliminiert wurde. Nach – ich habe das kontrolliert! – 17 Minuten seit Beginn unseres Treffens ging ich an die Bar, um etwas zu trinken zu bestellen. Als ich mich wieder umdrehte, standen Johanna und Ed Hardy direkt vor meinen Augen und machten heftig rum.

DER VERRÄTER

In dem ganzen Medienrummel um die Neujahrsnacht wussten nicht alle meine Haltung gegenüber den Islamhetzern zu schätzen. «Israeli attacked in Berlin downplays Islamist threat», informierte tadelnd eine englischsprachige Zeitung aus Israel, und es war bei weitem nicht die einzige Stimme, die mir einen Fall von Stockholm-Syndrom, Ignoranz oder gleich Hochverrat unterstellte. Erst aufs Maul bekommen und sich dann noch dafür bei den Angreifern bedanken! Dem haben sie wohl den Schädel rausgehauen! Man bezeichnete mich als Schande für meine Rasse (was immer das auch bedeuten soll) und unterstellte mir, das Problem des Antisemitismus aus politischen Gründen herunterzuspielen. Dass ich sieben gewalttätigen Menschen die Stirn geboten hatte, weil sie gegen jenes Land hetzten, das ich nun verraten haben sollte, schien bei derartigen Urteilen nicht die geringste Rolle zu spielen.

Mittlerweile habe ich mich daran gewöhnt, an einem einzigen Tag sowohl zum rechten Zionisten als auch zum den Untergang des Judenstaats befördernden Linksradikalen erklärt zu werden. Ein Zionist bin ich allerdings definitiv. Trotz des populären Glaubens, Zionisten wären eine Art jüdischer Rechtsextremisten, reicht eine kurze Google-Session, um in Erfahrung zu bringen, dass der Zionismus nichts anderes als eine Bewegung für die Gründung eines jüdischen Nationalstaats ist. Eines Staats, wo Juden leben dürfen und alle anderen auch, natürlich. That's it.

Doch die schönste Beleidigung, die ich je zu lesen bekam, stammt von einem türkischen dummen Jungen, der auf Facebook erst Hitler für die versuchte Ausrottung der Juden hochlobte und mir, als ich ihm Kontra gab, erst mit der fürchterlichen Drohung kam, meine «Ehre zu ficken», und mich anschließend als «Thermalbad» beschimpfte.

Thermalbad. Nehmen Sie sich ruhig einen kurzen Moment, um Ihren Schock angesichts einer so vulgären Sprache zu verarbeiten. Schnell legte er nach und schrieb «Hurensohn**», und zwar mit einem Doppelsternchen, um mir unmissverständlich klarzumachen, dass ihm wegen der automatischen Korrekturfunktion auf seinem Mobiltelefon ein Fehler unterlaufen war, doch da hatte ich «Thermalbad» schon längst zum Hitlerjugendwort des Jahres erklärt und spielte zahlreiche Anwendungsbeispiele in meinem Kopf durch: «EY ISCH FICK DICH, DU THERMALBAD!!1!». «WAS LOS DU THERMALBAD??!». «DEINE MUDDA IS NE HÄSSLICHE DRECKSAUNA!!!» Ich fühlte mich schon ein wenig verletzt von seinen harten Worten, tröstete mich aber mit dem Gedanken, dass der Mann wahrscheinlich selbst ein Thermalbad ist und es einfach nur auf andere projiziert.

Meine persönliche Top 5 an Hasskommentaren:

1.

«There always have been some few but pretty dumb and dangerous Jews, and this one is the one, and as a leftist and disoriented is just as any other jerk, as usually not even worth to pity about!» (So ganz hab ich's auch nicht verstanden.)

2.

«So was geschieht deutschen Bürgern jeden Tag. Das wird aber verschwiegen und unter den Teppich gekehrt von den linken Medien.»

3.

«He sounds like an all-around nut-job. Maybe the Arabs didn't beat him hard enough.Might have knocked some sense into his head.(though I doubt it).»

4.

«Urgrossvater von Nazis ermordet, Grossvater von Arabern auf Deutschem Boden ermordet, und Sie sitzen in Berlin und machen sich laecherlich.»

5.

«Das wäre in Israel nie passiert! Zum Glück haben wir keine U-Bahn hier!»

Das ist nun mal der Preis, den man zahlt, wenn man sich nicht für eine Sichtweise entscheidet und nicht allen blind nach dem Mund redet, die auf der gleichen Seite der Grenze zur Welt gekommen sind. Es ist anstrengend, zwischen den Fronten zu stehen, irgendwo zwischen schwarz und weiß, und immer wieder ein warmes Plätzchen in der strikt monoperspektivischen Weltsicht zurückzuweisen. Viele Menschen scheinen das zu brauchen – die ultimative Wahrheit. Den Universalschlüssel, der alle Konflikte erklärt (wenn auch keinen einzigen löst) und alle Antworten liefert (wenn auch keine einzige kritische Frage hören will). Diese ultimative Wahrheit gibt es nicht.

Ich stehe meinem eigenen Land sehr kritisch gegenüber, vor allem in den letzten Jahren, vor allem unter der aktuellen Regierung. Wahrscheinlich etwas kritischer als den Palästinensern. Das mache ich aber nur, weil ich Israel *liebe.* Ich möchte nicht zusehen müssen, wie meine Heimat zugrunde geht oder sich in etwas verwandelt, das ich verabscheuen würde. Der Frieden ist der einzige Weg, das zu verhindern. Ich möchte nicht, dass unsere

Nachbarn uns so hassen, dass sie ihre Kinder schicken, um uns abzustechen. Ich möchte nicht, dass unsere Kinder schon eine Waffe in der Hand halten, bevor sie alt genug für ein Bier sind. Ich möchte nicht, dass wir Chanukka im Bombenkeller feiern und sie Id al-Fitr in den Trümmern ihrer zerbombten Häuser. Wofür? Was kann denn nur so wertvoll sein, dass Eltern ihre Kinder begraben müssen? Irgendein Tempel in Jerusalem? Jerusalem ist sowieso blöd. Souvenirläden und religiöse Fanatiker, viel mehr gibt's da nicht. Schon morgen würde ich diese ganze Stadt weggeben, wenn dann niemand wieder für sie sterben müsste. Wir würden so viel Geld sparen, das wir jetzt für Waffen und Militär ausgeben – damit könnte man ganz Jerusalem noch einmal bauen. Aus Gold. Auf einer fliegenden Insel.

Es geht aber natürlich nicht um Jerusalem. Nicht wirklich. Auch nicht um Gaza oder das Westjordanland. Im Nahostkonflikt geht es nicht um Territorium – das wäre viel zu einfach. Es geht um das Zusammenleben. Viele Menschen verschwenden beträchtliche Teile ihrer Lebensenergie mit der Frage, wer zuerst da war und wem das Land gehört. «Die Juden haben den Palästinensern das Land weggenommen!» – «Nein, die Juden waren schon vor 2000 Jahren da!» Und was macht man, wenn man endlich nachgewiesen hat, wer zuerst da war? Schmeißt man die anderen einfach ins Mittelmeer? Es gibt wenige unumstößliche Tatsachen in diesem Konflikt, aber eine davon lautet, dass weder die Israelis noch die Palästinenser in naher Zukunft verschwinden werden. Für eine gewaltsame Lösung müsste also logischerweise eine Seite die andere vollständig vernichten. Der jüdische Staat hat sich seit seiner Gründung immer wieder als unbesiegbar seinen arabischen Feinden gegenüber erwiesen, und hätten die Israelis Interesse an der Ausrottung des palästinensischen Volkes, hätten sie sicherlich keine 68 Jahre dafür gebraucht. Wir Juden mögen zwar in Sachen Effizienz den Deutschen nach wie vor unterlegen sein, ganz ohne sind wir aber auch nicht. Tatsächlich ist es aber so, dass Israel vor der Herausforderung steht, so wenig Opfer wie möglich auf palästinensischer Seite zu verursachen: Jeder Tote richtet für Israel einen so großen Schaden an, wie er für die Hamas ein Segen ist, da schenken die globalen Medien den Israelis nichts. Die titeln gern «Palästinenser nach Messerattacke in Jerusalem erschossen», wo eigentlich «Zwei Israelis bei einer Messerattacke in Jerusalem erstochen» stehen sollte. Es ist keine Spekulation mehr, dass die Hamas Zivilisten als menschliche Schutzschilde missbraucht und ihre Raketen, die sich seit Jahren als wirkungslos gegen Israel erwiesen haben, aus dicht bevölkerten Gebieten, Grundschulen oder Krankenhäusern abfeuert. Die Reaktion der israelischen Regierung? Siedlungsbau. Ein Phänomen, dass ich Ihnen beim besten Willen nicht erklären kann.

Menschen, deren einzige Recherche zum Nahostkonflikt aus einer Google-Bildersuche nach dem passenden «Free Gaza»-Foto für ihr Facebook-Profil besteht, fordern gerne lautstark ein Ende der jahrzehntelangen Besetzung. Dabei hat Israel schon 2005 sämtliche Soldaten abgezogen und ließ Millionen für den Aufbau einer Infrastruktur in Gaza springen. Die Hamas benutzte diese Gelder für pfiffige Cocktails mit kleinen Schirmchen in Qatar und ein noch pfiffigeres Tunnelsystem in Gaza für den Schmuggel von Waffen und Raketen. Sie sehen schon – das könnte man ewig so weiterführen. Jede Aktion provoziert eine Reaktion, alles wird vergolten, und nichts wird vergeben. Das nennen sie dann «Gerechtigkeit». Ich nenne es Hass.

Im Kampf gegen Rassismus gibt es keinen Platz für Rosinenpickerei. Man kann sich nicht aussuchen, wann man sich dagegen stellt und wann nicht. Man kann nicht nur dann betroffen sein, wenn es einen selbst trifft. Wer nicht diskriminiert werden möchte, darf nicht zusehen, wenn andere diskriminiert werden, egal, ob es sich um Juden, Araber, Christen, Frauen oder sogar Alice Schwarzer handelt. Gegen jede Benachteiligung anzutreten ist unsere einzige Chance, den Hass zu besiegen. Keine Religion dieser Welt schreibt einem vor, ein Arschloch zu sein – das ist eine Entscheidung, die jeder von uns selbst fällen darf.

Hätte ich ähnlich reagiert, wenn es Neonazis in der U-Bahn gewesen wären, die gegen Araber gehetzt hätten? Und ob. Letztes Wochenende durfte ich erleben, wie ein älterer Herr frühmorgens im McDonald's am Hermannplatz eine Gruppe junger Touristen mit dunkler Haut ansprach. «Seid ihr Moslems?», fragte er in die Runde. Sie antworteten nicht – war ja auch eine blöde Frage. Er wartete aber auch gar nicht wirklich auf eine Antwort und zeigte ihnen den Finger. Ich sah mich veranlasst, den Mann aufzufordern, er solle seine Idiotie woanders manifestieren – schließlich sind wir hier in einem McDonald's! Erst versuchte er, wohl weil ich so schöne blonde Haare habe, mit mir Einigkeit darüber zu erzielen, dass DIE das Problem «bei uns» in Deutschland seien. Ich erklärte ihm, meiner Meinung nach sei ER das Problem, wenn er denke, ein urdeutsches Restaurant wie McDonald's sei der richtige Ort, um für ethnische Sortenreinheit zu werben. Dabei bin ich wohl so laut geworden, dass der Filialleiter aus der Küche gerannt kam, um nach dem Rechten zu sehen. Viel Zeit dazu hatte er nicht, denn der Rechte zog ziemlich schnell Leine, den Cheeseburger in der Hand, und ich wusste: Bei Burger King wäre mir das nicht passiert.

Der Pressemarathon ging unermüdlich weiter. Es folgten immer mehr Einladungen. Zu Interviews, Gesprächsrunden, Gratisbuffets. Ich wurde sogar Hauptdarsteller eines Dokumentarfilms über jüdisches Leben in Deutschland. An einem sonnigen Frühlingstag am Holocaust-Mahnmal in Berlin drehte ich dafür mit dem Team der Deutschen Welle einen Schabernack, den ich schon seit längerem geplant hatte. Angefangen hat das Ganze natürlich wieder, wo sonst, auf Tinder. Vor einigen Jahren ist mir ein interessantes Phänomen auf der Plattform aufgefallen: Viele Akteure der digitalen Fleischbeschau präsentieren sich mit breitem Grinsen und athletischer Pose vor der Kulisse des Berliner Holocaust-Mahnmals. Natürlich findet man Liebe in den dunkelsten Ecken des Universums, aber ist ein Denkmal für die systematische Ermordung von sechs Millionen Juden wirklich der richtige Rahmen für eine werbende Selbstdarstellung auf einer Datingplattform? Nachdem ich Hunderte von auf den grabsteinähnlichen grauen Stelen posierenden oder herumspringenden Mädchen konsequent nach links gewischt hatte, wollte ich es wissen. Getarnt als Reporter der Deutschen Welle und von einer echten Kamera gefolgt, hopste ich so heiter wie meine mit dem Selfie-Stick umherlaufenden Zielsubjekte durch das triste Zementlabyrinth und bat zum Interview:

«Hallo! Haben Sie noch nicht von dem neuen Selfie-Verbot am Holocaust-Mahnmal gehört?»

«*Was* für ein Verbot?»

«Letzte Woche hat der Senat beschlossen, aus Image-Gründen die Erstellung von Selbstporträts, also sogenannten Selfies, auf dem Gebiet des Holocaust-Mahnmals ab dem 1. Mai zu untersagen», las ich aus einem offiziell aussehenden Schreiben vor, das ich eine Stunde zuvor mit Photoshop gebastelt hatte.

«Ach ja?»

«Haben Sie denn noch nicht davon gehört? War überall in den Medien! Wer hier ab nächster Woche erwischt wird, muss mit einem Bußgeld von bis zu 120 Euro rechnen. Und zwei Punkten in Flensburg!»

«Zwei Punkte in Flensburg?»

«Ja, steht hier so! Finden wir in der Redaktion auch alle ein bisschen komisch.»

«Hmmm. Na ja, schon irgendwie logisch. Ist ja ein Mahnmal.»

«Und was werden Sie mit dem Foto jetzt machen?»

«Na, auf Facebook hochladen! Das wird mein neues Profilbild!»

«Ah, sehr schön! Glauben Sie denn, dass tote Juden mehr Likes bekommen?»

Nach einer Gedenkstätte für die Opfer eines Völkermords sah das Monument an jenem sonnigen Tag nicht aus. Es erinnerte vielmehr an einen quirligen Marktplatz: Verliebte Paare spazierten Hand in Hand durch die Gegend, Jugendliche sprangen mit Skateboard oder Fahrrad von Stein zu Stein, und Kinder spielten zwischen den riesigen, tristen Blöcken Verstecken. Die meisten, die ich «interviewte», bekamen schon nach wenigen Fragen ein schlechtes Gewissen und ließen sich die heitere Selferei ohne weiteres vermiesen. Zum Beispiel das Paar, das auf einem der Steine lag und Körperflüssigkeiten austauschte. Ich wartete geduldig vor der laufenden Kamera, bis sie für einen kurzen Augenblick ihren romantischen Zungentanz unterbrachen, und fragte, was der Stein, auf dem sie sich da wälzten, denn für sie symbolisiere. «Ich schätze, es stellt, äh, einen Grabstein für die jüdischen Opfer des Holocausts dar», antwortete der junge Mann zögernd, und schon war die Stimmung im Eimer.

Nur ein libanesisches Paar tat empört kund, sie hielten von Juden sowieso nicht viel. Das absolute Highlight war aber die alte russische Frau, die ich im Park gegenüber dem Mahnmal interviewte. Das ging so:

«Entschuldigung, darf ich Sie mal was fragen? Was halten Sie von Juden?»

«Juden? Oh, über Juden kann ich Ihnen was erzählen! Juden ... das sind Raubtiere!»

«Raubtiere?»

«Raubtiere! Nicht alle. Zwanzig Prozent vielleicht nicht. Aber die anderen – alles Raubtiere!»

«Oha! Warum denn?»

«Juden sind böse. Die haben immer die Fäden in der Hand hier in Europa, das ist schon seit dem Holocaust so.»

«Na, gerade im Holocaust hatten die Juden ja nun nicht wirklich die Fäden in der Hand.»

«Ach! Die Juden haben den Holocaust doch provoziert!»

«Sagen Sie bloß!»

«Jaja. Alles, um die Macht über Europa zu erringen. Und seitdem halten sie die Zügel in der Hand, diese Raubtiere.»

«Ach so? Was halten Sie von ...»

«CDU, SPD, die Grünen, die Linke, AfD, NPD ... alles Juden!»

«Sogar die ...»

«Sogar die Merkel! Die Merkel ist Jüdin!»

«Wow. Sie wissen ja so einiges über Juden! Würden Sie denn einen Juden erkennen, wenn er direkt vor Ihnen stünde?»

«Mit Sicherheit! Ich kann sie sofort erkennen. Die lange Nase, die schwarzen Locken ... wie Raubtiere sehen sie aus!»

«Hmm, verstehe. Haben Sie auch eine Lösung für das Problem mit den Juden? Also, so was wie eine Endlösung?»

«Man muss das Problem an den Wurzeln bekämpfen. Was glauben Sie, warum alle Juden Ärzte sind?»

«Keine Ahnung. Sagen Sie es mir.»

«Sie nehmen doch die Babys, direkt wenn sie geboren werden ...»

«Und dann?»

«Ja, und dann machen sie was mit ihnen!»

«Was denn?»

«Na, Sie wissen schon ... jüdische Sachen!»

Leider schnitt die Deutsche Welle diesen Teil raus. Die Verantwortlichen beim Sender sahen sich auf einer diplomatischen Mission, die sie offenbar dazu verpflichtete, nur gute Meinungen über Juden in Deutschland auszustrahlen. Andere wiederum fühlen sich überhaupt nicht mehr verpflichtet, sich mit dem Thema zu befassen, und fordern ein «Ende des deutschen Schuldkomplexes». Sie fragen sich, ob sie die Verantwortung für Taten ihrer Vorfahren auf sich nehmen müssen. Und es ist eine gute Frage! Muss man die Verantwortung für eine Tat übernehmen, die ein anderer begangen hat? Antwort: Unter Umständen muss man das. Das Wesen eines Staates basiert auf Zusammenhalt, und zwar nicht nur, wenn die Nationalelf den WM-Pokal in der Hand hält. Der Holocaust ist ein wesentlicher Teil der deutschen Identität. Einige empfinden das als Last. Die unzähligen Veranstaltungen, die KZ-Besuche und die riesigen Denkmäler. In Wirklichkeit ist es aber ein Privileg. Während ganz Europa immer weiter nach rechts rückt, können sich die Menschen in Deutschland fast glücklich schätzen, eine so starke, immerwährende Erinnerung daran zu haben, wozu Menschen fähig sind, wenn sie hassen. (Doch während ich die letzten Worte dieses Buches schreibe, zwölf Jahre nach meiner Ankunft in Laucha, zieht die AfD als zweitstärkste Kraft in den Landtag in Sachsen-Anhalt ein – und ich frage mich, was ich mache, sollte sie irgendwann die allerstärkste werden.) Kein anderes Volk hat in seiner Geschichte einen so wirksamen moralischen Kompass wie die Deutschen. Sie müssen ihn nur benutzen.

DAS GROSSE FINALE

Kein Jahr später ist es schon wieder Silvester. Keine Sorge, mein Vorsatz fürs neue Jahr lautet: Schlägereien in der U-Bahn vermeiden. Am liebsten würde ich zu Hause bleiben, aber auch 2015 entgeht Lieferando meine letzte Großbestellung des Jahres, weil ich kurz vor knapp zu einem kleinen Abendessen mit Freunden eingeladen werde. Ein paar Minuten vor Mitternacht fragt mich einer, was das Beste sei, das mir im Jahr 2015 widerfahren ist. «Dass er in der U-Bahn aufs Maul bekommen hat!», schreit Edi dazwischen. Irgendwie hat er recht. Dann werden ein Löffel und ein Feuerzeug an den Tisch gebracht. Meine Augen leuchten – endlich ein bisschen Heroin! Es ist aber doch nur Bleigießen. Wie ein Junkie der ersten Stunde schmelze ich ein Stück Blei in Form einer kleinen Krone und kippe die Metallpfütze in eine Schüssel mit kaltem Wasser. Auf der Rückseite der Verpackung steht, was unterschiedliche Formen einem sagen. Ein Haken zum Beispiel bedeutet: «Hindernisse versperren dir den Weg.» Dass Hindernisse in der Regel Wege versperren, ist allerdings keine Erkenntnis, für die man erst giftige Schwermetalle bis zur Verflüssigung erhitzen muss. Ein Eimer steht seltsamerweise für Zufriedenheit in der Beziehung, ein Besen heißt: «Hüte dich vor der Schwiegermutter!», und ein Gummibärchen bedeutet Kinderwunsch. Von solchen Luxusproblemen sind wir allerdings noch weit entfernt, denn die kleinen Bleiklumpen, die wir in die Schüssel gießen, erinnern höchstens an Ziegenkot. Auf der Verpackung ist dazu zwar keine explizite Interpretation zu finden, doch Glück in der Liebe oder ein langes Leben wird das sicherlich nicht bedeuten. Es könnte natürlich sein, dass Ziegenkot in Kulturen abseits der westlichen Zivilisation hohes Ansehen genießt. Im Hinduismus, der drittgrößten Religion der Erde, sind immerhin Kühe und Basilikum heilig. Letzteres wird sogar in einer feierlichen Zeremonie mit der göttlichen Gestalt Krishna verheiratet. Wenn ein Pesto den höchsten Gott von über einer Milliarde Menschen heiraten kann, dann ist doch vorstellbar, dass die Ausscheidungen eines Paarhufers irgendwo auf diesem Planeten die Ehrerbietung erhalten, die ihnen gebührt. Oder das nächste Jahr wird scheiße. Das kann natürlich auch sein.

Draußen knallt es. Die Böller-Fraktion. Hält sich aber in Grenzen, schließlich sind wir in Prenzlauer Berg. Es ist traumhaft um diese Jahreszeit hier, alle Schwaben sind über die Feiertage nach Hause gefahren. Das Viertel wirkt leer, die Straßen sind frei von Kinderwagen und die Quinoa-Regale der Bio-Fairtrade-Läden voll.

Dann wird es Mitternacht, und während sich alle umarmen und zum Überleben eines weiteren Kalenderjahres beglückwünschen, frage ich mich: War eine Klatsche in der U-Bahn tatsächlich das Beste, was mir letztes Jahr passiert ist?

In den Monaten nach dem Angriff hatte mich die Polizei des Öfteren zu sich gebeten: Sie befragten mich, untersuchten meine Kleidung nach Speichelproben (wer zuletzt spuckt, spuckt in einer Haftzelle) und setzten mich vor einen Rechner, der mir Fotos von Verdächtigen hintereinander einblendete und mir mit Hilfe einer Tastatur die Möglichkeit gab, potenzielle Kandidaten zu «liken». Also genau wie Tinder! Manche blickten voller Stolz in die Kamera. Andere weinten. Doch ich konnte keinen von ihnen identifizieren. Elf Monate später bekam ich eine Vorladung vom Amtsgericht Tiergarten, um meine Aussage abzugeben – die Polizei hatte tatsächlich einen der Täter dingfest gemacht: einen 24 Jahre alten, staatenlosen Palästinenser, der seine ersten Lebensjahre in einem Flüchtlingslager im Libanon verbracht und in seinen 16 Jahren in Deutschland eine beeindruckende Kriminalakte aufgebaut hatte:

gefährliche Körperverletzung, Bedrohung, Drogenhandel, Diebstahl, schwere räuberische Erpressung, Widerstand gegen Vollstreckungsbeamte, uneidliche Falschaussage, Verstoß gegen das Waffengesetz, Gefährdung des Straßenverkehrs sowie Fahren ohne Fahrererlaubnis. Soweit also nichts, was Wilson Ochsenknecht nicht in einer Nacht schaffen würde. Ich erkannte ihn auf den Fotos der Polizei, doch er war nicht derjenige, der den Angriff in der U-Bahn gestartet hat.

Der Warteraum war voller fremder Menschen, und ich nahm an, es würde noch ein ganz anderer Fall im Gerichtsaal verhandelt werden, bevor es losging. Zwei harte Stühle weiter rechts saß eine junge, hübsche Blondine. Neben ihr eine etwas ältere Frau, die ihr nicht genug ähnelte, um ihre Mutter zu sein. Auf der anderen Seite des Zimmers hockte eine junge Polizeibeamtin.

«Sind Sie auch wegen der Silvesternacht hier?», fragte mich die Polizistin.

«Ehhmmm ... ja», antwortete ich verwirrt. «Warum sind *Sie* hier?»

«Na, auch wegen der Silvesternacht! Deswegen sind wir doch alle hier!»

«Sind wir das?»

«Der Angeklagte hat ihrem Sohn das Jochbein[15] gebrochen», sagte die Polizistin und zeigte auf die ältere Frau neben mir.

«Welcher Angeklagte? Mein Angeklagter?»

«Wenn Sie den so nennen wollen.»

«Wie? Wann? Also, wir wurden in der U-Bahn von sieben Männern angegriffen, einer von denen sitzt da drin.»

15 Genauer gesagt erlitt der junge Mann ein Schädel-Hirn-Trauma, eine Mittelgesichtsfraktur, ein Monokelhämatom (keine Ahnung, was das sein soll), eine Nasenbeinfraktur, eine andauernde Schiefstellung der Nase sowie ein bleibendes Taubheitsgefühl in der linken Gesichtshälfte.

«Ja, das haben wir in der Zeitung gelesen. Nur vorher haben die noch ein paar andere Menschen am Mehringdamm angegriffen.»

«Und da haben die jemandem das Gesicht gebrochen?»

«Jo.»

«Ha. Da bin ich ja noch ganz gut weggekommen» (Den Teil habe ich nur gedacht, nicht gesagt. Oder doch? Ich hoffe nicht.)

Ein paar Monate später bekam ich eine weitere Zeugenvorladung vom Amtsgericht im Tiergarten. Als ich den Wartebereich betrat, konnte ich meinen Augen kaum trauen. Er saß direkt vor mir – der Mann mit den abrasierten Kopfseiten, der mich aufgefordert hatte, «meine Wichse» runterzunehmen und das Video zu löschen, der mich bespuckt hatte und auf mich losgegangen war. Nur einige Meter lagen zwischen uns. Noch bevor mein Blut zu kochen begann, holte mich ein Polizist in den Gerichtssaal.

«Was fällt Ihnen ein, mich mit einem der Angreifer im Warteraum sitzen zu lassen?», fragte ich die Richterin, und sie schaute mich an, als wäre sie zum ersten Mal auf die Idee gekommen, dass der Bruder des Angeklagten zu den Tätern gehören könnte. Verhandelter Tatbestand war übrigens lediglich eine gefährliche Körperverletzung – die antisemitische Volksverhetzung zu ahnden, mochte die Staatsanwaltschaft nicht fordern.

Die wohl nachhaltigste Konsequenz meiner Beulerei mit den süßen Boys in der U-Bahn ist am Ende die E-Mail einer gewissen Anna Hoffmann gewesen, die am 7. Januar in mein Postfach flatterte und schon mit der Betreffzeile «Ein Buch?» auf den Punkt brachte, was nun von mir verlangt war. Eigentlich keine so schlechte Idee, zum Goethe meiner Generation werden zu wollen – schließlich sind wir beide auf ähnliche Weise zu unserem Ruhm gekommen: er durch Faust, ich durch *eine* Faust.

(Ach so, ja, das war schon das Ende. Ernsthafte Autoren versehen ihre Bücher mit einer substanziellen und relevanten Aussage und schließen ihre Werke mit einer starken, nachhaltigen Botschaft ab. Ich nicht. Tschüs.)

SO, HIER KOMMEN DIE WIDMUNGEN

Um es in den Worten von Justin Bieber auszudrücken, als er seinen Preis für den «Best Male» bei den MTV Video Music Awards entgegennahm:

> «I just want to say thank you so much. Not only to God, but to Jesus.»

Außerdem an …

… meine Mutter, weil sich das gehört.

… meinen Lektor, Marcus Gärtner, der sich den ganzen Unsinn mehrmals durchlesen musste.

… Markus Lanz, Deutschlands zweitbester Journalist nach Günther Jauch.

… Beatrix von Storch, weil ich auch auf der Maus ausgerutscht bin.

… Anna Hoffmann, die auf die blöde Idee kam, mir einen Buchvertrag zu besorgen.

… Julian Ortlieb, für die Typographie auf dem Cover.

… alle, denen ich ein Stück aus diesem Buch vorlesen durfte (vorwiegend Frauen, denen ich an die Wäsche wollte).

... alle, denen ich ein Stück aus diesem Buch noch vorlesen darf (hoffentlich vorwiegend Frauen, denen ich an die Wäsche will).

... alle, die unermüdlich gegen Hass und Rassismus kämpfen und nicht wegschauen – in Laucha, Berlin und der Welt.

Vor allem aber möchte ich dieses Buch der Horde Antisemiten widmen, die mich damals in der U-Bahn angegriffen hat. Ohne euch, Jungs, wäre das alles nie möglich gewesen! <3

ZITATNACHWEISE

S. 49 Mark Twain, Reisebilder, übersetzt von Margarete Jacobi, Henny Koch und L. Ottmann, Leipzig (Hesse & Becker) 1920, S. 213 f.

S. 153 Fania Oz-Salzberger, Israelis in Berlin, Frankfurt (Jüdischer Verlag im Suhrkamp Verlag) 2001, zitiert nach: http://spree-aviv.de/?PID=static,ShalomBerlin,IkeyGreen-Confession